华章经管

华为

HUAWEI'S

奋斗

DEDICATION

密码

杨爱国／著

机械工业出版社
China Machine Press

图书在版编目（CIP）数据

华为奋斗密码 / 杨爱国著 . —北京：机械工业出版社，2019.5（2019.9 重印）

ISBN 978-7-111-62711-1

I. 华…　II. 杨…　III. 通信企业 - 企业管理 - 经验 - 深圳　IV. F632.765.3

中国版本图书馆 CIP 数据核字（2019）第 085121 号

华为的成功举世瞩目。华为不可复制，但可以学习。本书的目的就是降低学习华为的门槛。

本书上篇"价值管理"，围绕价值创造、价值评价、价值分配这三个层面，剖析企业管理所要解决的三个核心问题：如何全力地创造价值；如何科学地评价价值；如何合理地分配价值。

本书中篇"要素管理"，阐释与价值创造最密切的三个要素"组织、干部、人才"，以及华为管理中不可或缺的要素"文化"。作者结合华为的管理实践，深度分析"组织、干部、人才、文化"在价值创造、价值评价、价值分配中扮演什么角色，以及它们背后的相互支撑作用。

本书下篇"体系管理"，重点介绍 HRBP（业务伙伴）、HRCOE（领域专家）、HRSSC（人事共享服务中心）人力资源的三支柱如何在华为有效地发挥作用。

华为奋斗密码

出版发行：机械工业出版社（北京市西城区百万庄大街 22 号　邮政编码：100037）

责任编辑：赵陈碑　　　　　　　　　　　　责任校对：李秋荣

印　　刷：北京市荣盛彩色印刷有限公司　　版　　次：2019 年 9 月第 1 版第 3 次印刷

开　　本：170mm×230mm　1/16　　　　　印　　张：22.75

书　　号：ISBN 978-7-111-62711-1　　　　定　　价：79.00 元

凡购本书，如有缺页、倒页、脱页，由本社发行部调换

客服热线：（010）68995261　88361066　　　投稿热线：（010）88379007

购书热线：（010）68326294　　　　　　　　读者信箱：hzjg@hzbook.com

华为公司什么都不会剩下，就剩下管理。

——任正非（华为创始人、总裁）

序 言

本书的目的是，透过对华为"以奋斗者为本"的细微解读，让人们学习华为更容易！

也许和大多数人一样，笔者最早关注华为，是因为华为创始人、CEO 任正非写的那篇《华为的冬天》。一个年销售额 220 亿元人民币（2000 年），利润近 30 亿元，且位居全国电子百强首位的企业，居然对外毫无掩饰地大谈危机和失败："华为的危机，以及萎缩、破产是一定会到来的！"从来没见过哪个企业的创始人说自己的企业会破产、会倒闭，实在令人匪夷所思，同时让人感觉这个企业有点非同寻常。

由于所处行业的关系及自身管理企业的需要，笔者于 2012 年着手对华为进行系统的梳理和解读，并于 2015 年 3 月正式创立了微信公众号——蓝血研究。随着时间的推移，笔者对任正非的商业思想和华为的管理方法有了一些认识，开始不成系统地应用到企业管理的实践当中，并不断输送给其他一些中小企业，而且不同程度地收获了一些效果。

从任正非的人生阅历和创业经历来看，创业后，其最大的目标是养家糊口，并不像我们现在所看到的那么高大上。

任正非曾经与索尼 CEO 吉田宪一郎见面，吉田社长问了任正非一个问题："听说您是在 44 岁创业，是否当初就定好目标，华为一定要成为全球第一的厂家？"任正非回答说："没有。40 多岁创业是因为人生换了一次轨道，中国大裁军，整建制把我们部队裁掉，然后我们就要走向市场经济。从人生的高位跌到谷底，我自己要生存，还要养活父母、老婆、孩子，找不到地方用我，我也不甘心，就只有走向创业。创业时我没钱，我们夫妻总共领了 3000 元人民币转业费，但是注册一个公司需要 2 万元，就需要去集资。所以，成立公司时我一分钱都没有了，初创时，我自己的工资是每月 500 元人民币，需要养活全家人。我早期的目标，是要生存下来。当时我们并不了解这个世界，也不懂得通信这个产业。所以，从小就想做伟大领袖，一创业就想做世界第一，这不符合实际。人一成功后，容易被媒体包装得很伟大。它们（媒体）没看到我们鼠窜的样子。"⊖

养活全家人，相信任何一个企业的起点都不会比这个目标更低，因此笔者认为学习华为并不是一件难于上青天的事。

任正非管理华为有一个非常大的特点，即写文章表达他的思想认识和管理方法，因为任正非认为文字的穿透力会更强一些。可以说，学习华为有一个很重要的前提是透过任正非的文字来把握企业的内在逻辑和管理本质。

笔者认为，任正非的核心管理思想对我们的借鉴意义，很重要的一点就是，任正非从战略、组织、市场、文化、人才、盈利等角度界定了管理范围，从而使华为能守住边界，并形成定力。

一、"没有正确的假设，就没有正确的方向；没有正确的方向，就没有正确的思想；没有正确的思想，就没有正确的理论；没有正确的理论，就不会

⊖ 《任正非与索尼 CEO 对话曝光》，钛媒体，http://www.tmtpost.com/3769617.html。

有正确的战略。"

基于信息社会对数据流量有持续需求的假设，万物感知、万物互联、万物智能，华为由此判断数据流量的管道会变得"像太平洋一样粗"。华为从而构建了聚焦于通信产业"云、管、端"的发展战略。

这是华为确立的战略边界。

二、以客户为中心。华为始终如一地关注客户需求的满足和客户价值的创造。任正非说，天底下唯一给华为钱的，只有客户。客户是企业生存的唯一理由！既然决定企业生死存亡的是客户，提供企业生存价值的是客户，企业就必须为客户服务。任正非认为，很多互联网企业烧钱的最终目的不是为客户服务，而是想把竞争对手烧死以后，形成垄断赚客户大钱。

这是华为确立的市场和客户边界。

三、建立无生命的管理系统，以规则的确定来对付结果的不确定。华为各个阶段的管理变革过程就是逐步对个人权力威望的消灭过程，通过规则的确立消除对少数人影响力的依靠，通过 IPD、LTC、ISC、IFS 等流程体系的端到端打通，实现流程和组织的简化、协同与配合。

这是华为确立的组织和流程边界。

四、引入热力学第二定律"熵"的概念，将（怠惰）惰怠⊖定义为一种最广泛、最有害的腐败。华为因此列举了"安于现状、明哲保身、唯上、推卸责任、发现问题不找根因、只顾部门局部利益没有整体利益、不敢淘汰落后员工、不敢拉开分配差距"等 18 种惰怠行为。

这是华为确立的文化边界。

⊖ 在任正非的讲话中，用的词是"惰怠"，意思是安于现状，不思进取，怕得罪人，推卸责任，等等。《现代汉语词典（第 7 版）》中收录的词条是"怠惰"。

五、将人才的管理聚焦到人的能力管理。任正非说:"人才是企业的财富,技术是企业的财富,市场资源是企业的财富……而最大的财富是对人的能力的管理,这才是真正的财富。"

这是华为确立的人才边界。

六、不以利润最大化为目标,年度利润水平保持在 7% ~ 8%。华为不是说有钱不赚,而是将赚来的钱持续投入技术和产品研发,不断构建核心竞争力。华为规定每年的研发投入必须维持在销售收入的 10% 以上。利润相当于人的脂肪,只有通过运动不断耗散,才能转化为强劲的肌肉。

这是华为确立的盈利边界。

为什么华为出台的第一部管理纲要是人力资源管理纲要? 一个企业,必然是以业务为导向,而人力资源是实现业务目标的核心抓手。华为的成功在很大程度上是人力资源管理的成功,因此我们学习华为的管理,必须首先要关注人力资源管理。而华为人力资源管理的核心又在于"以奋斗者为本",在于对华为价值创造与价值分配的理解和应用。

企业管理所要解决的三个核心问题是:如何全力创造价值;如何科学地评价价值;如何合理地分配价值。本书上篇"价值管理",就是围绕价值创造、价值评价、价值分配这三个层面一一展开。

企业价值的创造,有些人认为是为股东创造价值;也有些人理解是为员工创造价值。而华为认为,企业生存的唯一理由是为客户创造价值。因此,华为锁定企业管理的核心是客户价值的管理。

客户价值经解读后,最终要落实到企业的战略和目标。华为基于"云、管、端"的发展战略,建立了"五看三定"的战略分解模型,并由此形成滚动的五年战略规划(SP)和未来一年的业务发展计划(BP)。

关键任务的驱动是华为目标管理的核心动作。关键任务的确定方法，是紧扣"多打粮食，增加土地肥力"这两个标准，然后沿着客户价值、企业战略、岗位价值、业务计划等构建坐标。关键任务的目标定义法，对任何企业都是具有共性的，这也是学习华为的重要起点。

如何科学地做价值评价呢？

华为的价值评价有两个导向：一个是责任结果导向；一个是商业价值导向。责任结果是价值贡献的通俗表述，其框定了最重要的价值判断标准，以避免如忠诚度、领导好恶、个人友谊等更多的评价维度卷进来，确保企业在一个稳定、简洁、透明的价值评价体系下，有效地识别和评价员工。

任正非认为，华为成长的秘诀是价值评价和利益分配。华为的价值评价有两个核心标准，即：多打粮食，增加土地肥力。多打粮食，是衡量短期的绩效贡献；增加土地肥力，是衡量长期、可持续的价值贡献。怎么才算多打粮食？土地肥力包含哪些核心要素？华为都做出了非常多的探索。

一个企业，如果不能虔诚地以客户价值为导向，就难以确立可持续发展的企业战略和业务目标，任何看似高大上的愿景不过是利己者的粉饰，一时商业模式的成功也终将是过眼云烟。华为对客户价值的思考，对目标的分解，对关键任务的定义，对两条价值贡献衡量标准的聚焦，为价值分配奠定的坚实基础提供了可信的依据。

怎么分配价值呢？《华为基本法》定义说，是劳动、知识、企业家和资本创造了企业的全部价值。

劳动者、人、人才、人力资本……可以有很多的表达方式，而华为选择了另外一种表达——"奋斗者"。

华为价值分配的核心理念是，以奋斗者为本，导向冲锋，导向员工的持续奋斗。华为由此建立了以责任结果为导向的考核机制和基于贡献的待遇体系。华为的价值分配形式包括：机会、职权、工资、奖金、安全退休金、医疗保障、股权、红利等。华为把"机会"放在第一位，是耐人寻味的。任正非说："世界最不值钱的就是金子，最值钱的是未来和机会。"

华为将人力资源体系的使命定义为：打造领先的人才要素，激发组织活力，增强组织能力。因此本书的中篇所要阐述的是要素管理。

与价值创造最密切的三个要素是：组织、干部、人才。文化也是华为管理中不可或缺的要素。这四个要素所涉及的华为管理的方方面面，不少人已耳熟能详，但各自分别在价值创造、价值评价、价值分配中扮演什么角色，以及它们背后的相互支撑作用，则是本书所关注的。

本书的下篇是"体系管理"。虽然叫体系管理，但其实更微观一些，就是 HRBP（业务伙伴）、HRCOE（领域专家）、HRSSC（人事共享服务中心）人力资源的三支柱如何在华为有效地发挥作用。

华为的成功，对于中国企业来说，最大的意义是增强了我们对自己、对未来的信心，因为我们从华为身上看到了东方传统文化和西方科学管理结合的可能性。华为师从于 IBM、Hay Group（合益）、KPMG（毕马威）、PWC（普华永道）、FhG（弗劳恩霍夫应用研究促进协会）、Mercer（美世国际）、Gallup（盖洛普）等知名企业和机构，并通过"先僵化，后优化，再固化"的导入路径，最终转化为自己可用的管理方法。华为的成功，告诉我们没有必要再舍近求远。

华为推崇奋斗者精神，充分将中国人勤劳的一面给激发出来，并由此形成一股磅礴的力量。其对人性的每一个解读，每一个细微管理动作的设计，都是值我们去探究和思考的。

老子说：为学日益，为道日损，损之又损。以至于无为，无为而无不为。取天下常以无事，及其有事，不足以取天下。

相信本书能够给出某些启示，即便是您批判后的"为道日损"。

在撰写本书过程中，得到了华为公共及政府事务部的大力支持，其精选提供的大量宝贵图片和视频材料，可以帮助我们更形象地认识和理解华为。

杨爱国（咔嚓院长）

2019 年于厦门

目　录

价值管理

　　"以客户为中心，以奋斗者为本，长期坚持艰苦奋斗"，是华为核心的管理思想，这个三段论，并没有太多的新意，但其紧紧抓住了商业的本质和人性的本质，即企业为谁而生、谁来实现、怎么实现这三个核心问题。

　　华为始终强调，企业存在的唯一理由是客户，是客户需求的满足，是客户价值的创造。但客户需求的满足和客户价值的创造，最终需要通过一定的组织形态，需要奋斗者（人才不一定是奋斗者）持之以恒的努力来实现。

　　因此，华为认为，人力资源才是企业商业成功与持续发展的关键驱动因素。

　　近些年，时常会看到"炸掉人力资源部"的言论，当然这不是什么新观点，早在 1996 年著名的《财富》专栏作家托马斯·斯图沃特（Thomas A. Stewart）就在主张"炸掉你的人力资源部"⊖；2014 年 7 月管理咨询大师拉姆·查兰（Ram Charan）在《哈佛商业评论》上也发表文章《分拆人力资源部！》⊖，尖锐地批评首席人力资源官"没能将人力资源与真正的商业需求结合起来，不了解关键决策是如何制定的，分析不出员工或整个组织为何没能达成企业的业绩目标"。

　　这个问题的实质是针对人力资源管理的不足，将责任归咎于人力资源部。也正因为企业对人力资源管理抱有很大的期望，才会对人力资源部的不作为而深感愤怒。

　　人力资源作为企业的一部分，必然服从于企业的使命，也即客户是人力资源存在的唯一理由，人力资源所要解决的仍然是客户需求的满足和客户价值的创造问题。更具体一点，人力资源管理就是紧紧围绕价值管理（价值创造、价值评价和价值分配）、生产要素管理（组织、干部、人才和文化等）、自身的体系建设，来支撑客户需求的满足和价值创造的实现。

　　由此，本书分为价值管理、要素管理和体系管理三个篇章，通过解读任正非的商业思想和华为的管理实践，以及蓝血研究院多年来的项目落地经验，试图给读者一些启发和借鉴。

　　⊖　Stewart, T. A. , W. Woods . "Taking on the last bureaucracy." *Fortune* 133.1(1996):105-108.

　　⊖　Charan, R. . "It's time to split HR." *Harvard Business Review*, 92(2013): 33-34.

第一章

价 值 创 造

从企业角度，如何理解自身的价值？

金融经济学家给企业价值下的定义是：企业价值是该企业预期自由现金流量以其加权平均资本成本为贴现率折现的现值。扩大到管理学领域，企业价值可定义为：企业遵循价值规律，通过以价值为核心的管理，使所有企业利益相关者均能获得满意回报的能力。显然，企业的价值越高，企业给予其利益相关者回报的能力就越高。

1963 年，斯坦福大学一个研究小组提出利益相关者理论，这一理论认为，如果没有利益相关者群体的支持，企业就难以生存，这些相关者包括：股东、员工、客户、债权人、供应商及社会责任。这一理论的基本论点是企业经营除了要考虑股东利益外，还要兼顾其他利益相关者的利益，因为企业资产处于承担风险的利益相关者的控制之下。既然是兼顾，当然也就是要在次要位置，股东利益仍然是第一位。

不管什么理论，如果纯粹立足于企业的财务绩效分析，也都无可厚非。中国众多上市公司为什么喜欢做市值管理？就是因为能看到明确的财务模型，能看到股价实实在在地上涨。

华为创始人任正非在《做好公司价值管理，追求公司有效增长》一文中说："我们十几万人聚在一起是为了把华为做成一个更有价值的公司。公司价值是公司各种要素和能力的综合反映，销售额的大小不能代表一切，这个价值应表现为公司现实的获利能力和未来潜在获利机会的货币化表现。因此，华为对公司价值的追求，只能是持续有效增长。"[⊖]

华为理解的企业价值不是当下的财务绩效，是企业"各种要素和能力的综合反映"，是"持续有效增长"，即便要量化，也是"现实的获利能力和未来潜在获利机会的货币化表现"。

企业价值是企业各种要素和能力的综合反映，各种要素包括组织、企业家、干部、人才和文化等；能力包括组织能力和个人能力。这些要素和能力很难从财务模型上得以体现，但这是企业能否保持持续发展的关键因素。

未来潜在的获利机会，在一些上市公司的市值管理中，部分体现为怎么讲未来的故事，其主要目的是获得投资者当下的认同推动股价上涨，但最终能不能从战略上得以落实，各企业的差异度非常大，甚至很多企业在这方面并不愿意下功夫。

华为的企业价值管理，重在对未来的洞察，而不是对过去的审视和当期的财务实现。这一逻辑贯穿于华为所有的管理要素。华为也因此从战略洞察、战略解码、战略制定、战略评估等形成了自己独有的运作方法。自"2002年小灵通事件"之后，华为在后续15年的发展历程中，几乎再没有出现过大的战略失误。

华为难道不关心现实的获利吗？当然关心！

任正非有一句非常有名的话，"华为的最低纲领是要活下去"。这个要

求对一个企业来说似乎并不高，除了华为，也没有找到第二家企业把"活下去"作为企业的纲领。

据美国《财富》杂志报道，美国中小企业平均寿命不到 7 年，大企业平均寿命不足 40 年，而中国中小企业的平均寿命仅 2.5 年，集团企业的平均寿命仅 7 ～ 8 年。全球上百年的企业也屈指可数。这说明任正非的这个提法朴素而实在，一个企业长久地活下去其实并不容易。

但要注意一点，任正非真正关心的并不是现实获利，而是现实的获利能力。现实获利一般是指追求利润最大化，而获利能力则可以适当放弃现实的获利。什么是获利能力，这是本书后面要重点阐述的内容。

谁能让企业活下去？很显然，只有股东和客户。因为只有股东和客户才会给企业钱，银行即使能借钱也终究要收回去。股东给钱是为了回报，客户给钱是因为企业能满足其某种需求。

由于华为的股权极其分散，任正非也只占 1.4% 左右，且华为的股东也都是经营者，是员工，所以华为的经营决策不必屈从于股东的意志。当然这不是否定股东在企业当中的作用，但不可否认的是，在资本市场中，我们经常能看到企业经营者与投资者（股东）之间的冲突，其最核心的表现是长期利益诉求与短期利益诉求之间的矛盾。

也有人说，企业以人为本，企业价值是不是应该追求员工的利益最大化？诚然，员工是企业价值的创造者，但企业赚的每分钱都来自客户，没有哪一个客户会因为这个逻辑而为企业买单。

企业价值，既不是追求股东利益最大化，也不是追求员工利益最大化，更不是追求债权人利益最大化，那是什么呢？

客户价值！

笔者认为，从企业核心价值观到企业战略，到产品，到服务，到目标制定，到绩效管理，都应该聚焦到——客户价值上。

客户价值，才是最好的管理视角！客户价值是企业价值管理的核心出发点，对资源有限的中小企业来说，尤其如此。

我们一定要克服自己的贪婪，管理好自己的欲望，特别是组织欲望，那样就没有什么摆不平的内外矛盾。为什么客户这么喜欢我们？是因为我们二十多年信奉"深淘滩、低作堰"的真理，这条真理指导我们处理客户关系，改善商业生态环境，改善内部关系……坚持诚信对待客户，我们实际上获得了最大的收益。我们的奋斗，主观上是为了客户，因为我们一切工作的出发点，就是为了客户，最后的收益是我们客观（上）获得生存。⊖

也可以说，企业管理的核心就是客户价值的管理。

第一节　战略与客户价值

没有正确的假设，就没有正确的方向；没有正确的方向，就没有正确的思想；没有正确的思想，就没有正确的理论；没有正确的理论，就不会有正确的战略。

——任正非

一、没有正确的假设，就没有正确的方向

假设权是企业的最高权力，并且凌驾于所有人之上！

2012 年，笔者有一段时间跟国内一家知名的 ATM 机制造商联系较多，当时这家企业正踌躇满志地规划在全国布设上百万台 ATM 机，然后租赁给各银行使用，包括广大的农村市场。其假设是人们对纸币的需求大

⊖ 《干部要担负起公司价值观的传承——任正非在人力资源管理纲要第一次研讨会上的发言提纲》，2010 年 7 月 15 日。

量存在，且会持续增长。随着近几年支付宝和微信支付的快速崛起，人们基于网络支付的消费习惯逐步形成，该企业对"纸币存在大量需求"的假设已完全背离现实。这不仅导致该企业 AMT 机的布设计划夭折，甚至连基本业绩增长都难以维持。

随着互联网大数据以及消费习惯的改变，很多行业的产品假设已经不成立，或正快速地失去某些生存的土壤，包括银行业、出租业、服装业、百货超市……随着电动汽车的快速发展，人们对汽油的需求会不会快速减少？估计再等三五年就会有明确答案。

同样在 2012 年，瑞士电信一份内部研究报告提出了一个大胆假设——语音服务能不能免费提供。在当时看来，业内人士都会被其言论吓一大跳，因为语音服务是电信运营商最赚钱、收入比例也是最高的业务，语音免费绝对是既疯狂又犯傻的想法。但从今天来看，不管你愿不愿意，语音服务在某些场景，免费已成为现实，且在严重侵蚀电信运营商的语音服务收入。

"我们不知道信息社会未来会是什么样子，要研究未来信息社会的假设"，这是任正非在内部提出的一个非常大的命题。

当然这个命题在早年的华为很清晰：一是全球的基本通信需求远远没有得到满足，程控交换机刚刚起步；二是跟着爱立信、思科等巨头跑，有标杆，有人做前期投入，不需要自己假设太多，只要步伐跟得快一点、紧一点就行。

但假设的细微差异还是会把企业带上不同的方向，在 IT 行业以前经常争论的"技工贸"和"贸工技"就是典型的例子，这两条道路也分别出现过许多知名企业。

华为成立于 1987 年，创立之初是代理香港鸿年公司的 HAX 模拟交换机，属于典型的"二道贩子"。第一步对华为来说是身不由己的，但是继续走贸易的道路，还是自主研发，是一个非常艰难的选择。任正非的说法是："华为是由于无知，才走上通信产业的。当初只知市场大，不知市场如此规范，不知竞争对手如此强大。一走上这条道路，就如上了贼船，要么就是沉没在商海中，要么强大到年产值数百亿、有自立的能力。没有第三条道路可走。"任正非最终选择了自主研发的道路，一有钱就投资搞研发，以至于吓坏了一同创业的几个股东，其他五个股东纷纷退股把公司甩给了任正非一个人。

幸运的是，华为1993年研发出来的C&C08数字交换机取得巨大成功。任正非曾在员工动员大会上说："如果这次研发失败了，我就从楼上跳下去，你们还可以另谋出路。"虽然这是在给员工鼓劲，但可见这一选择蕴藏巨大的风险，需要极大的决心和勇气。

C&C08数字程控交换机技术审定会[⊖]

⊖ 照片来源于华为公司。本书所有照片均来自华为公司，特此感谢。

　　具体到一些技术选择上，华为最终还是难以避免地掉了几次坑，吃了不少苦。1998 年中国开始开通小灵通，但华为认为小灵通属于落后技术，没有前景，决定集中精力研发 GSM 和 3G 技术，因为这才代表未来的技术方向。没想到的是，中兴通讯凭借小灵通赚了很多钱，不仅缩小了与华为的差距，还用小灵通的利润补贴给通信系统，用低价不断打击华为；2001 年中国邮电分拆为中国电信、中国移动和中国联通，华为一直认为电信和联通会选择 GSM 技术，结果联通选择了华为不看好的 CDMA，电信选择了 PHS 的小灵通，只有中国移动继续使用 GSM 技术，也就是说，本来看似一个完整的蛋糕，很快被一切为三，有两块立刻跟你华为没关系了。华为期待的 3G 技术也迟迟没有到来，华为 2003 年就完成了 WCDMA 系统和芯片技术的研发，但 3G 牌照到 2009 年才发放。

　　任正非后来回忆这段往事说："我当年精神抑郁，就是为了一个小灵通，为了一个 TD，我痛苦了 8～10 年。我并不怕来自外部的压力，而是怕来自内部的压力。我不让做，会不会使公司就走向错误、崩溃了？做了，是否会损失我争夺战略高地的资源？（我）内心是恐惧的。"⊖

　　"我们公司前段时间挺骄傲的，大家以为我们处在行业领先位置。但是他们用半年时间做了战略沙盘，才发现在全世界市场的重大机会点我们占不到 10%，弟兄们优越感就没有了，知道如何努力了。不是危机意识，这就是假设，假设未来的方向。

　　"为什么我们能（做到）行业领先呢？就是我们率先提出'管道'这个概念，这也是个假设，当时我们还归纳不出大数据这个词。这比别人对管道认识早几年。但我们当时没有把管道归结为大数据，后来才演变为大数据。那几年谁愿意做管道呢？自来水公司不如阿里、腾讯赚钱。我们现在

⊖ 《任正非在华为上研所专家座谈会上的讲话》，2014 年 4 月 16 日。

领先世界一两年，因为早一两年准备了，所以我们的经营效果比较好，不是机遇，是假设。我是假设一个危机来对比华为，而不是制造一种恐慌危机。"㊀

华为现已发展成为全球最大的通信设备提供商，作为领先者进入了前沿领域。华为经过研究认为，"人类社会正处在一个转折时期，未来二三十年内将变成智能社会，智能社会就是信息大爆炸的社会。这个时期充满了巨大的机会，没有方向、没有实力的奋斗是不能产生价值的。……现在没有人知道未来的社会结构是什么样，但是我们可以假设，假设流量会越来越大，就给了我们机会。"㊁

华为在 2017 年的年报中做了进一步的表述："从上百亿的个人终端到无处不在的工业传感器，万物感知打通了物理世界与数字世界的边界，源源不断地产生着海量数据；从人人通信到无处不在的物联网，万物互联加速了数据流动，使得大规模的数据分析和利用成为可能；从全球分布的云数据中心到无处不在的边缘计算，万物智能将数据转换成商业机会，激发各行各业应用创新、释放潜能。在新技术的驱动下，消费者偏好和企业需求不断变化，新的体验和新的商业模式层出不穷，各种机会和挑战正扑面而来。"

华为对未来的假设是，流量会越来越大，在物联网、大数据、云计算、各类互联终端等方面都存在战略机会。

只有假设对了，企业的基本方向才不会错。

㊀ 《为什么我们今天还要向"蓝血十杰"学习——任正非在"蓝血十杰"表彰会上的讲话》，2014 年 6 月 16 日。
㊁ 《任正非与 Fellow 座谈会上的讲话》，2016 年 5 月 5 日。

视频链接

2016 年 5 月 30 日，任正非在全国科技创新大会上发言并接受采访

2016 年 5 月 30 日，全国科技创新大会在人民大会堂召开，任正非代表华为在会上做了题为《以创新为核心竞争力，为祖国百年科技振兴而奋斗》的汇报发言，并接受了央视记者采访。在任正非看来，华为逐步攻入无人区，处于无人领航、无既定规则、无人跟随的困境，创立引导理论的责任已经到来。在接受央视采访时，任正非说：中国 13 亿人民，我们这几个把豆腐磨好，磨成好豆腐，你们那几个企业好好去发豆芽，把豆芽做好，我们 13 亿人每个人做好一件事，拼起来我们就是伟大祖国。

1978 年，任正非曾以军队科技人员代表的身份参加过全国科技大会。

二、基于思想假设的《华为基本法》

以上是基于企业战略和产品方向的假设，做企业还有一个很重要的因素是"人"，企业可以基于"人性本善"或"人性本恶"做假设。笔者跟企业沟通时，经常会问企业老板一个问题："公司是否愿意改变发放工资的时间点，由本月某日发上个月的工资改为本月某日发本月的工资？"老板们的第一反应是："怎么可能，他们拿到工资跑了怎么办？"在这类老板的头脑里，对员工的假设是偏向于"人性本恶"的。

1995 年华为的销售额达到了 14 亿元人民币，员工已近 2000 人。在当时的情况下，虽然华为还不为社会所关注，但当时的中国到处都是机会，到处都是诱惑；同时，任正非发现，随着企业扩张及人员规模的扩大，高层与中基层的接触越来越少，距离越来越远，中基层不理解高层的意图，高层不明白中基层员工的想法，公司上下什么想法都有，什么声音都有。

在这种情况下，华为意识到需要建立一套自己的核心价值观，来明确各种假设，来统一方向和行为；通过核心价值观来建立企业自己的一套思想系统和语言系统。

华为于 1995 年开始引入中国人民大学的六位教授（后来俗称"人大六君子"）帮助华为起草管理大纲。这份管理大纲后来被直接命名为《华为基本法》。

任正非在主题为《不要叶公好龙》的讲话中阐述了出台《华为基本法》的目的："基本法是公司管理的宏观构架。围绕公司总的奋斗目标，应该有一个什么样的宏观构架对公司进行宏观管理很重要。如果没有宏观管理，我们就会迷失方向，管理就会走向'务虚'，结果就是增加内部消耗，增加工作成本。"⊖

据中国人民大学教授、"人大六君子"之一的黄卫伟回忆，在起草《华为基本法》时，首先提出三个基本问题："第一，华为为什么成功？第二，华为过去的成功能够使其未来获得更大的成功吗？第三，华为获得更大的成功还需要什么？"⊜

基于成功导向和宏观管理这两个方面对未来的假设，历时三年时间华为才完成《华为基本法》的酝酿和起草工作。《华为基本法》最核心的是

⊖ 《不要叶公好龙——任正非在管理改革工作动员大会上的讲话》，1996 年。

⊜ 黄卫伟，2015 年 4 月，《华为基本法的现实意义到底是什么？》，网址：http://www.sohu.com/a/11600237_117482。

核心价值观的表述，华为第一次用自己特有的语言来定义和表达内部的思想和行为。

"华为的核心价值观"共七条：

第一条（追求） 华为的追求是在电子信息领域实现顾客的梦想，并依靠点点滴滴、锲而不舍的艰苦追求，使我们成为世界级领先企业。通过无依赖的市场压力传递，使内部机制永远处于激活状态。

第二条（员工） 认真负责和管理有效的员工是华为最大的财富。尊重知识、尊重个性、集体奋斗和不迁就有功的员工，是我们事业可持续成长的内在要求。

第三条（技术） 广泛吸收世界电子信息领域的最新研究成果，虚心向国内外优秀企业学习，在独立自主的基础上，开放合作地发展领先的核心技术体系，用我们卓越的产品自立于世界通信"列强"之林。

第四条（精神） 爱祖国、爱人民、爱事业和爱生活是我们凝聚力的源泉。责任意识、创新精神、敬业精神与团结合作精神是我们企业文化的精髓。实事求是是我们行为的准则。

第五条（利益） 华为主张在顾客、员工与合作者之间结成利益共同体。努力探索按生产要素分配的内部动力机制。我们决不让雷锋吃亏，奉献者定当得到合理的回报。

第六条（文化） 资源是会枯竭的，唯有文化才会生生不息。一切工业产品都是人类智慧创造的。华为没有可以依存的自然资源，唯有在人的头脑中挖掘出大油田、大森林、大煤矿……精神是可以转化成物质的，物质文明有利于巩固精神文明。我们坚持以精神文明促进物质文明的方针。这里的文化，不仅仅包含知识、技术、管理、情操……也包含了一切促进生产力发展的无形因素。

第七条（社会责任） 华为以产业报国和科教兴国为己任，以公司的发展为所在社区做出贡献。为伟大祖国的繁荣昌盛，为中华民族的振兴，为自己和家人的幸福而不懈努力。

华为通过《华为基本法》完成了对其企业文化的系统思考。核心价值观的形成，对企业来说无疑是有巨大价值的，因此，很多企业纷纷学习华为，出台自己的基本法。《华为基本法》构建了一个假设体系，其七条核心价值观就包含了很重要的三个假设：华为立足于电子信息领域可实现顾客的梦想；员工是认真负责和管理有效的；资源是会枯竭的，唯有文化才会生生不息。这三个假设最终演绎出华为管理三段论——"以客户为中心，以奋斗者为本，长期坚持艰苦奋斗"。这是底层逻辑，学华为不能只看一个形式。

还有，《华为基本法》为什么历经三年才出台？

《华为基本法》的起草，参与者不仅包括人大的教授和华为经营管理团队（EMT）成员，也包括华为的所有员工。起草的过程就是一个大讨论的过程，通过三年的讨论和酝酿，华为内部才逐步对一些问题达成共识，这个讨论过程本身就具有很强的现实意义。当时华为每周休息一天，周六上午员工的必修课就是要到公司学习《华为基本法》；每年春节放假之前，《华为人》报都会把最新《华为基本法》的文稿登在报纸上；任正非在每年春节给干部布置的作业就是回家学《华为基本法》，回来时交心得体会。就这样折腾了三年，正式稿改了八稿，《华为基本法》一些基本思想也随之植入员工的头脑。从起草一份文件来看，三年时间太长；从统一全员的思想和价值观来看，三年时间是必要的。也难怪任正非在《华为基本法》审定会上说，"《华为基本法》通过之时就是《华为基本法》作废之时"。因为统一思想的过程更重要，文本是给后来人看的，对当时深度的参与者来说已经没有多大意义。

企业管理，从价值来衡量，在很多情况下，讨论过程远远大于其结果。

2010年，华为对核心价值观做了重新梳理、提炼和解释，并发布在

2010 年的年报上（见图 1-1）。其阐述如下：

公司核心价值观是扎根于我们内心深处的核心信念，是华为走到今天的内在动力，更是我们面向未来的共同承诺。它确保我们步调一致地为客户提供有效的服务，实现"丰富人们的沟通和生活"的愿景。

成就客户：为客户服务是华为存在的唯一理由，客户需求是华为发展的原动力。我们坚持以客户为中心，快速响应客户需求，持续为客户创造长期价值进而成就客户。为客户提供

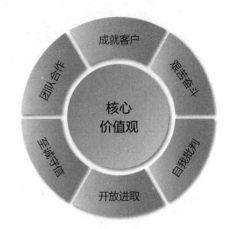

图 1-1　华为核心价值观

有效服务，是我们工作的方向和价值评价的标尺，成就客户就是成就我们自己。

艰苦奋斗：我们没有任何稀缺的资源可以依赖，唯有艰苦奋斗才能赢得客户的尊重与信赖。奋斗体现在为客户创造价值的任何微小活动中，以及在劳动的准备过程中为充实提高自己而做的努力。我们坚持以奋斗者为本，使奋斗者得到合理的回报。

自我批判：自我批判的目的是不断进步、不断改进，而不是自我否定。只有坚持自我批判，才能倾听、扬弃和持续超越，才能更容易尊重他人和与他人合作，实现客户、公司、团队和个人的共同发展。

开放进取：为了更好地满足客户需求，我们积极进取、勇于开拓，坚持开放与创新。任何先进的技术、产品、解决方案和业务管理，只有转化为商业成功才能产生价值。我们坚持客户需求导向，并围绕客户需求持续创新。

至诚守信：我们只有内心坦荡诚恳，才能言出必行，信守承诺。诚信是我们最重要的无形资产，华为坚持以诚信赢得客户。

团队合作：胜则举杯相庆，败则拼死相救。团队合作不仅是跨文化的群体协作精神，也是打破部门墙、提升流程效率的有力保障。

印尼加尼曼丹岛建设项目考察途中

华为的核心价值观并不是几句空洞的口号，华为一直用各种方法将其真正融入干部和员工的血脉，并从流程、规则和标准上予以体现，构建起一个奋进的、强壮的、包容的企业氛围。

华为核心价值的借鉴意义：一是核心价值观是企业的魂，一定要基于正确的假设；二是核心价值观需要反复沉淀和提炼；三是员工的参与和讨论，以及达成共识和心里认同很重要，"胜则举杯相庆，败则拼死相救"就是华为的基层员工总结出来的；四是制度性解读很重要，华为的干部选拔有两个刚性原则，即认同核心价值观，具有自我批判能力。

三、战略是基于客户价值创造

华为的核心价值观，最终要落实到"确保步调一致地为客户提供有效的服务"，并在企业战略中系统地展现出来。

视频链接

华为之美

华为总部位于深圳坂田,华为的坂田基地分为 A、B、C、D、E、F、G、H、I、J、K 等 11 个办公区,并配置有一些员工宿舍。除了建筑简约大气、园区环境优美之外,还有两个非常独特的地方,一是任正非亲自安排从国外引入八只黑天鹅养在园区的湖里(后命名为天鹅湖),警示未来不可预测,全公司要有危机意识;二是大部分办公楼都配有咖啡馆,任正非说:"一杯咖啡吸收宇宙能量,并不是咖啡因有什么神奇作用,而是利用西方的一些习惯,表述开放、沟通与交流。"

华为始建于 2014 年的东莞松山湖基地,占地面积 126.7 公顷,总投资为 100 亿元,规划有 12 个建筑组团,分别模仿欧洲著名的 12 个特色小镇,还有一条总长度为 5.6 公里的有轨电车线路。

在阐述华为战略之前,先简单介绍一下 BLM 模型。

BLM(Business Leadership Model)模型,即业务领先模型,是 2003 年 IBM 和美国某商学院一起研发的一套战略规划方法(见图 1-2)。这个模型左边是战略部分,包括市场洞察、战略意图、创新焦点、业务设计等四个模块;右边是执行部分,包括关键任务及相互依赖关系、正式组织、人才、氛围与文化。

当然,战略是干出来的,而不是用这个模型套出来的。

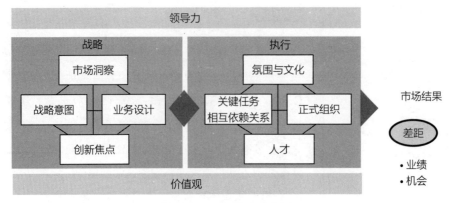

图 1-2　BLM 模型示意图

　　华为早期的战略，全部靠任正非的商业直觉，有人形容那是一个"天上一头鹰，指挥着地上一群猪奔跑"的年代。

　　每个企业老板都是一个天生的战略家。

　　任正非绝对称得上是一个超高水平的战略思想家。"我们现在做终端操作系统是出于战略的考虑，如果他们突然断了我们的粮食，Android系统不给我们用了，Windows Phone 8 系统也不给我们用了，我们是不是就傻了？同样地，我们在做高端芯片的时候，我并没有反对你们买美国的高端芯片。我认为你们要尽可能地用他们的高端芯片，好好地理解它。他们不卖给我们的时候，哪怕我们的东西稍微差一点，也要凑合能用上去。……我们不要狭隘，我们做操作系统和做高端芯片是一样的道理，主要是让别人允许我们用，而不是断了我们的粮食。断了我们粮食的时候，备份系统要能用得上。"⊖任正非在 2004 年就看到了华为可能存在的战略风险，投入巨资做自己的芯片和操作系统。"所以我对何庭波说，我每年给你四亿美元的研发费用，给你两万人。何庭波一听吓坏了。但我

⊖《中国没有创新土壤，不开放就是死亡——任正非在华为"2012诺亚方舟实验室"专家座谈会上的讲话》，2012 年 7 月 12 日。

视频链接

基础研究与基础教育是产业诞生和振兴的根本

《基础研究与基础教育是产业诞生和振兴的根本》，是华为于 2018 年 4 月 16 日在内部发布的一个视频，2018 年 10 月 28 日作为公益片在央视播出。基础研究，是华为历年来危机意识的另一种表达，是华为力图打破繁荣魔咒的一种对抗！中国没有多少企业敢碰基础研究，但华为 20 年前就开始做尝试，现在每年有三四十亿美元"浪费"在基础研究上，这也是为什么很多人看不懂华为财务报表和认为华为利润过低的原因。基础研究也绝不是作秀，需要对此有深刻的理解和认识，以及几十年冷板凳的坚持。

而基础研究又需要以强大的基础教育为背景，加大基础教育的投入，可以"用最优秀的人培养更优秀的人"。任正非甚至认为，一个国家的强盛，是在小学教师的讲台上完成的。

还是要给，一定要站立起来，适当减少对美国的依赖。"[⊖]

1. 华为的战略管理框架

当然，再高明的思想也需要解码和落地。因此，基于深刻的战略思想，再用 BLM 模型做市场洞察，做战略执行，是完全可以的，但绝不是机械照搬。华为发展到 2005 年时，海外市场规模已超过国内，华为的战

⊖　《中国没有创新土壤，不开放就是死亡——任正非在华为"2012 诺亚方舟实验室"专家座谈会上的讲话》，2012 年 7 月 12 日。

略单凭任正非一个人已经顾不过来，因此华为设计了一套"五看三定"战略管理方法，用于各个大区的战略规划，如图1-3所示。[一]

"五看三定"模型，整个流程包括了四个部分：第一部分叫战略洞察，通过"五看"（看行业／趋势、看市场／客户、看竞争、看机会、看自己）的方式，最后输出战略机会点；第二部分叫战略制定，即进行业务设计，制定3～5年的战略规划；第三部分叫战略解码，即把战略分解到组织和个人，并输出相应的年度计划和执行策略；第四部分是战略执行与评估。

下面主要阐述一下三个具有共性的战略洞察点。

看客户：要了解和洞察客户，一个最有效的笨办法，就是成天跟客户泡在一起。在华为，不仅市场和销售在跑客户，研发也在跑，连任正非本人一年有200天以上在见客户，他有一句话叫"布阵，点兵，请客户吃饭"，请客户吃饭，其核心不是拉近客户关系，而是捕捉、发现和理解客户的期望及需求，这也是企业管理的本质。在腾讯，有一个著名的"10/100/1000法则"，即产品经理每个月必须做10个用户调查，关注100个用户博客，收集、反馈1000个用户体验，也是基于同样的道理。

看竞争：华为是用非常谦卑的心态来看竞争对手的，即便华为手机做到了全球前三，还仍然像小学生一样学习OPPO/VIVO的渠道管理。华为每个阶段或不同产品都会定义不同的竞争对手，通信系统领域里包括阿尔卡特–朗讯、思科、爱立信等，高端手机的竞争对手主要包括苹果和三星。定义为了什么呢？不是为了见招拆招，而是虔诚地向它们学习。华为的很多人才也都是从竞争对手那里招过来的，甚至包括思科两任首席架构师。

看自己：每个企业都面临很多的市场机会，但不一定能抓得住。所以，看自己重点要看两点：一是财务，有多少钱可以用；二是看员工的实

[一] 汪瀛，《华为实现战略意图的业务设计》。

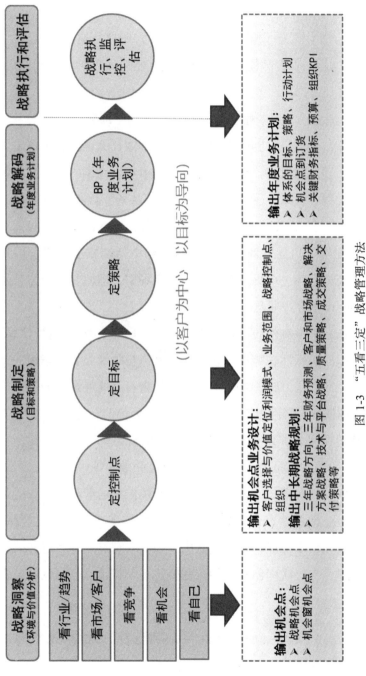

图 1-3 "五看三定" 战略管理方法

力，有实力才可以打大仗。华为从来都是找最好的人，创造一切条件来用最好的人，华为的人才厚度和梯度特别好，所以，在战略执行过程中，对华为来说，人从来就不是问题。而很多企业想做事，"人"恰恰是主要问题。

再来看一看业务设计，业务设计包括以下六个部分。

客户选择：价值定位。选择做什么客户不做什么客户，价值定位是什么？这是一个动态的过程。华为针对运营商市场，在国内，从县城到地级市，再到省会和一线城市逐步提升；在海外，从新牌新客户到小型运营商，到大 T[⊖] 循序渐进，从亚非拉、独联体到欧洲、日本逐步提升。针对手机市场，华为先给电信运营商做白牌手机，到中低端自主品牌，再到比肩苹果三星的高端市场。可见，在同样一个市场中，即便是执行力很强的华为，也不是全市场客户通吃。

价值主张：华为对外的价值主张是"以客户为中心"，首先要想明白：客户价值主张的特殊性在哪里？企业怎么赢得竞争性差异？华为一直坚持做工程商人，而不是一味追求技术创新，华为通过成就客户的方式来成就华为自己。即便在互联网思维盛行的年代，华为仍旧坚持"卖盒子"[⊜]。华为对内的价值主张是"以奋斗者为本"，强调奋斗者"力出一孔，利出一孔"。对内的价值主张是为了支撑对外价值主张的实现。

价值获取：利润模式。企业怎么赚钱？是传统的产品销售？还是服务协议、许可证、使用费？或者是知识产权销售？华为主要通过产品研发，通过扩大规模和市场份额，持续降低成本来获取利润。华为坚守的是最传统的商业模式，与互联网创新性的盈利模式不太相干，也因此有人质疑华

⊖　大 T，即大型电信运营商。

⊜　华为以通信设备起家，由于硬件设备都需用盒子封装起来，内部将销售通信设备戏称为"卖盒子"。

为跟不上互联网的步伐。但不管怎样，"如何让客户满意，持续花钱"，才是企业业务设计中最关键的要素，其他冷暖自知。

活动范围：即确定企业在经营活动中的角色和范围。企业在价值链上处于什么位置？哪些事情必须自己做？哪些适合外包给产业链上下游的合作伙伴？对合作伙伴的依赖性有多大？一直以来华为始终坚持市场和研发为主导，适当进行制造外包。合作伙伴的生态构建这些年也逐步为华为所重视，每年制订一系列的合作伙伴计划，以满足各类合作伙伴的不同合作需求，并有针对性地给合作伙伴提供资源和支撑，如培训、认证、测试环境、营销和销售支撑、奖励等，与合作伙伴一起实现客户价值。

持续价值：企业如何更好地确保为客户提供持续的价值增值？企业是否很好地定位于引领开放标准的实施？企业价值捕捉的定位是否有效？企业业务最终中长期胜出的竞争优势是什么？

风险管理：如何保证对不确定因素的识别、理解与管理？背后的根本原因是否被理解？管理的风险是独立的还是系统的？如何通过更好的风险管理提高成功的可能性同时降低失败的可能性？如何利用企业其他资源更好地进行风险管理？

以上是战略管理框架的主要内容，围绕这些内容，然后做五年的战略规划（SP），同时把未来一年的业务计划（BP）讨论清楚。时间安排基本是4～9月做SP，10～12月做BP，每年持续滚动。

分析讨论后，最后会形成三份核心文档：

- 第一份是中长期战略规划；
- 第二份是项目任务书，如研发项目都有立项任务书；
- 第三份是销售指导书。

这三份文档是华为最核心的主线，一份是针对战略，一份是针对产品开发，一份是针对销售。

2. 华为战略基于客户价值创造

华为核心的两个战略思想：一个是以客户为中心；另一个是以目标为导向。

2004年，任正非把华为战略提炼为四个方面：①为客户服务是华为存在的唯一理由；客户需求是华为发展的原动力。②质量好、服务好、运作成本低，优先满足客户需求，提升客户竞争力和盈利能力。③持续管理变革，实现高效的流程化运作，确保端到端的优质交付。④与友商共同发展，既是竞争对手，也是合作伙伴，共同创造良好的生存空间，共享价值链的利益。[⊖]

前三条都是围绕客户价值阐述的。

对于客户和客户价值，任正非有过非常多的表达："从企业活下去的根本来看，企业要有利润，但利润只能从客户那里来。华为的生存本身是靠满足客户需求，提供客户所需的产品和服务并获得合理的回报来支撑；员工是要给工资的，股东是要给回报的。天底下唯一给华为钱的，只有客户。我们不为客户服务，还能为谁服务？客户是我们生存的唯一理由！既然决定企业生死存亡的是客户，提供企业生存价值的是客户，企业就必须为客户服务。"[⊜]

"现在我们以两个车轮子推动公司前进：满足客户需求的技术创新和积极响应世界科学进步的不懈探索，除了能满足客户需求外，还可能具备在管道的未来方向上牵引客户的能力。在这种历史时期，我们如何战略定位自己？如何保持对客户的尊重？通过帮助价值客户实现商业成功的过

⊖　2004年4月28日，任正非在"广东学习论坛"第十六期报告会上做了题为《华为公司的核心价值观》的讲话，对华为的愿景、使命和战略做了详细阐述。
⊜　《华为公司的核心价值观》，2004年4月28日。

程，增加了客户对我们的'黏性'，而决不'敲诈'对我们黏性很大的客户，这对全公司是一个考验。"[一]

因为把客户看得如此之重，所以华为将"为客户服务是华为存在的唯一理由"作为其最高的战略，因为"只有帮助客户实现他们的利益，华为才能在利益链条上找到华为的位置"，成就客户才能成就自己。这也是华为认为的商业本质。

"质量好、服务好、运作成本低，优先满足客户需求"，其中客户需求的本质是技术先进、质量好、服务好、价格低的产品和服务的满足。为了保证不偏离客户价值的实现，华为还特别强调："以客户的需求为目标，以新的技术手段去实现客户的需求，技术只是一个工具。新技术一定要能促进质量好、服务好、成本低，非此是没有商业意义的。"在组织上，华为在经营管理团队中专门设有战略与客户常务委员会，该委员会为经营管理团队（EMT）履行其在战略与客户方面的职责提供决策支撑；同时还建立了战略与 Marketing（市场营销）体系，专注于客户需求的理解、分析，并基于客户需求确定产品投资计划和开发计划，以确保客户需求来驱动华为公司战略的实施。

"持续管理变革，实现高效的流程化运作，确保端到端的优质交付"，华为通过管理变革构建的是一个以客户为中心的流程化的运营与管理体系，这是客户价值实现的基本保障。从 1998 年起，华为先后与 IBM、合益、毕马威、普华永道、弗劳恩霍夫应用研究促进协会[二]、美世国际、盖洛普等合作，引入先进的管理理念和方法论，从业务流程、组织、品质控

[一] 《做谦虚的领导者——任正非在 2014 年市场大会上的讲话》，2014 年 1 月 13 日。

[二] FhG，弗劳恩霍夫应用研究促进协会的简称，是德国著名的应用科学研究机构。协会成立于 1949 年 3 月 26 日，以德国历史上著名的科学家、发明家和企业家约瑟夫·冯·弗劳恩霍夫（Joseph von Fraunhofer，1787—1826）的名字命名。该协会在德国共有 47 个研究所，工作人员大约有 9000 人。

制、人力资源、财务、客户满意度等六个方面进行系统变革，把公司业务管理体系聚焦到创造客户价值这个核心上，沿着客户价值创造链梳理，打通端到端的流程，全面实现基于客户需求导向的组织、流程、制度及企业文化建设、人力资源和干部管理。

"与友商共同发展，既是竞争对手，也是合作伙伴，共同创造良好的生存空间，共享价值链的利益"。在产业价值链中，一定会有竞争对手的存在，合理的竞争、价值的共享既是维护产业价值秩序的基础，也是客户价值实现的有力保障。在竞争上，任正非主张向拉宾学习，用土地换和平。"我们收窄战略面，在针尖领域，踩不着别人的脚。我们在主航道上是针尖战略。针尖战略就是冲到最前面，不与别人产生利益冲突。""华为不是要灭掉谁家的灯塔，华为要竖起自己的灯塔，也要支持爱立信、诺基亚的灯塔永远不倒，华为不独霸天下……"2012年前后，欧盟曾发起对华为反倾销和反补贴的"双反调查"，包括爱立信、诺基亚等竞争对手都站出来为华为背书，称华为并非低价倾销。

华为的战略没有对利润提出明确要求，只谋求适度盈利，对客户不涸泽而渔，"华为商业模式应该是保证持续盈利，不一定比别人赚得多，能活下去就是最后胜利。华为既要坚持已有优势不动摇，还要继续往前进，这就是'宝马'；积极关注'特斯拉'，学习'特斯拉'的优势所在，我们积极看待世界发生的变化，一旦出现战略性机会点，千军万马压上去。"

3. 华为战略聚焦于像太平洋一样粗的管道

华为千军万马压上去的是"管道"（华为把 ICT 系统通俗化，称之为"管道"）。

华为的"管道战略"是基于信息社会对数据流量有持续需求的假设。2012年7月12日，任正非在"2012诺亚方舟实验室"专家座谈会上说：

"我们假设数据流量的管道会变粗，变得像太平洋一样粗（宽），建个'诺亚方舟'把我们救一救，这个假设是否准确，我们并不清楚。如果真的像太平洋一样粗，也许华为押对宝了。""我们认为应该沿着管道来整合，通信网络管道就是太平洋，是黄河、长江，企业网是城市自来水管网，终端是水龙头。如果我们沿着这个整合，都是管道，对我们都是有用的。"

华为的业务战略从电信运营商网络向企业业务、消费者领域延伸，逐步形成"云—管—端"的协同发展，到目前为止，华为主要包括三大业务领域，即运营商业务、企业网业务和终端业务（含手机）。

在 2016 年世界移动大会上，任正非对华为的业务做了一个非常形象的描述："你刚才有没有看到展台上有一棵树，上面的树枝上结了许多果子。这棵树的树干就是我们的大数据管道，树枝上的果子是千万家内容商与运营商的业务。我们的云原则是上不碰内容，下不碰数据，而是支撑平台，这同样也是管道。树干上面挂了很多果子，其实就是运营商、内容提供商等各种商家，几千家、百万家将来都在这棵树上开花，服务社会。根在哪呢，根在客户那个地方。我们吸足营养，这样会使得我们的树干更强壮。"

任正非坚持认为，互联网同样离不开管道，只要有人想吃豆腐，就必然有人来磨豆腐，这磨豆腐的人就是华为。

"不要为我们有没有互联网精神去争论，互联网有许多好的东西，我们要学习。我们有属于适合自己发展的精神，只要适合自己就行。五千年后，如果还有人想吃豆腐，就总会有人去磨豆腐的。我强调的是，我们为信息互联的管道做'铁皮'，……能做太平洋这么粗管道'铁皮'的公司已经没几家了，我们一定是胜利者。所以要坚定一个信心，华为是不是互联网公司并不重要，华为的精神是不是互联网精神也不重要，这种精神能否使我们活下去，才是最重要的。乌龟就是坚定不移往前走，不要纠结，不要攀附，坚信自己的价值观，坚持合理的发展，别隔山羡慕那山的花。"

在战略上，华为对自己的判断是，不缺能力，缺乏的是战略思维，缺少"挖掘巴拿马运河、苏伊士运河"这样具有大视野的思想家和战略家。因为华为需要从满足客户需求，走向引领客户需求。

4. 终端业务是华为战略的"瑞士军刀"

2017 年，华为智能手机发货量达到了 1.53 亿台，P 系列和 Mate 系列带动华为手机在全球高端市场的影响力快速攀升，全球品牌知名度暴升至 86%。2018 年 3 月 27 日在巴黎发布的华为 Mate RS 保时捷版的价格折算成人民币高达 1.6 万元，定位已远超苹果手机。是什么让华为手机像一把锋利的瑞士军刀，用五年时间迅速完成从白牌机到全球前三的搏杀？

任正非曾发表观点说，IT 行业发展到今天，第一个时代是 PC 机的出现，崛起了微软；第二个时代是 IP 的出现，崛起了思科；第三个时代是互联网的繁荣，崛起了谷歌（Google）；第四个时代是无线宽带，华为终端一定会崛起。

虽然华为有这么一个趋势判断，但华为手机的战略规划并不清晰，甚至有点出于无奈。

华为在研发 3G 系统时，需要相应的终端来帮助进行网络测试，因为当时市场上买不到相配套的终端，不得不自己开发 3G 终端，那个时候称之为"手机"是不恰当的，因为首台终端整整装满了一辆考斯特。

即便做了 3G 终端，华为当时也无意于做手机业务。据《华为研发》作者张利华回忆，2002 年 10 月，在一次内部汇报会上，张利华提议华为应该尽快立项 3G 手机，任正非拍桌子说："华为公司不做手机这个事，已早有定论……"

后来又为什么做了手机呢？因为运营商有需要，华为因此通过运营商定制白牌机的方式进入转售市场。但一旦决定做手机，任正非就做了两个决定：一是要求财务拿出 10 亿元的预算，而当时 2003 年华为一年的利润也才 10 亿元；二是专门成立独立的终端公司做手机，独立运作。任正非说："为什么中兴 GSM 手机没有做好，亏损了好几年，你们要想清楚。做手机跟做系统设备不一样，做法和打法都不同！"

但当时华为终端战略的定位是"伙伴、定制、价值"⊖，聚焦在帮助运营商满足用户对多样化终端的需求。由于定位于超低价、超底价、超低端，华为手机基本没有利润，在 2008 年华为差一点将手机业务出售给了贝恩资本。由于华为蓝军发现了终端具有撑大管道的重大意义，并明确提出"云管端"的战略，才避免了华为终端业务被卖的命运。

华为手机的真正转折点是在 2010 年和 2011 年。

2010 年 12 月 3 日，任正非组织召开终端骨干员工座谈会。首先，任正非对手机业务重新定了一个基调："做事要霸气，做人要谦卑，要按消费品的规律，敢于追求最大的增长和胜利。"他在会上明确了四个策略：第一，下决心走高端路线。任正非对过去的反思是："我们终端没有研究消费心理，没有引领，这些年都是跟随。"任正非要求关掉低端手机业务，往高端方向发展，并提出"手机时装化"的概念。第二，不再寄生于运营商，自建渠道。第三，允许终端公司采用不同的激励机制。"终端公司应该是低工资、高奖励。要敢于革命，不敢留下革命的，可以回华为技术。"第四，建立自己的核心生产能力，解决"对供应链理解不深和不能打通"的问题。

2011 年年底，华为三亚会议召开，任正非在会上明确提出把最终消费者作为公司客户，下决心砍掉 3000 万部低端智能机和功能机。这一决定改变了华为手机研发和消费者模式。同时在此次会议上任命余承东为终端

⊖ 《华为 2010 年年报》，网址：http://www.huawei.com/cn/press-events/annual-report。

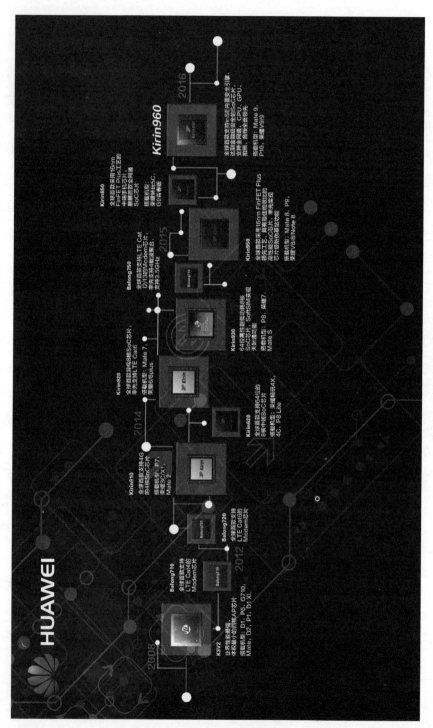

华为手机麒麟芯片发展历程

业务 CEO。

2012 年，华为高端系列 P1 手机销量惨淡，而此时小米已大火。余承东还因此得了一个"从零起飞"奖，事后余承东说："在我手里，华为终端要么做没了，要么做上去，没有第三条路。"2013 年，余承东决定将荣耀品牌独立出去，确立"华为 + 荣耀"双品牌，分别走传统开店和电商两个渠道。经过反复磨砺，2014 年，P7 和 Mate7 两款手机全球发货超过 1000 万台；荣耀品牌全球销量超过 2000 万台。

在手机产品研发方面，华为于 2012 年聘请宝马前设计总监范文迪担任手机产品首席设计总监，确定两条工作定律：工业设计（ID）牵引硬件，用户体验（UE）牵引软件。2015 年 3 月 12 日，华为在巴黎设立全球首个美学研究中心，主攻手机的美学创新设计，由蜚声国际的法国设计师马蒂厄·莱哈努（Mathieu Lehanneur）领衔。2015 年 10 月，苹果公司前创意总监、全球顶级用户体验设计专家阿比盖尔·莎拉·布罗迪（Abigail Sarah Brody）加盟华为，担任首席用户体验设计师。

第二节 价值客户的战略解码

我们再回到客户价值。

从产品角度来看，客户价值主要体现为客户需求的实现；从服务角度来看，客户价值体现在客户对服务的认可甚至是客户某些期望的超出；从财务角度来看，客户价值体现在客户从产品或服务中所获得的满足感大于其付出。

这不难理解，但更为基础的一个问题是：谁是你的客户？谁是你的价值客户？

一、谁是你的价值客户

1. 外部客户

在 BLM 模型中，市场洞察虽然定义的核心是客户需求、竞争者动向，但必然回避不了"客户是谁"这一基本问题；IBM 将"业务设计"定义为客户选择、价值主张、价值获取、活动范围、持续价值和风险管理等六个要素，第一个要素就是"客户选择"。

客户的商业定义，是指用金钱或某种有价值的物品来换取接受财产、服务、产品或某种创意的自然人或组织。比如：在产品分销业务模式下，客户主要细分为销售渠道客户和终端用户两种。销售渠道客户又分为分销商、区域分销商、代理商、经销商、专卖店；终端用户又分为商用客户和消费客户（个人或家庭客户）等。其中，商用客户又分为订单客户、商机客户、线索客户和一次性客户。

客户可以按不同性质划分，也可以按不同等级划分，如 IBM 将客户等级分为四类，提供的服务也有非常大的区别，如表 1-1 所示。

表 1-1 IBM 的客户等级分类

	客户关系	客户价值	提供的服务
钻石级	集团副总裁、集团客户关系总监	营业额的 50%，利润 65%	个性化咨询、完整的方案设计
黄金级	区域总裁、集团客户总监	营业额的 25%，利润 15%	咨询、个性化方案设计
白银级	大客户经理	营业额的 20%，利润 13%	标准方案、价格优惠政策
其他	—	营业额的 5%，利润 7%	标准方案或产品

到底谁才是企业的目标客户？我们在前面的业务设计部分"客户选择"中稍有阐述。大部分企业都会认为自己的目标客户定位非常清楚，但真正一画像，要么有点贪多求全，认为全世界人民都是目标客户，要么对相应

的客户群体并不了解，分不出层级和主次。

为什么在这里要提这么一个简单的问题呢？研究不难发现，大部分企业都会犯这个错。比如：很多企业做大以后都不约而同地进入房地产领域，这是赚钱效应所引发的客户定位，而不是企业真心想去满足"安得广厦千万间，大庇天下寒士俱欢颜"的理想和追求。

这个问题深究起来其实挺复杂，甚至会直接关联到一个企业的使命和愿景，没有使命的企业就不会有战略定力，会随着市场的赚钱效应不断选择和晃动，赚钱成为企业的使命，慢慢会失去对客户的敬畏之心。在这种情况下，客户已经不成其为客户，而是猎物。

华为用"乌龟精神"来认定客户目标，心无旁骛、不投机、不取巧、不拐大弯，跟着客户需求一步一步地艰难爬行。用任正非的话说，就是即便道路两旁鲜花遍地，也不东张西望。华为还经常用炸开城墙口来做比喻，就是要力求找准客户，不盲目铺摊子。

再以华为手机为例，在2012年以前，华为生产出来的手机主要是以定制白牌机的方式卖给全球的电信运营商，再由运营商打上自己的LOGO卖给消费者。在这种转售模式下，运营商是华为手机的直接购买者，当然算是华为的客户，消费者是华为手机的最终使用者，理应也是客户。但是，买单的人是运营商，华为所要重点考虑和满足的是运营商的需求，即便消费者有想法也要看运营商是否重视，因此，在转售市场中，最终消费者并没有成为华为真正的客户，华为手机的市场定位最终屈从于运营商的利益诉求，即超低价、超底价、超低端。运营商采用套餐搭售的方式将手机销售给消费者，满足的是消费者占便宜的心理，所以他们不太关心消费者的使用感受。也正因为如此，运营商诸如"存话费送手机"等商业模式已是老掉牙。

在2011年的三亚会议上，华为终于下决心把最终消费者定义为公司客户，不惜得罪运营商甚至放弃现成的转售市场。在不看脸色行事的情况下，华为才有可能去关注高端客户的诉求，才有可能去定义手机的时尚美学。

摩拜共享单车创始人胡玮炜，一个女孩子为什么会去做这么一件极有难度的事情呢？她在接受记者采访时说了这么一段话："有两次，一次在杭州，另一次在瑞典的哥德堡，我都看到了公共自行车停在路边。两次都是靠近傍晚的时候。我就想，其实在城市里面骑车去游荡还是非常舒服的，我就使劲地想知道我该怎么来租这个车。我不知道去哪里办卡，也不知道去哪里交押金。那个硬件的小亭子，我用信用卡塞了半天也不能解决。……有投资人提议做共享单车，用手机扫描开锁那种。我当时立刻就被击中了……" ⊖

除了正好赶上手机支付这个风口之外，胡玮炜从自己作为一个消费者的角度，准确而深刻地定义了共享单车的客户，并因此而找准了客户需求。但发展到如今，共享单车已成为一个严重的社会问题，共享单车的客户，既是消费者，但也成了单车本身和城市环境的破坏者。客户既可以成就你，也可以毁灭你。

2. 内部客户

在企业管理中，还需要特别强调一个内部客户的概念。

业务部门面对的是外部客户，而对于 HR、财务等后台部门来说，外部客户是间接的，感受并不深刻。因此，如果不帮助它们定义好客户，建立起服务客户的观念，后果往往是灾难性的。

2015 年 11 月，华为《管理优化报》刊登了一篇名为《一次付款的艰

难旅程》的文章，反映一线面向客户预付款时遇到审批多、流程复杂、财务人员经常设置障碍等问题。

对一线而言，找不到流程入口、不知道全流程的所有要求和操作规范，流程指导和说明往往比流程本身更难懂和复杂；我们的流程建设多针对的是某个具体业务场景，防范的是特定风险，在设计上往往防卫过当，不考虑执行成本，更不用谈面向对象的流程拉通和友好的用户界面了；公司呼吁各级主管要担责，现实的流程、制度或监管组织却不信任主管担责。经常遇到的场景是："我是负责×××的，这个风险我愿意承担，流程能否走下去？"答曰："你担不起这个责任，请重新提交流程或升级到谁谁谁处理"。[一]

这篇文章引发华为内部员工的激烈讨论，还有员工补充了类似的几个案例。

案例一：付款，这个大家都很痛，确实有很多这样的实际例子，（比如）一个例外付款，代表处 CFO、代表处代表、地区部 CFO、地区部总裁都批了，共享中心却不付款。后来（我）找到共享中心总监，他给了一个回复"建议先付款"，但最后共享中心 AP 的那个小姑娘，还是坚持不给付款，而且拿出来很多的流程告诉我，这些都是有公司发文的，不能走例外，驳得我哑口无言。

案例二：本币代收业务，公司审批需要经过账务、资金、税务、法务的审批，然后地区部层级过完，又要到机关，沟通加上电子流审批一个月下来，市场环境已经发生重大变化，结果实行不下去了。

案例三：×× 项目是重大项目，一个项目占地区部企业 BG 5% 以上的规模。利润率也很好，但外汇加成率加到 50% 以上，外汇加成率评审目前是一定要经过机关的，但机关未必了解实际情况，评审花了很多时间，通过得极

其艰难,几乎影响签约。其实外汇加成率,机关领导的判断也未必准确,尤其是一些非常小的国家。谁能准确预测汇率风险,这个数据是否有可以 PK 的空间?尤其是在一些浮动汇率制的国家,以及本地银行可以给出准确贬值预期的国家。

案例四:艰苦国家的资金使用,(在)有些(艰苦国家)反而消费非常高,一个月住宿费能到 4 万元人民币以上,而且代表处外包员工很多,他们走不了备用金,没钱给,他们就不愿意干活,这个事情前前后后说了一年,资金、支付、HR 走了一遍。最后建议的解决方案是个人借钱出去。其实有个 50 万元人民币左右就能周转过来,即使有损失,代表处是愿意承担的,但一线没有这个权限。

这篇文章很快引起了任正非的热切关注,华为最后通过总裁办电子邮件(电邮其他〔2015〕103 号)向全体员工公开此事。任正非还特别加了按语,如下:

据我所知,这不是一个偶然的事件,不知从何时起,财务忘了自己的本职是为业务服务、为作战服务,什么时候变成了颐指气使,皮之不存、毛将焉附。

我们希望在心声社区上看到财经管理团队民主生活发言的原始记录,怎么理解以客户为中心的文化。我常感到财务人员工资低,拼力为他们呼号,难道呼号是为了形成战斗的阻力吗?

笔者在项目咨询过程中,也经常发现企业的职能部门普遍缺乏客户服务意识,有些行为甚至到了令人发指的地步。比如:财务部门对发票报销的规范,不仅要求开票方填写"名称、税号、地址电话、开户行和账号"和"货物或服务"的完整信息,还要求"开票人、复核人、收款人"三栏的姓名不能重复,甚至发票章必须盖在发票的空白处,以至于让业务部门把大量的时间浪费在发票处理上。

税务局的发票规范要求其实没有那么高，他们为什么不愿意做灵活处理，哪怕一点点呢？因为他们的概念中没有客户，只有风险和本位，甚至权力。

对此，任正非也有过非常形象的描述，2007年1月8日他在财经变革项目规划汇报会上说："我认为财务、业务、IBM顾问间一定要有合理的推进方案，财务认为不需要业务部门介入就可以完成变革的话，那么没有业务，要财务干什么？没有业务，财务就是废纸。如果说财务是废纸，何必要监控，何必要审计？我们公司坚持以业务为主导、财务为监督。我非常担忧的是，财务人员内心比较封闭。"⊖

有意思的是，企业老板还经常拿他们没招，一是老板不懂财务等专业知识；二是相关部门会经常拿政府规定或风险控制作为挡箭牌。

内部客户可以分为职能客户、职级客户和流程客户。职能客户是指将业务部门定义为职能部门（如HR、财务等）的客户；职级客户是指将下级定义为上级的客户（是不是有人会认为上级是下级的客户呢？定义没有对错，关键看企业怎么理解和应用）；流程客户，是指将下一道流程定义为上一道流程的客户。只有依此做好定义，并树立起"以客户为中心"的观念，一些事情才会相对容易解决。

"一次付款的艰难旅程事件"公开后，华为财经体系召开民主生活会进行反思，提出了"一切为了作战，一切为了服务业务，一切为了胜利"的口号，就授权下沉、简化审批、及时准确提供高质量的解决方案等方面提出了很多整改措施。

在华为，有一个硬装工程营，新员工和职能部门人员需要在这里进行为期2～5周不等的培训，参训员工进入施工队装设备，做吊装，做布线，了解基站和设备具体长什么样，怎么安装，清楚工程交付流程、安装质量

⊖《财经的变革是华为公司的变革，不是财务系统的变革——任正非在财经变革项目规划汇报会上的讲话》，2007年1月8日。

规范、进度控制和交付管理。硬装培训可以让职能部门对一线和业务部门，即自己客户的工作场景有一个直观的认识，更有利于客户需求的理解和客户关系的维护。

3. 价值客户

哪些客户才是企业的价值客户呢？

无非两个维度：一是与企业战略匹配度高的客户；二是能为企业带来更高利润的客户。

从华为的运营商市场来说，尽管未来信息社会洪水滔滔，但华为的判断是，10%的地区会聚集90%的信息流量，以此来分析和确定价值市场、价值地区、价值客户。"投入90%的资源，争夺10%的高价值客户和地区，而不是对所有地区和客户都加大投入。我们要抢占战略高地，但不是

全世界所有高地都要抢到，抢不到的高地做战略放弃（包括市场、技术）。用抢到的高地来养活公司。"⊖

每个企业的资源都是有限的，只有将价值客户定义到企业的主航道上，才能做到战略集中。华为内部经常使用一个词——"范弗里特弹药量"⊜，即在战略市场集中投入资源，饱和攻击，华为 20 多年来疲于奔命式的追赶竞争对手的局势因此得以扭转。

"28 年来我们十几万人，盯住一个城墙口，不断冲锋。近年来，每年投入 1000 多亿元（500 亿元研发、500 亿～600 亿元市场服务）持续轰击同一个口子，这种范弗里特密集攻击，终于让我们在大数据传送上，做到了世界领先。"⊜

对于价值客户的理解，任正非有两段非常精辟的论述："并非有需求就是客户，有需求但是不付钱，怎么能叫客户呢？付款买需要的东西，还能赚到钱，这才叫客户；付更多钱买东西的叫优质客户。我们对客户的认识要做适当改变。世界那么大，我们不能什么市场都做，如果为了服务几个低价值客户，把优质客户的价格都拉下来了，那就不值得了。"㉛

"有人问我们，华为的商道是什么？我们就没有商道，我们就是以客户为中心，就要让客户高兴，把钱给我。哪个客户给得更好，我就给好设备。氮化镓是一种功放效率很高的功放管，使用这种功放管的设备成本较

⊖ 《任正非在运营商网络 BG 战略务虚会上的讲话及主要讨论发言》，2013 年 12 月 28 日。

⊜ 1951 年 8 月 18 日 6 时，美第 2 师师长拉夫纳少将以师的全部火力攻击 983 高地。9 天时间的战斗中所消耗的弹药仅炮弹就约有 36 万发，相当于 1 门炮发射了 2860 发。美军的弹药量是平常的 5 倍，这就是所谓的范弗里特弹药量，意指不计成本地投入庞大的弹药量进行密集轰炸和炮击，对敌实施强力压制和毁灭性打击，意在迅速高效地歼灭敌人有生力量，使其难以组织有效的防御，最大限度地减少己方人员的伤亡。

⊜ 《脚踏实地，做挑战自我的长跑者——任正非在消费者 BG 2015 年中沟通大会上的讲话》，2015 年 8 月 27 日。

㉛ 《任正非在中亚地区部员工座谈会上的讲话》，2016 年 5 月 23 日。

高，我们只卖给日本公司，或卖给少量的欧洲公司，因为它们出价高，那出价低的我就不考虑卖给你这么好的设备。所以同样的设备还有好坏之分，氮化镓的量随着我们的使用产量扩大以后价格也降了下来，老百姓也会受益。"⊖

对于价值客户，每个企业都会有自己的理解方法，在此不再赘述。但华为还有另外两个视角值得我们思考。

视角一：虽然华为运营商市场的战略选择是聚焦价值客户，即发达国家和大型运营商，但华为并没有轻视和放弃小国市场。为什么呢？

"如果能放弃第一个小国，我们就会放弃第二个小国，又可以放弃第三个小国……就会把全世界小国都放弃掉。'防线'就往后退，退到哪里呢？退到中国。在中国就会退出西藏、云南、贵州，再退出新疆、青海……那就剩北京、上海了。北京、上海最赚钱，但能守得住吗？别人一围，我们就死掉了。"⊜

视角二：华为手机既然定位于高端客户，为什么还要做低端品牌——"荣耀"呢？

"我们在争夺高端市场的同时，千万不能把低端市场丢了。我们现在是'针尖'战略，聚焦全力往前攻，我很担心一点，'脑袋'钻进去了，'屁股'还露在外面。如果低端产品让别人占据了市场，有可能就培育了潜在的竞争对手，将来高端市场也会受到影响。华为就是从低端聚集了能量，才能进入高端的，别人怎么不能重复走我们的道路呢？"⊕

"华为和荣耀两个品牌，一高一低，荣耀品牌封住喜马拉雅山的山脚，

⊖ 《巴塞罗那通信展小型恳谈会纪要》，2016 年 2 月 23 日。

⊜ 《任正非在中亚地区部员工座谈会上的讲话》，2016 年 5 月 23 日。

⊕ 《坚持为世界创造价值，为价值而创新——任正非在内部战略务虚会上发表讲话》，2014 年 11 月 14 日。

防止别人打上来，华为品牌就可以在山顶多采几朵雪莲。"⊖即低端产品围住山脚形成防火墙，高端产品攻克战略高地。

其背后的逻辑是，要不要在低端市场和低端产品上构筑防线，不给竞争对手发育和向上生长的机会。但如此一来，会不会分散资源投入影响战略市场呢？

华为对低端产品的要求是：标准化、简单化、免维护化，质量做到终生不维修。任正非用 100 元的钞票来打比方，说钞票是世界上最标准的、最免维护的产品，只有做到像钞票这样标准化、免维护，才能最大限度地降低战略资源消耗。"我们不走低价格、低质量的路，那样会摧毁我们战略进攻的力量。在技术和服务模式上，要做到别人无法与我们竞争，就是大规模流水化。客户想要加功能，就买高端产品去。这就是薇甘菊⊜理论，而且我们现在也具备这个条件。"⊜

二、帮助客户成功才能持续发展

正常理解，把产品卖给客户，适当提供技术支持和售后服务，企业的使命就算完成了。

帮助客户成功又是什么概念呢？

华为的运营商市场是典型的 B2B 业务。早些年运营商只要投资买设备就会有高额回报，只要全流程推广产品就有钱赚，华为除了卖设备之外，还为运营商提供配套融资，帮助运营商客户抢占更多市场。

⊖ 《任正非在俄罗斯代表处讲话纪要》，2017 年 6 月 24 日。

⊜ 薇甘菊，菊科多年生藤本植物，蔓延速度极快，故称其为"一分钟一英里的杂草"（1 英里约 1.6 公里）。

⊜ 《坚持为世界创造价值，为价值而创新——任正非在内部战略务虚会上发表讲话》，2014年 11 月 14 日。

当单一产品不太管用的时候，华为开始帮助客户提供解决方案，从单站点、单产品、单技术到客户的综合体验。这是华为第二层次的客户成功。

随着近年来互联网和大数据的冲击，产业形态在发生急剧变化，运营商发现：一是语音和短信业务在急剧萎缩；二是信息流量也不再是全部流在自己的管道里面。电信行业面临数字化转型的考验，这个时候华为又如何思考帮助客户成功呢？

一方面，华为与运营商深入探讨产业发展趋势和最佳实践，帮助运营商重新定义战略投资要素，推动优化业务资产，由原来的投资驱动转向价值驱动，帮助运营商确立"最大化网络价值""全云化支持 5G 发展""敏捷数字化运营""云化数字业务"等发展思路，构建视频、NB-IoT、云服务、Telco 2.0、数字生态等，从以技术架构和用户体验为中心到以商业价值为中心不断深化；另一方面，华为对一线人员提出更高要求，其业绩考核直接关联到运营商总裁的 KPI，一线代表处必须关注运营商的商业模式、运营效率、投入产出和用户体验，站在客户的角度，从所在国整体运营的视角思考问题。

"客户只要赚到钱，他一定会买我们的东西，我们就能赚到钱，就可持续。"这是客户成功最朴素的思想。

关于客户成功的意义，任正非一语中的："华为要帮助自己的客户成功，否则没有了支撑点，我们是很危险的。"[⊖]

三、发展客户能力重于拉近关系

发展客户能力，笼统地说，就是提高客户赚钱的能力，在一定程度上也是在帮助客户成功。这是"鱼"和"渔"的关系，客户购买企业的

⊖ 《最好的防御就是进攻——向任总汇报无线业务会议纪要》，2013 年 9 月 5 日。

产品再加个价卖出去能赚到钱，这是"鱼"；如果企业教会客户如何更有效地管理渠道，帮助客户优化管理流程，提升客户员工的执行力，这就是"渔"。

目标管理是企业管理的核心之一，而目标重在业务绩效和能力建设这两点，对企业自身是如此，对客户也是如此。客户要多打粮食，也同样需要提升自己的能力，如果能关注到客户能力的提高，除了对客户带来长期价值外，对引导企业自身内部人员的能力建设，也具有非凡的意义。如前面提到的华为一线代表处与运营商总裁 KPI 挂钩，就可以有意识地引导自己的队伍锻炼并提升宏观运作能力。

早些年在争夺国内省级 3G 市场的时候，华为自认为客户关系做得不错，包括从运营商的省级采购主管，到运维主管，到营销主管，但最终成功率不高，很多项目都被爱立信拿走了。深入了解才发现，爱立信在给运营商提供专业的人力资源咨询服务，其拥有全球顶尖的人力资源咨询团队。爱立信把免费咨询做成了业务的另一种营销，这是华为没想到的。帮助客户提升某种能力，比赤裸裸地拉近客户关系往往更具有说服力和吸引力。

华为的领导力素质模型（见图 1-4），其中第一个模块就是"发展客户能力"。[⊖]

发展客户能力的素质模型包括以下两个部分。

1. 关注客户

定义：致力于理解客户需求，并主动为客户提供创造性解决方案的行为特征。关注客户是企业价值和目的的中心，也是市场上最重要的特征。从较高的层次上来说，关注客户是指客户驱动创新；从较低的层次上来说，关注客户是指满足客户的需求。

⊖ 倪志刚、孙建恒、张眹，《华为战略方法》，新华出版社，2017 年。

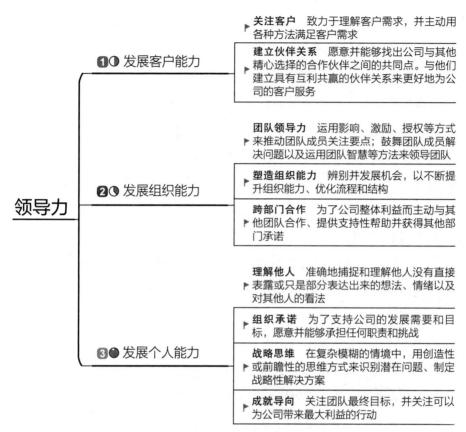

图 1-4 华为领导力素质模型示意图

维度：对客户理解的维度；采用行动的难度。

层级 1：响应明确的客户需求。

在明确理解客户需求和企业自身产品的基础上，获得需要的资源来满足客户的需求；基于先前的经验、案例或现有的产品，找到解决途径，包括采取行动来与潜在客户确立关系。

层级 2：解决客户的担忧，主动发现并满足客户未明确表达的需求。

在理解客户的需求以及企业自身产品的基础上，为客户提供解决方案；客户的需求不是非常明确或是以简单的目的显示，但是客户的需要往往相对清晰；没有现成的产品或服务可以提供，需要对已有的方法或方案进行一定的改进或创造；决策时要权衡风险；在出现客户服务方面的紧急情况时，可以迅速地、果断地回应。

层级 3：探索并满足客户潜在的需求。

捕捉或澄清客户的兴趣点，通过协调资源，找到解决方案；客户的需求有时是比较抽象或难以把握的，或者客户可能会表示一个需求但没有明确提出建议；可包括与客户的合作和互动，共同设计解决方案，或明确潜在客户的兴趣并做出行动，建立关系。

层级 4：想客户所未想，创造性地服务客户。

研究客户，发掘企业的潜力以及客户的潜在需求，提供全新的解决方案，包括为客户的业务模式提供战略性的建议，成为客户的长期战略伙伴。客户往往没有意识到有这样的需求，或者没有想到他们的问题可以得到解决。

2.建立伙伴关系

定义：愿意并能够找出公司与其他精心挑选的合作伙伴之间的共同点，与他们建立具有互利共赢的伙伴关系，来更好地为客户服务的行为特征。

维度：建立伙伴关系的行动力完整性程度；与伙伴的亲密程度。

层级 1：对外开放，建立联系。

与那些精心挑选的企业进行接触或建立友好关系，同时留意潜在的合作伙伴。审视环境以了解各种各样潜在的合作伙伴，他们的名声、市场地位、实力、规模及其他的那些使其成为合适合作伙伴的特征。对其他公司的主管人员释放友好信号，并与他们确立一种积极的关系（在个人层面上）。

层级 2：开展对话。

倾听潜在合作伙伴的想法并与其沟通交流，以寻求共同服务客户的合作机会。表达诚意，以及他们想成为小组一分子的意图。这个小组中的每个成员相对平等。

层级 3：共同发展伙伴关系。

与合作伙伴一起确定合作关系的形式。对于潜在的伙伴，要准确了解他们的文化、组织结构及市场地位，还要知道他们可能想或不想合作的原因，以便确立共同的理解和将来合作的方式。

层级 4：寻求共识，实现双赢。

商定一个共同获利的伙伴关系，并达成共识。合作伙伴之间相互适应彼此的组织、经验和文化，以便伙伴关系良好运行。

四、马来西亚电信案例：客户不是猎物[一]

2010 年 8 月 5 日，华为时任董事长孙亚芳收到一封来自马来西亚电信 CEO 的电子邮件，主题是"TM（马来西亚电信，简称马电）对华为在马电国家宽带项目中一些问题的关注"。内容如下：

尊敬的孙亚芳女士、主席：

今天距我们上次会面已经 6 个月了，在上次的会谈中，我们针对国家宽带项目，特别是 IPTV[二]部署向华为请求做特殊保障。

非常感激您的亲力赞助与大力支持，我们才得以成功在 3 月 29 日正式启动我们的新品牌（Unify）并商用新业务（Triple-Play）。这次商用仪式由马来西亚首相亲自启动与见证，非常成功！

[一]　徐直军、徐文伟、丁耘、姚福海等，《我们还是以客户为中心吗？！——马电 CEO 投诉始末》，《华为人》第 232 期（2011 年 1 月 28 日）和第 233 期（2011 年 3 月 9 日）。

[二]　IPTV，即交互式网络电视，是一种利用宽带网，集互联网、多媒体、通信等技术于一体，向家庭用户提供包括数字电视在内的多种交互式服务的崭新技术。

然而，我们业务的商用（商业性应用）并不能代表网络的成功转型，同时也并不说明我们拥有了一个充分测试、安全稳定的网络平台。从 4 月开始，我们开始与华为再度努力，力争开创 HSBB[⊖]的未来。但非常遗憾，在过去几个月中，华为的表现并没有达到我对于一个国际大公司的专业标准的期望。……过去几个月里，如下多个问题引起我们管理团队的高度关注和忧虑。

（1）合同履约符合度（产品规格匹配）和交付问题：在一些合同发货中，设备与我们在合同定义、测试过程中不一致……

（2）缺乏专业的项目管理动作（方式）：在我们反复申诉中，我们刚刚看到华为在跨项目协同方面的一些努力与起色，但是在网络中，仍然存在大量缺乏风险评估的孤立变更……

（3）缺乏合同中要求的优秀的专家资源……

……

我个人非常期望能与您探讨这些紧急关键的问题；如果您能在随后的两周内到吉隆坡和我及管理团队见面，将不胜感激。

早在马电 CEO 发投诉信的半年，即 2010 年春节前，华为邀请了包括马电主席、CEO 等高层参观深圳基地。在与华为公司高层的会谈中，马电方面认为：华为在项目上没有拉通，没有真正的项目管理组织，缺乏整网解决方案，没有把 IPTV 业务平台和宽带网络一起搭建起来，因此要求华为予以改进及关注。华为董事长孙亚芳在会上表示华为一定会全力投入，保障如期商用。

虽然 3 月 24 日马电如期召开现场发布会，宣布 HSBB 和 IPTV 正式成功商用。但因为资源不到位，不受重视，问题不透明，NGN 割接失败，BRAS 割接失败，OPM 功能板错发，客户对 IPTV 端到端的能力产生怀疑，华为多位领导到访却不能解决问题……这一切因素汇聚起来，终于，客户

⊖ HSBB（High Speed Broadband），高速宽带。

积累的愤怒爆发了。就像客户所说："当初我们认为选择华为是对了，现在看起来是错了。"

8月5日，失望与愤怒的马电CEO将上述投诉信发给了孙亚芳，并抄送销售与服务总裁、亚太片区总裁、南太地区部总裁、马来代表处代表以及马电系统部相关人员，相关产品线总裁和部门主管也第一时间知道了客户投诉。

收到投诉信后，内部邮件往来不断："由软件公司及交付部门开会讨论拿出解决方案来""回函起草后让某某先审阅一下""下周召集产品线、南太地区部GTS召开一个会，马电问题要尽快解决""主要问题表面上看是项目管理和资源的问题，真正的核心还是能力问题""产品设计缺陷、技术人员的培训严重不足、专家越来越少，更进一步加剧了问题的爆发"……这些邮件在公司内部转来转去，但并没有提及如何快速响应客户并快速解决问题。

8月10日，孙亚芳从国外回来知道此事，并查看邮件后大吃一惊。"根据我的了解，客户把邮件写到这个程度的话，实际上是到了他们的底线了！"8月18日，孙亚芳拜访马电主席，8月19日，又拜访马电CEO及高层管理人员。

在这个事件的处理过程中，孙亚芳反思说："各级主管关注的焦点不是解决问题，而是关注如何回复邮件，这是严重的本末倒置。""我们有些销售人员眼睛中的客户就像猎物，他们只关注与销售有关的话题。"

"以客户为中心"是华为的核心价值观，然而马电事件却给华为当头一棒。当面对可能要触动原有的部门、流程和利益格局时，当面对可能触及自己的奶酪，需要改变自己熟悉的做事方式时，当部门墙变厚、协作性变差时，怕暴露问题，怕承担责任，撇清关系，成了自然的选择。

孙亚芳说："我相信马电的问题在华为公司不是一个单一的现象，是

一个全体的现象。"因此,华为内部就三个本质问题进行了持续的讨论和反思:

(1)以客户为中心在我们的脑子里是否真的扎下了根?

(2)我们到底将客户放在哪里,我们能做到真诚地倾听客户的需求,认真地体会客户的感知吗?

(3)我们曾经引以为豪的方法、流程、工具、组织架构在市场新的需求下变得如此苍白无力,在未来的竞争中,我们还能帮助客户实现其价值吗?能真正成就客户吗?

虽然"马电事件"早已从喧嚣中沉静下来,但"马电事件"已经成为历史了吗?华为马电事件给我们的启示是:在客户面前,难以脱离"以技术为中心"的工程师文化;在利益面前,仍然跳不出"以自我为中心"的狭隘格局。

"以客户为中心"对所有企业来说,都将是一个艰难而持续的管理和文化建设过程。

第三节 关键任务与价值管理

BLM 业务领先模型(见图 1-5),也是战略制定与执行连接的方法与平台。战略和执行能否有效衔接,关键在于业务设计和关键任务之间怎么解读。

企业战略的解读和客户价值的实现,最终要落实到业务设计上,这一点是很好理解的,但关键任务是什么?它跟战略规划、目标管理有什么关系?

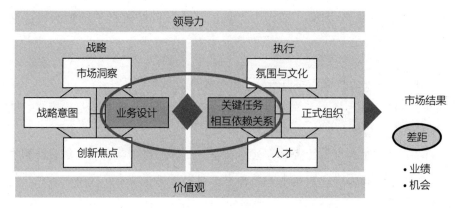

图 1-5　BLM 业务领先模型中的关键

一、"瀑布式"与"喷泉式"的目标管理

先看华为内部员工对绩效考评的一段吐槽：

按照绩效考评的最初定义或目标，是要考核员工当期的绩效产出或成果，但实际上我们的主管对考评的理解千差万别：①导向艰苦。就是加班越多、熬夜越多的，绩效会相对好。②导向亮点。这个也是很普遍的，特别是有没有对外给项目或部门长脸的事件。③导向未来。有些主管往往对他们认为要重点培养的人给予考评倾斜；而对那些他们认为培养潜力不大，即使当前做出了绩效的人，往往有所打压。④导向会闹的人。经常做价值呈现，动不动什么事情都抄送领导，拍照留念写汇报，在领导那里多露脸。⑤导向做重要的事情。对项目越重要的人，给予考评倾斜。所以有不少人抱怨，绩效在年初工作安排的时候就被决定了。[⊖]

虽然这里面列了 5 个问题，但这 5 个问题背后隐藏一个共同点，就是对目标的理解没有达成一致，目标导向不明确。一个企业如果做不好目标

⊖　华为首席御史，2017 年，《对公司绩效考评制度的理性思考》，心声社区，网址：http://xinsheng.huawei.com/cn/index.php?app=forum&mod=Detail&act=index&id=3338671&p=1。

管理，其他如薪酬设计、任职资格、绩效考评、激励机制等都很难有的放矢。

在此，先简单梳理一下对目标管理的理解。

美国管理大师彼得·德鲁克（Peter F. Drucker）于1954年在其著作《管理的实践》中最先提出了"目标管理"的概念。其经典定义是：目标管理是以目标为导向，以人为中心，以成果为标准，而使组织和个人取得最佳业绩的现代管理方法。

在德鲁克看来，目标管理一方面强调完成目标，实现工作成果；另一方面重视人的作用，强调员工自主参与目标的制定、实施、控制、检查和评价。这似乎没有错啊！但为什么遭到了世界著名的质量管理专家爱德华兹·戴明的反对呢？

戴明认为，实行目标管理将会给员工带来压力和恐惧，员工在"不安全"的环境中容易"保持现状"，不可能为企业有效地工作；他甚至反对对目标进行量化，他认为员工会"努力完成数字上的目标，不管企业的死活"。

德鲁克的假设前提是"自我控制"，即员工具有自我驱动能力，通过目标管理可实现自我激励，目标管理在一定程度上是一个自我激励系统。而戴明的逻辑是，通过PDCA快速迭代，永不停歇地进行改进，依靠的是高层管理的决心和群策群力的团队精神。

不难发现，德鲁克和戴明他们两个在目标管理上建立了一个共同的假设，那就是，员工能自我控制和自我驱动。

在严格的官僚组织，甚至是很多具备现代管理方法的企业中，这个假设几乎不存在。伦敦商学院战略及国际管理教授加里·哈默在其著作《管理的未来》中分析说："现代管理成功地将复杂问题分解成细小的可重复的模块，成功地实施了标准化的操作，并在以下方面也取得了成功：精确计算成本和利润，协调数以万计的员工的工作，协调全球范围内的营运工作。但是，现代管理将具有创造性的、有主见的、具有自由精神的人置入一个标准化的、规则化的体系内，这就破坏了人类最美妙的想象力和创新精神。现代管理促进了营运的规范性，但降低了组织的适应能力；提高了全球顾客的购买力，但束缚了数以百万的'半封闭'的管理严密的组织。"

在固有科层思维的影响下，此类企业大都采用自上而下的目标管理方式，虽然增加了很多可精确计算的数据模型，但仍然属于大水漫灌的性质。我们可将此类方法称之为"瀑布式"目标管理法，在这种管理方式下，所有人都被淹没在水底，真相很容易被掩盖。其基本的场景是：比如企业制定年度销售目标为 10 个亿，副总分解到总监时会加码 10%～20%，总监分解到经理时再加码 10%～20%，分解到区域或销售人员时，累加起来很快就到 15 亿～20 亿了。目标体系可能严重背离现实情况，也几乎没有实现的可能性。为什么会这样？因为每一层级的管理者为了确保自己目标的实现，都会不约而同地往下压更大的目标。最终的结果是，谁也不认自己的目标，由于心里的不认同，自然不会去维护这个目标，更不会为这个目标去努力和奋斗，取而代之的是粉饰和做假。这正好落入了戴明"目标恐惧"的框架内。

瀑布式目标管理完全否定了德鲁克说的"自我控制"的假设，也不给自我控制的机会。现实中，我们的员工是否具有自我控制和自我激励的能力呢？

蓝血研究院基于多年的实践经验，推行了一种称之为"喷泉式"的目标管理法，通过这种方式将员工自我控制和自我激励的能力及意愿，逐步引导和激发出来。

华为一般安排在每年的 4～9 月讨论五年战略规划，10～12 月确定新一年的业务计划。对于复杂程度不高的中小企业来说，一般建议在 11 月底一并完成 3 ～ 5 年战略规划和下一年度目标的讨论及制定，12 月面向高层和中层进行解读，在确保正确理解的情况下，各管理层对行业现状和现有资源做出分析，并自主判断制定出自己的年度目标。骨干员工一级的目标管理也依此类推。

问题来了，很多企业老板说，他们确定的目标离公司期望值差很远怎么办？这个喷泉可能压根儿就不喷水！

在学华为的时候，我们很容易联想一个问题：为什么华为的员工二三十岁就可以成长为独当一面的主管或地区总裁，而我们的人到 35 岁才刚刚能用？

我们的管理者一直在强调下面的人能力不行，因此从来不敢放手让他们做任何决策。

让员工自己来思考和制定目标，是信任员工的表现，有追求和想法的员工，在规则一定的前提下，再做适当引导，其设立的目标一般不会偏差太大。即便暂时不符合企业的期望，但只要员工的内在动力一点一点被激发出来，拉长时间来看，对企业的价值更为重大。

什么是规则一定？企业有行业增长和市场占有率的数据，有自己可参照的历史业绩数据（比如三年），有一定或充足的资源保障，有客观的问题分析，有突破难点的策略思考，有分步的执行计划，在这些规则导向下，员工制定出来的目标有一定的逻辑可循，其合理性也比较容易判断。

此外，如果以季度作为目标考核周期的话，一年有四个季度作为时间窗口可以加以利用。员工前一个周期目标的完成情况，可以为下一个周期的目标优化提供一定的参考依据，企业如果希望员工实现更高的目标，需要提供多少资源、施加多少压力给相关人员，也可以做到心里有数，再经过季度述职、双向沟通等管理动作，当事人完全有可能接受更高目标的挑战。

这个目标设定的过程，就好比喷泉，先观察员工自主自发能喷多高，如果不断加以引导，增加资源配置，适当施加压力，持续刷新"喷泉"高度也是可期的。如此，员工从喷一小股水，逐步到喷得比较高，到越来越壮观，最后会达到甚至超越企业的期望值。

"喷泉式"的目标管理，一方面有利于调动和激发员工自我控制和自我激励的欲望及能力，有利于培养员工独立担当的精神和意志；另一方面，因为目标不是自上而下强压的，自主设立的目标自己会去维护，去争取实现，当员工看到自己的进步后，他们会有信心给自己设定更高的目标。

这个过程也必然会用到戴明的 PDCA 环，只不过从计划（P），到执行（D），到检查（C），到行动（A），都是员工自主实现的。

二、目标是为客户创造价值

任正非说：我不会拿华为的生命垫底去成就你的霸业！

这句话听起来有点扎心，但不可否认一个事实，很多人到企业是来学习的！学好了可以增加自己的筹码便于再找更好的工作，所以，他们希望学新技术做新产品，公司赚不赚钱自认为跟他们没关系。

这是不是跟上述说的自主定目标存在了矛盾呢？

当然！如果招进来一名员工，他只想学东西，并没准备用学到的知识为企业做贡献，说明企业和员工对目标的认知没有达成一致。

德鲁克说："目标不是命运的主宰，而是方向的指标；不是命令，而是承诺。目标不能决定未来，它们只是一套用来调动各项资源与能力去创造未来的方法。"

企业要让员工制定出符合期望的目标，做出承诺，首先要告诉他们目标的思考方向和方法。

华为随时要求员工关注两个方向：多打粮食；增加土地肥力。这既是价值评价的基本标准，也是目标管理的核心抓手。

"多打粮食；增加土地肥力"，在华为出现的频度非常高，这两个衡量标准已深入人心，不符合这两个方向的目标和工作没有多少价值，至少不重要。

员工到企业本来就需要学习，企业也有义务培养员工，但培养和学习的目的，最终是要为企业做出业绩贡献，任正非说："你说'茶壶'里面有'饺子'，但是倒不出来，怎么会承认里面有'饺子'呢？你还得付我'茶壶'保管费。"

"多打粮食；增加土地肥力"，非常形象地阐释了企业对短期业绩和长期发展的目标诉求。"多打粮食"是短期的业绩贡献；"增加土地肥力"是支撑公司未来发展的可靠保障，即保证未来能"多打粮食"。

具体到每个企业，"多打粮食"的定义是完全不一样的，"增加土地肥力"，究竟包含哪些组织能力和个人能力的建设，也各有不同的理解方式。如果能够深入地把这两个标准的内涵和外延解读出来，对员工目标的制定就会起到很好的牵引作用，久而久之，员工也会自觉地往这个方向去思考和对标。

这两个标准的解读，既有业务性质的差异，也有时间段的区分，销售部门理解的"多打粮食"是多发展业务、多签合同；研发部门理解的"多打粮食"是做出符合市场预期和客户需求的高质量的产品；HR 部门理解的"多打粮食"则是如何提高每个员工的工作效率……而同样是销售部门，上一年是重在签合同，这一年可能是重在出利润。不一而足！

这两个标准需要员工动态把握，也难以避免会产生内部争论，不过争论并不是坏事，全员参与式的争论正好是一个非常重要的、聚合人心的过程，通过争论求同存异，最终能取得一致的理解。对一个企业来说，统一目标管理的判断标准非常重要，这恰恰是很多企业忽略或没有足够重视的地方。当企业规模达到一定程度时，笔者建议一定要做中高层的述职，因为季度、半年和年度的述职提供了很好的统一目标认识的机会窗。

那么，"多打粮食；增加土地肥力"这两个标准，又如何解读到具体目标上去呢？

针对企业高层和中层管理人员，建议把两个标准分解为三个维度的目标，即业务目标、组织建设目标和团队建设目标，业务目标是为了"多打粮食"，组织建设和团队建设是为了"增加土地肥力"；针对基层员工，把这两个标准可定义为业务目标和个人能力建设或提升。

第一，业务目标怎么来？

目标定义类似于杠杆的两端，一端是三五年的滚动计划和年度目标（公司或部门）；另一端是岗位价值。有价值的目标就是中间的支点，既连接两端又平衡两端。

岗位价值不等同于岗位职责，岗位职责是某一岗位所有职能的罗列，以及岗位之间的任职关系，它是相对静态的。

而岗位价值是动态的，是某一时段内某一岗位对企业贡献度的大小，它跟企业三五年的规划紧密挂钩，每年企业对各个岗位都会有不同的期望，绝不是几十个职能平均用力，比如：HR岗位对企业的价值贡献，某阶段主要体现在招聘，某阶段是组织变革……只要三五年规划是明确的，岗位价值就可以比较清晰地提炼出来。

我们拿HR本身举例，人力资源通常分为六大模块：人力资源规划、招聘与配置、培训与开发、绩效管理、薪酬福利管理、员工关系管理等。如果割裂来看，很容易陷入本位的解读，即为招聘而招聘，为培训而培训；如果从整体来看，又容易陷入体系建设的套路里面去。

HR 的本质是给企业供应业务所需要的能力，注意，不是人才，由于能力需要人才来承载，所以才要招人，如果机器就能解决问题，为什么不去找一台机器呢？从本质上来说，企业需要的是一定的能力来完成某项工作。

因此，招聘人才是为了发现和识别能力来为企业所用，人才开发和人才培养是为了发展和提升能力为企业所用。所以，HR 的岗位价值，笼统来说是企业所需能力的整合与应用。其他四个模块也是围绕这一点来思考的，后面再对此进行论述。

一些企业内部经常有人会抨击庸才一大堆。如果一个企业内的庸才能把天才的事做了，那么 HR 的真正价值就体现出来了，这样的 HR 恰恰是了不起的。

总之，紧紧抓住规划 / 计划和岗位价值这两端，再来思考业务目标就容易找到依据。

第二，是如何确定组织和团队建设目标？

任正非非常重视企业的流程化建设："为什么我要认真推 IPD（集成产品开发）、ISC（集成供应链）？就是在摆脱企业对个人的依赖，使要做的事，从输入到输出，直接端到端，简洁并控制有效地连通，尽可能地减少层级，使成本最低，效率最高。要把可以规范化的管理都变成扳铁路道岔，使岗位操作标准化、制度化。"[⊖]流程化的组织建设逐步确立为华为的管理目标，如果对应到相应的部门，在此建设过程中，都必须肩负一定的建设责任。

其他如制度建设、标准制订、手册建设、案例积累、团队氛围、团队能力……都是支撑未来发展很重要的建设内容，理应在目标管理中有所体现。

⊖ 《在理性与平实中存活——任正非在干部管理培训班上的讲话》，2003 年 5 月 25 日。

第三，如何确定个人能力的建设目标？

在此只强调一点，个人能力不应该是发散性的，而是要紧紧围绕岗位的任职资格所定义的能力要求来做提升，把目标定义到核心能力的建设与提升上。

三、用关键事件做驱动

不少企业喜欢用销售收入、净利润、生产产值、服务人次等作为年度的业务目标，因为有数据，可衡量。但其弊端是很明显的：一是这些数据的实现可能带有某种偶然性，特别是项目型企业的销售收入；二是数据可修饰，比如代理型的企业通过渠道压货修饰数据；三是容易引发员工的短期行为。

那么，企业应该怎样来思考和定义业务目标、组织目标呢？其要抓住的核心是关键任务或关键事件。

1. 关键任务的定义

在 BLM 业务领先模型右边的执行模块中，最核心的部分就是关键任务，正式组织、人才和文化氛围等三个维度都是为了支撑关键任务的完成。

IBM 认为，关键任务是指持续性的战略举措（ongoing activity），包括业务增长举措和能力建设举措。目的是支持业务设计，尤其是价值主张的实现。

关键任务可以从以下一些维度来定义，如：客户管理、产品营销、产品开发、交付、平台、服务、风险管理和团队能力建设、流程建设等。

通俗一点讲，经过分析和判断，找出实现销售收入、新产品开发、交付实现等背后的关键事件，深度完成这些任务就基本可以保证这些目标的实现。而反过来，销售收入等数据则被拿来验证这些关键任务的设定是否有效。

视频链接

IPD 变革大事记

IPD，即集成产品开发的简称，它不仅是流程建设，更重要的可以是改变过去各自为政、拥兵自重的权力格局，所以说，IPD 的建设就是一个艰难的改革过程。华为于 1999 年在 IBM 的帮助下启动 IPD 变革，2003 年任正非总结说："很庆幸的是，IPD、ISC 在 IBM 顾问的帮助下，到现在我们终于可以说没有失败。注意，我们为什么还不能说成功呢？因为 IPD、ISC 成不成功还依赖于未来数千年而不是数十年的努力和检验。"在华为 IPD 体系推行 13 年后的 2012 年，华为对 IPD 的认识和总结是，IPD 是基于市场和客户需求驱动的产品规划和开发管理体系，通过 IPD 管理体系，使产品开发更加关注客户需求，加快市场响应速度，缩短产品开发周期，减少报废项目，减少开发成本，提高产品的稳定性、可生产性、可服务性等。

任正非对关键任务／事件的驱动作用非常重视，他说："就 IPD 来说，学得明白就上岗，学不明白就撤掉，我们就是这个原则，否则我们无法整改。我们对员工的考核是由关键事件驱动的，什么是关键事件？我认为这就是关键事件，干得好了，你可以承担责任，干不好，就下去。我们不要老是拍脑袋，说这个人不错，那个人不错，但结果是我们的 IPD 搞不起来、IT 也搞不起来。因此这种关键事件要用在绩效考核里。"⊖

⊖ 《任正非在 IPD 第一阶段最终报告汇报会上的讲话》，1999 年 11 月 16 日。

2. 关键任务的确定方法

首先要紧扣"多产粮食；增加土地肥力"这两个标准，然后采用"重点、难点、变化点"的方式进行梳理，逐步找到支撑价值创造的关键任务。

何谓重点？就是基于战略规划和岗位价值的要求，对差距做出分析和判断，或是找到支撑业务数据背后的核心工作，或是找到"撕开城墙口"的策略和方法。

任正非将其表述为抓主要矛盾和矛盾的主要方面："市场不是绘画绣花，不光是精细化管理，一定要有清晰的进取目标，要抓得住市场的主要矛盾与矛盾的主要方面。进入大 T 要有策略，要有策划，在撕开城墙口子时，就是比领导者的正确的决策、有效的策划，以及在关键时刻的坚强意志、坚定的决心和持久的毅力，以及领导人的自我牺牲精神。"

企业的琐事很多，也可以成天忙个不停，如果没有对工作重点做出识别，资源、时间和人力就难以集中投到最能创造价值的工作上。

何谓难点？难点是指一定阶段内，关键业务所面临的重要障碍和挑战。对早期的华为来说，比如：大运营商市场的进入；跨领域跨部门端到端的流程打通；缩小企业运营管理与业界最佳实践的差距；以项目为中心的管理转型……这些都是难点。在很多情况下，不是看不到难点，而是不愿意"啃"。这是因为企业没有将其列入关键任务进行绩效驱动。

何谓变化点？企业所面临的业务环境变化越来越快，甚至有些变化是颠覆性的。企业需要在尽量短的时间内识别出变化因素，重新审视业务目标，对目标重点进行校验。

明白了方法，但并不代表就一定能创建高质量的关键任务，这要求当事人必须对业务有较深入的理解和思考，愿意去发现重点和难点，有动力去接受挑战。不过，这也是一个逐步找感觉的过程，经过反复对企业规划和岗位价值进行解读，以及内部的思想汇集和不断讨论，关键任务的创建会越来越精准，越来越有效。

关键任务从层级上可分为公司级、部门级和员工级三个层次。比如，根据华为近些年的战略规划，基本可以梳理出华为公司级的关键任务，示例如下。

- **关键任务 1**：华为高端手机实现战略突破，低端实现归一化，整体销售 1000 亿美元。
- **关键任务 2**：建设欧洲第二本土市场。
- **关键任务 3**：继续加大前沿研发的战略投入，避免颠覆创新的冲击。
- **关键任务 4**：建立项目型组织，落实授权机制，让听得见炮声的人做业务决策。
- **关键任务 5**：建立适应领先者的人才结构。
- **关键任务 6**：解决劳资分配关系，落实 3:1 策略。

对华为不太了解的读者看这六个关键任务感觉会有点虚，我们再来看一个部门级的关键任务，以华为的俄罗斯市场开拓为例[⊖]：

1996 年，华为在俄罗斯设立办事处，当时的俄罗斯有 1000 多个电信运营商，市场主要被爱立信、西门子等跨国巨头所控制；随后的 1997 年，俄罗斯经济又陷入低谷，卢布大幅贬值，西门子、阿尔卡特、NEC 等公司纷纷从俄罗斯撤资，俄电信市场投资完全停滞。华为此时在俄罗斯的知名度几乎等于零。

在此背景下，华为俄罗斯办事处 1996 年销售为零；1997 年销售为零；1998 年还是零；1999 年终于接到一单——38 美元（感觉比零还惨）。

⊖ 咔嚓院长，《华为俄罗斯 20 年：逗比的 38 美元到海缆 1855 公里》，网址：https://mp.weixin.qq.com/s?__biz=MzIyNTkwOTM1Ng==&mid=2247486729&idx=1&sn=d2ef1b2be55c414a7d1b1d2003c8dbdd&chksm=e879c20adf0e4b1cbda8b9efada019dfd56058ca6be1089390eea7abdb643b02cdf3ff2546e6#rd。

按我们正常理解，俄罗斯负责人估计得换好几茬，如果用销售收入去考量，负责人也很容易被下课。电信设备进入运营商市场，需要一个很长的过程，但大概可以分解成以下四个关键任务：

- 长名单到短名单（不可能1000多家都去跑，找到匹配度最高的5～10家）。
- 弄清运营商的采购决策体系，与核心部门实现有效沟通。
- 说服运营商进行产品和技术测试。
- 列入运营商的供应商名单，并下小批采购订单。

这四个任务也是四个关键动作，每完成一个动作，离成功就靠近一步，虽然时间周期比较长，但比较容易识别这些任务完成的有效性，因为前一个动作完成得不好，基本没有进入下一个动作的可能性。相关人员要做绩效粉饰也很难，或者最多只能瞒一时。

华为俄罗斯的团队一直坚持到底，经过几年的不懈努力，2000年开始柳暗花明。到2003年，华为在俄罗斯市场的销售额超过了3亿美元，占到了华为当年海外销售的1/3。

之所以很多企业的员工没有成就感，一个最大的问题就是平时只按岗位职责做事，面面俱到，平均用力，时间越长就越迷茫，感觉自己没有进步，学不到东西，最后要么混时间，要么选择走人。关键任务管理可以引导员工，在不同阶段聚焦到不同的工作重点上，对培育员工自我管理能力、提高动机水平是极其有利的；同时，这个过程也有利于企业对员工的能力做出判断。

3. 关键任务的核心要素

蓝血研究院将关键任务的核心要素做了四个角度的定义，如图1-6

所示。

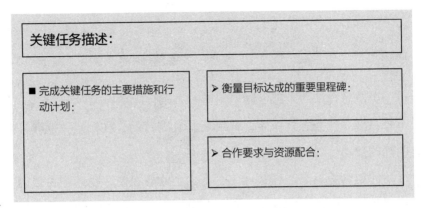

图 1-6 关键任务的核心要素

关键任务描述：遵循 SMART 的要求，即必须是具体的（Specific）、可以衡量的（Measurable）、可以达到的（Attainable）、具有相关性的（Relevant）、有明确截止期限的（Time-based）。可衡量并不一定是数据，可以是具体的行动方案，甚至动作。

主要措施和行动计划：对关键任务做具体的行动计划分解，同时，对执行过程中可能出现的情况进行假设，提前制定措施予以保障。

重要里程碑：里程碑往往具有可视性和可衡量性。如华为做运营商市场时，说服客户高层到中国来考察，就是里程碑。

合作要求与资源配合：对关键任务进行开放性评审，理解彼此的期望，做到垂直和水平对齐拉通，实现目标握手。

四、将规则转化为业务行动

有个落魄的中年人，每隔两三天就到神那里祈祷。第一次，他虔诚地低语："神啊，请念在我多年敬畏您的份上，让我中一次彩票吧！"几天后，他又垂头丧气地来了，念念有词："神啊，为何不让我中彩票？我愿意更谦卑地服从您，求您让我中一次彩票吧！"如此周而复始。最后一次，他跪着说："我的神啊，为何您不聆听我的祷告呢？让我中彩票吧，只要一次……"神终于开口说话："我一直在聆听你的祷告，可是——最起码，你先去买一张彩票吧！"

每一个愿意行动的人都可以得到神的彩票！

不管目标和任务怎么设定，最终还是要有行动，在设定关键任务时必须有明确的行动计划。

行动计划管理属于过程管理，有不少企业老板说，既然华为强调责任结果，那我们也强调结果不就完了，为什么非得强调过程呢？

首先起点是完全不一样的，华为已是虎狼之师，而我们还停留在推一下动一下的状态，设个目标都是"提高""加强""改善""优化"……等模糊表达，前面逼一逼总比事后责怪、结果惩罚要好。

把行动计划纳入目标管理和关键任务必备要素，一方面可帮助员工判断其可行性，并做出风险识别；另一方面可用于执行过程的对照，如每一步都执行到位且有成效，对目标实现是可预期的，发现动作有偏离或不符合现实情况，则可以及时进行干预和纠正，或重新确定行动方案。

行动计划，从制定，到执行，到结果呈现，既可以用于绩效判断，也可以检验员工的业务思考深度。

五、全营一杆枪打下飞机

这是一个个体价值崛起的时代，企业与员工之间逐步由雇用关系向合作关系和契约关系转变。我们在认可个体价值发挥的同时，又面临一个很现实的尴尬问题：组织目标已经很难强加给个体，那么如何才能做到组织目标和个体目标的一致性呢？

美国管理学家、系统组织理论创始人切斯特·巴纳德（Chester I. Barnard）发表观点说，个人认为通过自己的努力和牺牲，能使组织的目标得到实现，从而会有利于个人目标的实现；如果个人认为自己所做的努力和牺牲不会有利于个人目标的实现，他就可能不愿意做出努力和牺牲。因此巴纳德建议：第一，要让组织成员了解组织要求他们做什么；第二，必须让他们看到建立共同目标对整个组织所具有的意义；第三，要让他们知道个人目标怎么通过组织目标的实现而实现，并获得相应的满足。

巴纳德还因此提出了一个著名的关系式：诱因≥贡献。

所谓诱因，是指组织给成员个人的报酬，这种报酬可以是物质的，也可以是精神的。所谓贡献，是指个人为组织目标的实现而做出的努力和牺牲。由于诱因和牺牲的尺度通常是由个人主观决定的，有的人看重金钱，有的人看中地位，有的人则侧重于自我价值的实现，所以对于不同的人，组织需要给予不同的激励。这一点将在"价值分配"部分详细阐述。

除了报酬和激励，企业的组织发展目标需要在行动的一致性上做出定义，以便于将员工的个人目标引导到企业所希望的行为上。关于这一点，华为在相当长的一段时间内，使用的是"胜则举杯相庆，败则拼死相救"这句口号。2018年，华为从电影《绝密543》得到启发，提出更为准确的组织目标一致性要求——"全营一杆枪"。

"全营一杆枪"，来源于《绝密543》中国导弹部队一段光辉的精彩故事。

1958年，美国帮助国民党成立"黑猫中队"，使用U2高空侦察机，纵深到我国大陆进行侦察，拍照并窃取军事情报。为应对这一情况，中国及时组建了空军最早的导弹部队。1959年10月7日，一架从台湾岛起飞的RB-57D被我军543部队地空导弹二营成功击落。但之后，敌机装载了先进的12预警系统，能在10秒之内接收并识别我军导弹制导雷达的信号，可成功避开或逃跑。而我军从开启雷达捕捉敌机信号，到导弹发射出去，整套操作流程当时要用 8 分钟的时间才能完成，但敌人留给我军的时间只有 8 秒。

地空导弹系统主要包括火力打击单元和指挥控制单元，火力打击单元包括火控雷达装备、导弹发射装备，指挥控制单元包括目标搜索雷达装备、指挥控制装备，另外还有用于通信、电力、防护用途的装备。一套系统必须高度协同，官兵必须密切配合，才能完成导弹发射任务。543 部队从统一装备，到修改操作手册，到科学分工，都重新做了大量优化，并进行几个月的艰苦训练，最终做到了在 8 秒之内完成所有操作，发射导弹。

1963 年 11 月 1 日，美制 U2 高空侦察机再次闯进我国领空，我军三发导弹腾空而起，准确击中敌机，用时只有 6 秒！

后来，我军将这一作战精神形象地称为"全营一杆枪"。这一句话也成了华为的组织行动要求，任正非在讲话中不断强化这一思想。

一是面向客户需求，聚焦到一个目标。"'全营一杆枪'的目的就是要打下飞机。对公司来说，只有商业成功，才能说明市场销售与服务好，才能说明产品有竞争力，也才能说明技术领先。只有从 2012 实验室到 P&S、从研发体系到市场体系都做到全营一杆枪，公司才能实现商业成功。我们不能是各自孤芳自赏，不能是问题全在他人身上。'全营一杆枪'意味着面向客户需求，我们要构筑从机会到变现的 E2E 全流程解决方案能力。一个营的官兵必须凝聚为一个整体，聚焦一个目标，才能取得胜利。"[一]

二是围绕目标，形成不同的用人机制。"今年持续进行破格提拔，在 15、16 级破格提拔 3000 人，17、18、19 级 2000 人，其他层级 1000 人，就是要拉开人才的差距，让这些负熵因子激活组织。让火车头加满油，与'全营一杆枪'的目标实现是一致的，目的是打下'飞机'。常务董事会

[一] 《研发要做智能世界的"发动机"——任正非在产品与解决方案、2012 实验室管理团队座谈会上的讲话》，2018 年 3 月 21 日。

视频链接

华为海外宣传片

华为海外广告宣传片 *Dream It Possible*，是好莱坞影视制作公司 Wondros 帮助制作的宣传短片。短片生动讲述了一个女孩追求钢琴梦想 15 年的成长历程，她通过不懈的坚持与努力，最终登上了维也纳音乐厅的舞台，实现了自己的人生梦想，动人演绎了对梦想的执着追求。短片的主题音乐 *Dream It Possible*，无论是歌名还是歌词，都暗藏了华为想要对大众诉说的品牌理念：成就梦想。

要把特别优秀的专家提起来，我们很多科学家、业务专家是很优秀的，他们可以高于我们行政长官，即使是实行了年薪制的也可以提起来。我们要拉高专家尖子，把公司的专业技术屋顶撑高，让很多专家获得成就感，现在专家高层级的人数，同比只有我们管理者层级的 1/10，这方面做得还很不够。针对应届毕业生中的优秀人才，能否先给个 2%～5% 的指标，定较高的薪酬，像谷歌、三星、苹果面试那样直接定个薪酬，加大对最优秀人才的吸引；针对外部高端专家，要出台差异化管理机制，用特殊的方法管理；战略后备队员能否面大一点，重点培养的可以放到艰苦岗位和挑战岗位上去锻炼，让新生苗子成长更快些，当他不再是苗子在某一层停下来了，又有一批新苗子进入公司的眼界。"[一]

三是考核要导向共同的奋斗精神。"考核要形成一种共同的奋斗精神，

[一]《关于人力资源管理纲要 2.0 修订与研讨的讲话纪要》，2017 年 11 月 13 日。

像我们过去的'胜则举杯相庆,败则拼死相救',像电影《绝密543》部队那样全营一杆枪。现在由于KPI考核的不合理,使得共同的奋斗精神弱化了,形成了自私,这种环境制约了群体奋斗、狼群战术的文化。所以,我们要管住边界,简化考核,结果导向,重塑这种精神。"⊖

组织目标和个体目标的统一,就是在营造一个互利共生的成长环境!有了这样的环境,才能更好地驱动员工自觉关注组织目标的实现和价值贡献的创造。

⊖ 《任正非在人力资源管理纲要2.0沟通会上的讲话》,2017年8月7日。

第二章

价 值 评 价

第一节　价值评价的导向

价值评价是员工在为客户和企业创造价值的过程中，对其所做出贡献的计算和考量。价值评价应该主动贯彻于价值创造的全过程。

华为的价值评价有两个导向：一个是责任结果导向；另一个是商业价值导向。华为希望建立的是一个统一、合理、平衡，不断强化公司整体核心竞争力的价值评价体系。

这两个导向理解起来并不难，但执行这两个导向则需要企业有一个相对自由的环境。华为的理解，就是要逐步摆脱对技术的依赖、对人才的依赖、对资金的依赖，使企业从必然王国走向自由王国。如果做不到这一点，价值评价体系就有可能被扭曲，无法实现科学决策。

一、以责任结果为导向

责任结果是价值贡献的通俗表述，其框定了一个核心的价值判断标准，这样可以避免更多的评价维度卷入进来，如忠诚度、领导好恶、个人友谊等，以确保企业在一个稳定、简洁、透明的价值评价体系下，有效地识别和评价员工。按任正非的话说就是："华为公司将只会推行一个价值评价体系，即只有一道菜——'麻婆豆腐'，我们以这个价值评价体系来度量所有的人，我认为华为公司内部的矛盾才会摆平。"

但关于价值评价的导向问题，华为曾经有过非常深刻的教训，1999年，任正非在一次基层员工价值评价体系项目汇报会上反思说："我们要以提高客户满意度为目标，建立以责任结果为导向的价值评价体系，而不再以能力为导向。以往我们完全以技能来决定工资是错误的，因为我们实行基于能力主义的价值评价体系后，却做不出很好的商品来——我们的 C & C08 交换机已瘫几次了，深圳联通、香港和记都瘫过几个小时！这种技能导向造成了一种不良倾向：重视产品的技术水平而忽视产品的稳定性；重视产品性能的创新而忽视产品的商品化、产业化。企业是功利性组织，我们必须拿出让客户满意的商品。因此整个华为公司的价值评价体系，包括对高中级干部的评价都要倒回来重新描述，一定要实行以责任结果为导向。"

薪酬究竟跟能力强挂钩，还是跟工作结果强挂钩呢？大部分人都会倾向后者。

但现实中薪酬跟能力强挂钩的情况大量存在，甚至是跟学历挂钩，为什么呢？因为不管是学校招聘，还是社会招聘，员工刚进来的工资标准，一定是根据其学历和面试后的能力评估做出决定。上班以后，同样的岗位，同样的工作，如果贡献是相同的，根据责任结果导向，硕士和大专生理论上应该拿一样的工资。但你做不到，因为你不敢降低硕士员工的工资和收入，你担心他因此跑掉。华为之所以说要摆脱"三个依赖"（对技术的依赖、对人才的依赖、对资金的依赖）就是这个道理，没有足够多的人才，在执行责任结果导向时反而会有很多顾虑。

如果不锚定责任结果，不以价值贡献作为工作好坏的判断依据，企业就会出现各种不同维度的评价，如：没功劳有苦劳，很认同公司文化，领导交代什么就做什么，好歹是 5 年以上的员工了……甚至是拉关系、拍马屁等潜规则大行其道。

华为在干部任用上，对责任结果的要求更高。任正非说："一线主官的目标是胜利，是责任结果评价你们，而不是像士兵一样以简单服从为天职。"⊖

"我们的待遇体系强调贡献，以及以实现持续贡献的能力来评定薪酬、奖励，对于有领袖能力、能团结团队的人，可以多给予一些工作机会，只有他们在新的机会上做出贡献，才能考虑晋升或奖励。"⊜华为每年会末位淘汰 10% 的责任结果不好的管理干部。

责任结果导向，既是"多打粮食"的基础，也是导向高绩效文化的必由之路。"通过强化以责任结果为导向的价值评价体系和良好的激励机制，使得我们所有的目标都以客户需求为导向，通过一系列的流程化的组织结构和规范化的操作规程来保证满足客户需求，由此形成了静水潜流的、基于客户导向的高绩效企业文化。华为文化的特征就是服务文化，全心全意为客户服务的文化。华为是一个功利组织，我们一切都是围绕商业利益

⊖ 《决胜取决于坚如磐石的信念，信念来自专注——任正非在 2016 年 1 月 13 日市场工作大会上的讲话》，2016 年 1 月 13 日。

⊜ 黄卫伟主编，《以奋斗者为本：华为公司人力资源管理纲要》，中信出版社，2014 年。

的。因为只有服务才能换来商业利益。"

华为正在进行人力资源 2.0 的改革，其核心思想仍然是，继续坚持责任结果导向，推动员工在内、外合规的基础上多打粮食。这是华为 30 年实践证明的结果！

二、以商业价值为导向

企业是一个商业组织，自然以商业成功为目标，这也是商业价值导向的逻辑。

任正非在一次内部讲话中说："我们的目标不是要培养科学家，是要培养商人。这就是我们的价值评价体系，是围绕种庄稼，打粮食，讲究做实。"

20 年前摩托罗拉投巨资建设的铱星通信系统，技术含量非常高，且信号覆盖明显优于地面通信系统，但由于其不具备普遍的商业价值，最终没逃过破产的命运。

类似华为这样的科技型企业，比较迷信技术，容易以技术创新为导向，但并不意味能带来商业成功。任正非在内部经常泼这样的冷水："科学家对产品上市说了不算的，掌握的新技术，要由 Marketing 根据市场的需求来决定产品化投入的时间。我们有 8000 多名 Marketing 与行销人员在听客户的声音、现实的需求、未来的需求、战略的机会……只有在客户需求真实产生的机会窗出现时，科学家的发明转换成产品才产生商业价值。投入过早也会洗了商业的盐碱地，损耗本应聚焦突破的能量。例如今天光传输是人类信息社会最大的需求，而十几、二十年前，贝尔实验室可是

　　《华为公司的核心价值观——任正非在"广东学习论坛"第十六期报告会上的讲话》，2004 年 4 月 28 日。

　　黄卫伟主编，《以奋斗者为本：华为公司人力资源管理纲要》，中信出版社，2014 年。

最早发现波分的，北电是首先（将其）产业化的，它们可是领导了人类社会，北电的 40G 投入过早、过猛，遭遇挫折，前车之鉴，是我们的审慎的老师。"○

相反，低端的、技术含量低的产品也不代表就没有商业价值。"我们要正确对待低端机的商业价值，不要认为从事低端机业务的就是低端人才，高端机就是高端人才。什么叫高端，什么叫低端？我们不是学术单位，不是大学，不是论技术能力大小，不是论考试成绩多少，而要论商业价值……"○ "当前，我们的创新是有局限性的，就是提高华为的核心竞争力。有些人很不理解，我做出的东西，明明是最新的爆出冷门的东西，他做出来的是大众化的东西，却给他评出一个创新奖。我认为你做出的东西没有商业价值，就由人类来给你发奖吧。"○

以商业价值为导向，能较好地帮助组织和团队准确识别客户价值与客户需求。很多客户需求并不一定具有普遍意义上的商业价值，所以盲目地、不加分析地满足客户需求容易造成企业资源的浪费。

第二节　价值评价的标准

任正非认为，华为成长的秘诀是价值评价和利益分配。

价值评价包括绩效评价和能力评价两个核心。绩效评价是解决员工玩命干的问题，即"多打粮食"；能力评价是解决持续发展的问题，即"增加土地肥力"。

○ 《任正非与英国研究所、北京研究所、伦敦财经风险管控中心座谈的纪要》，2015 年 7 月 14 日。

○ 《任正非在消费者 BG 业务汇报及骨干座谈会上的讲话》，2017 年 10 月 24 日。

○ 《创业创新必须以提升企业核心竞争力为中心——任正非在"创业与创新"反思总结交流会上的讲话》，1999 年 2 月 8 日。

"多打粮食，增加土地肥力"，既是目标好坏的衡量标准，也是华为价值评价的核心标准，同时还是华为内部持续进行管理变革的重要目标。

一、多打粮食永远没有止境

任正非说："管理的目的是为了提升效率、多打粮食，任何时候的考核，都要把这个地方的粮食是否增产作为第一指标。以此给大家施加压力，不要热衷于为了管理而管理，做多余无效的事情，把产粮食给忽略了。"[⊖]

"瑞典瓦萨战舰[⊜]是当时世界上最大的炮舰，装修很漂亮，里面的雕塑都是艺术品，但战舰存在的目的是为了打胜仗，装饰是多余的。国王为了显示威力，又加建了一层炮塔，但船体本身没有改，结果一出海就沉船了。"[⊜]

2014 年 6 月 16 日，华为召开"蓝血十杰"表彰会，在提问环节，有一个员工问了任正非一个非常有意思的问题："您总是讲多打粮食，打到一个什么样的程度才是终点，大家才能休息一下？"任正非回答说："我不能想出一个目标。粮食是永远没有止境的，五千年来，人总是要吃饭的。我们当然希望不要把自己搞没有了，这是我们的想法，不是客观存在的。"^⑳对一个企业来说，只要存在一天，对"多打粮食"的追求就不会停止。

那么，"多打粮食"主要有哪些维度呢？

⊖ 《任正非在小国综合管理变革汇报会上的讲话》，2014 年 7 月 23 日。

⊜ "瓦萨号"战舰是由瑞典国王阿道夫·古斯塔夫（Gustavus Ⅱ Adolphus）下令于 1625 年开始建造的一艘三桅战舰，长 69.00 米，宽 11.70 米，吃水 4.80 米，排水量 1210 吨，帆面积 1275 平方米。

⊜ 《遍地英雄下夕烟，六亿神州尽舜尧——任正非在四季度区域总裁会议上的讲话》，2014 年 11 月 6 日。

⑳ 《为什么我们今天还要向"蓝血十杰"学习——任正非在"蓝血十杰"表彰会上的讲话》，2014 年 6 月 16 日。

2017 年巴塞罗那世界移动通信大会华为展会现场

2006 年任正非在一次 EMT 办公例会上有这么一段阐述："考核要关注销售收入、利润、现金流，三足鼎立，支撑起公司的生存发展。单纯的销售额增长是不顾一切的疯狂，单纯地追求利润会透支未来，不会考核现金流将导致只有账面利润。光有名义利润是假的，没有现金流就如同没有米下锅，等不到米运来几天就饿死了。"⊖

⊖ 黄卫伟主编，《以奋斗者为本：华为公司人力资源管理纲要》，中信出版社，2014 年。

关于销售收入、利润和现金流，只要具备一定的财务知识，都能明白其重要性和彼此的关联关系。企业在不同市场和不同产品上的销售收入、利润和现金流各自的权重还是有所差异的。华为运营商业务以有效增长、利润、现金流、人均效益等作为重点，终端业务以销售收入和利润为重点，而云业务则以市场开拓为重点（见表2-1）。

表 2-1　华为各种业务的重点

	销售收入	贡献利润	现金流	市场份额	市场格局
成熟市场	★	★★	★★	★	
增长市场	★★	★		★★	
拓展市场					★★★

销售收入和利润，虽然会有不同侧重，但还是需要保持一定的平衡，不能为了收入而牺牲所有利润，也不能为了保证利润，该做的市场不做。因此，华为建立了一个具有一定制约性的评价方法，BG（业务集团）以销售收入为中心，区域组织以利润为中心。对整个华为来说，销售收入必须基于利润的增长，利润必须是有现金流的利润。

对于利润，一般企业都会追求利润的最大化，但华为有自己独特的认知：不需要利润最大化，只需要将利润保持一个较合理的尺度。

这个尺度是多少呢？ 7% ~ 8%（净利率）。

华为将挣来的钱尽量投入技术研发（每年研发投入占年销售利润的10%以上）和能力建设。"战略预备队现在在池4600人，将来至少应该达到1万人，这样也能把一部分利润储藏在人才的培养上，才能多回流一些种子去岗位。""现在公司的经营状况比较好，正好你们运营商BG'三朵云'营销装备的建设可以消耗利润，提前构建能力，储备能力。"

网络大咖吴伯凡有一个形象的比喻，利润如同脂肪，既是好东西也是坏东西。"尤其是你获得了高额的利润，又不知道怎么去花钱的时候。如

果一个企业到了一种大量收钱，而已经不太容易找到花钱地方的时候，这个企业已经相当危险了。"⊖

多打粮食，不同的部门，不同的专业领域，角度是不一样的，在华为比较典型的有优质交付、提升效率、账实相符、"五个一"⊜等维度的考量。在此不一一阐述。

二、增加土地肥力

但"多打粮食"的盲目引导，容易急功近利，透支未来，就如同过度使用化肥，会增加当期的粮食产量，也同时会加速土地污染，破坏土壤结构。

只有把科学发展观植入价值评价体系，才能牵引一个组织走向未来，企业所体现的科学发展观的核心就是"增加土地肥力"，增加土地肥力是为了将来更好地"多打粮食"，其包括组织能力建设和个人能力建设两个部分。

组织能力的维度包括：战略贡献、客户满意度、组织及流程建设、团队能力及氛围、有效风险管理等。

个人能力包括：管理能力、业务能力、技术能力、人际连接能力等。需要说明的一点是，能力建设要与企业一定阶段的目标（3～5年）相匹配，不需要面面俱到，有可能建设1～2个能力就能解决很大问题。

在华为，用"多打粮食"来确定薪酬包和奖励；用"增加土地肥力"来提拔专家和干部。

"多打粮食"比较容易看到结果，也相对好评估，而"增加土地肥力"见效比较慢，不容易看到效果，因此，从组织上要予以足够的重视。"我们

⊖ 吴伯凡，《挣钱难，花钱更难》，出自华为内部书刊《华为之熵，光明之矢》。

⊜ "五个一"是指PO（客户询盘）前处理1天、从订单到发货准备1周、所有产品从订单确认到客户指定地点1个月、软件从客户订单到下载准备1分钟、站点交付验收1个月。

要持续地表彰那些为 ITS&P、IPD、ISC、海外 ERP、IFS……做出贡献的人。昨天他们努力时，看起来是笨拙的，今天看他们是如此美丽。昨天我们穷，没有办法奖励他们。今天的高效率，是昨天他们刨松了土地，不要忘了他们，就是在鼓励明天的英雄。不要忘记历史，就是要鼓舞奋力前行。"[⊖]

流程建设是增加土地肥力很重要的一个部分，但其实施最大的难度是随时要面对很多的噪声、阻力和反弹，总有人想随便找个借口就打发它，或者是修正主义式的学习。任正非为此经常放出狠话：削足适履穿美国鞋，学不好就杀头，就地正法！华为前董事长孙亚芳在 2011 年回忆说："他（任正非）坚定不移地推行，把不适合的人调开，这么巨大的管理工程变革实施历经 14 年，才有今天的研发水平和端到端的交付水平，培养了服务于全球客户的能力。"

同时，通过流程的问责机制，识别那些负责任、有绩效、显露出一定分析与解决问题眼光的干部，对那些不作为的干部与员工进行问责，若是因为自身能力不足，安排他们到预备队去实践提高，再补充到作战岗位；若是能力和工作意愿都存在问题的员工则坚决予以淘汰。

针对中小企业，笔者建议将这两条统一解读到绩效考核和述职评价中，"多打粮食"权重占 60% ～ 70%；"增加土地肥力"权重占 30% ～ 40%。引导管理层和骨干既关注短期绩效，同时重视企业的可持续发展，以平衡短期贡献和长期利益。

第三节　价值评价的方法

两个价值评价导向（责任结果、商业价值）和两个价值评价标准（多

⊖ 《变革的目的就是要多产粮食和增加土地肥力——任正非在 2015 年市场工作会议上的讲话》，2015 年 1 月 16 日。

打粮食，增加土地肥力），都始终贯穿于绩效管理的全过程，并通过绩效评价最终得以体现和落实。

因此，在价值评价过程中需要谨慎考虑几个问题：如何处理结果与过程的关系？如何度量"粮食"和"肥力"的贡献比？如何不陷入 KPI 的僵化局面？这些都会影响后面价值分配的公平和公正性。

一、价值与绩效

绩效管理，是基于对战略规划、业务计划、职位责任的梳理和定位，理清部门或个人岗位对组织的独特价值，找到价值发挥的业务目标和关键任务，并最终落实到个人绩效承诺（PBC）上的一个过程。

华为绩效管理与战略规划（SP）、业务计划（BP）的衔接关系如图 2-1 所示。[⊖]

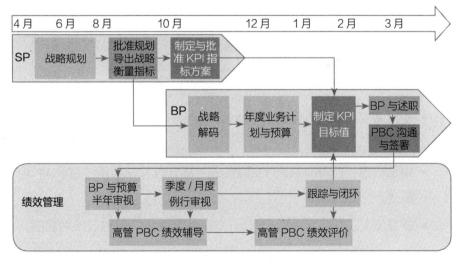

图 2-1　绩效管理与战略规划、业务计划的衔接关系图

　⊖　唐继跃，《业务驱动的人力资源管理》。

前面已经提到过，华为的战略规划（SP）是往未来看五年，同时把未来一年的业务计划（BP）搞清楚，华为战略规划的讨论和制定一般安排在每年的 4～9 月，业务计划安排 10～12 月，华为花在 SP 和 BP 这两方面的时间都比较长，可见其重视程度。中小企业不一定需要那么长时间，但足够的酝酿过程还是有必要的，但一些企业把年度规划拖到 3～4 月，则又错过了最好的时间窗口。

华为针对企业不同层级的人员，绩效关注的重点迥异，如图 2-2 所示。

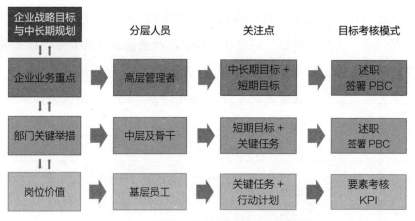

图 2-2　华为对绩效管理的关注重点

- **企业高层**：强调中长期目标和短期目标的结合，采用"述职 +PBC"模式。
- **中层干部**："短期目标＋关键任务"结合考量，采用"述职 +PBC"模式。
- **基层员工**："关键任务＋行动计划"结合考量，采用 KPI 考核表。

华为针对管理干部建立了三个方面的绩效考核机制：一是责任结果导向、关键事件个人行为评价考核机制；二是基于公司战略分层分级述职，也就是 PBC（个人绩效承诺）和末位淘汰的绩效管理机制；三是基于各级职位按任职资格标准认证的技术、业务专家晋升机制。

绩效管理不能与绩效考核画等号，绩效考核仅仅是绩效管理的一部分，如果视同为全部，有可能给企业带来困扰。

绩效管理需要建立面向未来的思维，其重点是通过一系列管理动作，引导团队和员工做业务思考，做得失总结，更准确、更有挑战地制定好下一期的工作目标，让员工对自己的未来看得更清楚，更有信心。

在绩效管理的目标制定部分，不建议采用精细的 KPI 法或平衡计分法，为什么呢？

KPI（Key Performance Indicator），虽然定义为关键绩效指标，但容易被导入过度追求量化、指标越来越多、目标被粉饰等死胡同。华为员工在讨论"人力资源纲要 2.0"的时候，有人形象地吐槽说："我们的思维就是磨豆腐，理论上，磨豆腐的时间越长，磨得越多；越辛苦，越赚钱。把这种思维应用到足球场上，梅西恐怕是第一个被淘汰的。KPI 规定梅西每场球至少要传 50 次，射门 7 次，射中门框 2 次，恐怕就只能组织和隔壁幼儿园踢友谊赛了。"[⊖]

平衡计分卡是 1992 年由哈佛大学商学院教授罗伯特·S.卡普兰提出的将战略和绩效有机结合的管理方法，它从财务、顾客、内部经营、学习与成长等四个维度来审视目标和绩效，但由于其各类数据的计算需要企业强大的内部系统做支撑，一般企业并不具备这样的管理基础，即使是大企业，也可能因大量的资源耗费而放弃这一管理方法。但其四个关注维度还是非常值得借鉴的，可以根据企业自身的特点，分别定义一些内容到"多产粮食""增加土地肥力"这两个价值评价标准里面去。

⊖ 我的另一个昵称，2018 年 3 月 19 日，《屌丝看人力资源纲要 2.0》，心声社区，网址：http://xinsheng.huawei.com/cn/index.php?app=forum&mod=Detail&act=index&id=3824549&p=1#p30108527。

绩效考核所应倡导的方法是，以责任结果和商业价值为导向，关注目标背后的关键任务、执行措施和行动过程，而过细的 KPI 很容易割裂企业的总体目标，任正非将 KPI 的目标分解方法比喻为"如长江防洪，沿江七省各搞各的"。这也是前面为什么要花那么多篇幅阐述从目标到关键任务，到行动计划的原因所在。

二、述职与评价

建议企业把握一年当中几个很重要的时间窗口，比如 11 月底完成公司的三年滚动计划和下一年的年度计划；12 月企业级目标宣导，各部门制订年度计划；1 月初开始公司级年度述职；2 月完成部门级述职和 PBC 签署；7 月做半年述职。

1. 述职目的与原则

述职是目标制定和绩效管理中非常重要的一部分，华为赋予了三个目的[⊖]：

（1）强化员工责任和目标意识，促使中高层管理者在实际工作中不断改进管理行为，促进员工和部门持续的绩效改进。

（2）深化公司原有的绩效考核及任职资格管理制度，不断增强公司的整体核心竞争力。

（3）强化部门间的协作关系，使各部门及其管理者为实现公司或上级部门的总体目标结成责任和利益共同体。

⊖ 冰川松鼠，2018 年 1 月 8 日，《华为怎么做年度述职？》，蓝血研究，网址：https://mp.weixin.qq.com/s?__biz=MzIyNTkwOTM1Ng==&mid=2247487459&idx=1&sn=d80041cde1411c71bc9600cd494c1c46&chksm=e879c0e0df0e49f6b187341316d1aa763dc65e5639412a6fb47131032099f5354a05a575dfca#rd。

可见，并不是通过述职打个分、给个绩效结论就结束，持续的绩效改进、任职资格管理、部门协同等才是根本，也就是说，通过一次述职，要能看到企业整体在业务思考能力和管理水平的螺旋提升。

华为述职遵循以下三个原则：

（1）以责任结果为导向，关注最终结果目标的达成。

（2）坚持实事求是的原则，注重具体实例，强调以数据和事实讲话。

（3）坚持考评结合原则，考绩效、评任职，面向未来绩效的提高。

这里面容易被忽略的两个关键词："强调数据和事实讲话"和"面向未来绩效"。如果能将企业员工的思维逐步引导到这两个维度上来，述职的意义就显得极其重大。

2. 述职流程

年度述职流程如图 2-3 所示。

整个流程比较清晰明了，这里只简单说明一点，述职者自检是指对照公司或部门目标及三四级管理任职资格要求，进行自检，进行目标对齐并结合流程需要，确定自己该年度或阶段性的主要工作目标。

3. 述职内容

蓝血研究院经过一些项目实践的摸索，逐步形成了一套简单易用，又能贯穿价值评价导向、评价标准和核心要素的述职报告模板，述职报告分为当期总结和下期计划两个部分。

这两个部分又分别包括三个核心模块：业务目标、组织发展和团队建设。业务目标是"多打粮食"的绩效内容，一般设定 2 ～ 3 个目标；组织发展和团队建设是"增加土地肥力"的绩效内容，各设定 1 ～ 2 个目标，不宜过多。

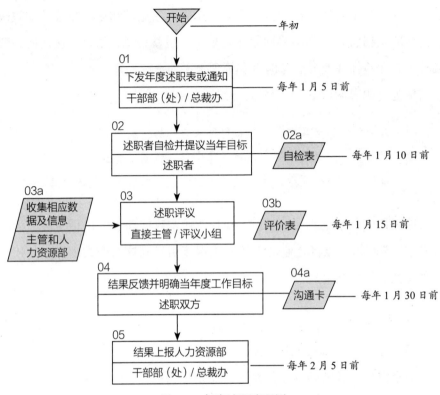

图 2-3　年度述职流程图

（1）当期目标总结部分的述职内容如下。

业务目标：

完成情况：

效果分析 / 经验总结：

　　业务目标： 上一期制定的本期工作目标的复制或复述，不能擅自调整或修改。

　　完成情况： 用数据或事实进行客观表述。如执行过程中对业务目标或行动计划有过调整，在此做简要分析，并描述目标或策略调整后的完成情况。

效果分析 / 经验总结：如果未完成目标，对问题或教训进行分析，为下一期目标制定提供依据；如果有效完成目标，进行一定的经验总结，并观察是否具有固化、推广和传承的价值。

组织发展和团队建设目标总结的结构，也是如此。

（2）下一期目标制定部分的述职内容如下。

业务目标：

里程碑：

关键措施 / 行动计划：

资源与合作：

业务目标：不是销售收入、利润等数据指标的简单表述，而是找到支撑岗位价值和部门 / 个人目标实现的关键任务，用目标设定的方法把关键任务解读出来，同时分解为两个目标，即基本目标和挑战目标。一些量化数据在下一期进行总结时，可以被拿来验证关键任务是否有效，而不直接作为业务目标使用，以避免数据修饰和急功近利的行为发生。

里程碑：关键任务的阶段性成果，设定里程碑可以做到过程可视。

关键措施 / 行动计划：这是再次进行业务思考的过程，只有对业务有深刻的理解和分析，才有可能拿出清晰的、可行的保障措施和行动方案。

资源与合作：为实现上述目标，需要企业提供哪些资源，或其他部门提供哪些配合。这个要素有助于部门之间进行目标握手，实现拉通和对齐。

组织发展目标，主要是针对流程建设、制度规则、标准化、操作手册、案例开发等做出目标定义，内容如下。

组织发展（团队建设）目标：

关键措施 / 行动计划：

资源与合作：

组织的建设和发展，在任正非看来就是结网捕鱼。"纲举目张，各级干部抓组织建设和干部管理这个纲，围绕'以客户为中心，以奋斗者为本'来建设组织与管理干部。什么叫纲，就是渔网的绳子，大家把渔网的绳子举起来，渔网就张开了。抓鱼时，一个个网眼张开，这样才能捕到鱼。因此，我们要抓组织建设，组织没有建设好，干部没有管理好，自己忙得不得了，许多人网眼没有张开，发挥不了作用。公司有很多主管不关注组织建设，只关注业务，不关心员工。如果这样，就不可能有更大的发展。"⊖任正非这段话，很形象地表达了组织建设的重要性。

团队建设目标主要针对团队的人才招聘、能力发展、氛围建设等做出目标定义，文化建设也可以考虑在内，但应该是企业整体文化在团队中的落地，而不应该是小圈子文化。如果是骨干个人述职，此项内容则为"个人能力提升计划"。

4. 述职分析

述职者根据述职会上的提问和意见反馈，对问题和目标再次进行深入回顾和分析，并与直接上级进行充分沟通，最终确定下期目标，上报人力资源管理部备案。分析包括几个维度：

- 关键任务是否已经足够准确，能否最大限度地支撑企业战略和部门岗位价值的实现。
- 行动计划实施过程有哪些经验和教训，下一期是否有进一步优化的可能。
- 了解周边部门的期望，判断自己团队的目标是否实现横向握手和协同，跨部门流程是否还有优化的空间。

⊖《任正非在 PSST 体系干部大会上的讲话》，2008 年 7 月 5 日。

- 了解团队成员的能力发展期望，思考如何进一步通过团队建设将成员导向自我管理和自我提升的道路。

5. 绩效评价

建议企业在述职前完成绩效评价工作，包括员工自评和上级评价，述职的目的不是为了考核，而是引导进行业务思考和目标探讨，不回避问题，不做大量的价值呈现和贡献表述。述职在绩效评价中的作用，仅仅是对前面考评可能存在的偏差做一个校正。

一些企业力图将绩效评价做到科学，甚至实现数据模型化，这样做一方面耗费大量的精力和资源，另一方面随着时间的推移，评价维度越来越多，单个指标越来越钝化，整体评价体系变得不痛不痒。华为即便有那么强的管理能力，也还没有做到科学评价，反而在参照美国军队"上没上过战场，开没开过枪，受没受过伤"的考核方法，对绩效评价逐步做简化。绩效管理是面向未来的，引导各成员思考业务、关注未来，这一点对企业来说更为重要，因此，不要太纠结于绩效评价本身。

三、过程管理

价值管理既是对过去的总结，也是对未来进行考量，是对业务思考统一方法、对目标统一认识非常重要的一个过程。有效定义和高质量完成这个过程，对企业内部统一思想、提升效率具有极其重要的意义。

1. 过程沟通

过程沟通是员工与上级及周边部门进一步达成目标共识或做机动校准的过程，这个过程需要不止一次沟通。通常通过日常周例会、月总结、季度述职以及项目关键节点等环节，来不断推动目标的审视，诸如：绩效目标是否体现了自己的价值贡献？组织与个人的目标是否契合？目标是否实现了与周边协同？能力是否得到有效发挥？资源是否能够支撑员工有效完成工作？

此外，在绩效考核以及结果面谈时，员工与上级仍然需要继续进行多次沟通，既是对考核过程的全面回顾，也是员工认识差距、找出问题、自我反思、计划提升的重要路径。

如果出现沟通不足、上级对考核不重视、员工没有得到足够的支持等问题，都有可能导致目标管理失败，因此造成最终绩效目标偏离，会给员工和上级都带来负面影响。

2. 过程监控

在绩效管理一定周期内，上级管理人员和 HR 部门有义务根据员工述职或 PBC 承诺中的关键任务和行动计划来设立监控点，在监控点上，检查重点工作是否执行到位、判断风险大小、按期完成的可能性等，发现存在问题，适当予以启发甚至干预，通过调整资源配置、重新定义目标等手段帮助员工做出改变。

3. 能力支持

绩效管理也是员工个人能力重新定义和持续提升的过程。员工结合工作目标和任职资格要求对自身的能力进行分析，自我认知，自我评价，向上级明确表述能力缺口，以便充分得到上级的工作支持和资源配置。这也反过来要求上级必须关注员工的发展，针对员工的能力培养，给出自己的建议和指导，并提供培训支持。

4. 团队协作

员工的绩效目标，需要与上级对齐，与周边部门拉通，其行为和结果必然受到上级和周边部门的关注，其目标实现也必然需要团队内部和周边部门的紧密协作，可以利用这一机会来打通部门墙，降低管理风险。

第四节 价值评价的误区

企业对员工的价值贡献做出准确判断是有难度的，随着企业管理维度的增加，价值评价的复杂度也会越来越高。学历、能力水平、辛苦程度、文化认同、劳动态度、满意度等能不能作为评价的参考依据，相信不少企业的管理者在考核员工时有意无意中还是会有所考虑。

企业在做价值评价时，主要存在以下几个误区。

一、KPI 指标库

KPI 指标库是不少人力资源从业者孜孜不倦的追求，以"最全"和"量化"为目标，甚至在编制指标时使用了"格里波特的四分法"[⊖]。华为早年也建立过"公司级关键绩效指标（KPI）体系"，每次讨论指标体系时，都是一个先罗列问题然后争取堵漏的过程。

我们以华为某次指标体系讨论会作为案例，在某年度讨论研发 KPI 指标时，参会的管理人员发现，现有的 KPI 体系反映出几个关键矛盾：

（1）强调了新产品销售额比率的增长，会不会忽视老产品的稳定和优化？

（2）强调了成本控制，会不会忽视质量？

（3）强调了人均新产品毛利的增长，会不会产生短期行为，只重视追求短期利益而忽视长期利益和潜力的增长？

（4）如果市场部不积极销售新产品，影响了研发系统关键绩效指标的

⊖ 格里波特四分法，将多数岗位划分为四个关键业绩领域：数量维度、质量维度、成本维度、时效维度，根据这四个维度将指标库中的指标进行归类整理。

达成怎么办？

各种纠结，是不是很熟悉？

讨论会的最后成果是：

根据各系统的讨论意见，经反复考虑后，增加了有关产品质量和质量成本的指标，对原 KPI 体系做如下修改。

（1）在公司组织增幅指标中，补充下述指标：出口收入占销售收入比率增长率。

（2）在研发系统的成本控制指标中替换和补充下述指标：老产品物料成本降低额、运行产品故障数下降率。

（3）在营销系统的组织增幅指标中补充下述指标：出口收入占销售收入比率增长率、合同错误率降低率。

（4）在生产系统的成本控制指标中，补充下述指标：产品制造直通率之提高率。

（5）将采购系统的组织增幅指标改为：合格物料及时供应率之提高率。

那么，部门级的呢？员工级的呢？还有下次呢？为了这个 KPI 指标库要耗费多少时间与精力？当外面环境和经营状况发生变化时，企业又需要不断审视，但不管怎样都要执行完某个周期才能做出调整，这样有可能错失一些业务机会。

任正非对内部曾经大而全的 KPI 考核方法很不满意，"考核的维度和要素不能太多，主题要突出。过去一搞 30 多项，（每个人）就成了循规蹈矩的人。我们不是要把员工管成乖孩子，我们是要让员工为公司提供价值贡献。我们主要的考核目标和要素，是从价值贡献上考核，（要）其他的考核干啥呢？" ⊖

⊖ 《绝对考核的目的是团结多数人——任正非在基层作业员工绝对考核试点汇报会上的讲话》，2012 年 3 月 19 日。

KPI 指标库对相对传统的企业或许还存在一点点价值，而对于通信、互联网等分分钟在发生变化的行业，用这种方式来定义价值评价，只会越来越不合时宜。

二、360 度评估

每到一个考核季，有些企业会绞尽脑汁设计出各种奇葩问题，开始做360 度评估，上级、下级、周边部门，滴水不漏！没有悬念的是，老好人得分最高！这一考核方式引导企业员工都做老好人。

华为其实也用 360 度评估。任正非对 360 度是这么看的："360 度调查是寻找每一个人的成绩、每一个人的贡献，当然也包括寻找英雄，寻找将军，而不是单纯地去寻找缺点，寻找问题的。360 度调查是调查他的成绩的，看看他哪个地方最优秀，如果有缺点的话，看看这个缺点的权重有多少，这个缺点有多少人反映，看看这个人是不是能改进。而不是说我抓住一个缺点我们就成功了，我们用这种形而上学的方法，最终会摧毁这个公司的。"[注]

也就是说，360 度不是拿来考核的，而是用来寻找人才，发现某些方面特别有贡献的员工。

任正非多次提醒："我们 360 度是为了寻找加西亚，寻找贡献者，寻找奋斗者的，怎么会变成了专门去找缺点呢？"如果通过 360 度评估来找缺点和问题，恰恰很多优秀的员工，其缺点也是很鲜明的。这部分人很容易被 360 度伤害，甚至被干掉。华为的原则是，任何一种管理办法都不能伤害到"优秀的奋斗者"，即便是那些调皮捣蛋不听话的奋斗者，只要有贡献，他就应该得到激励。他有缺点反而说明这个人还有很大的提升空

[注] 《华为关于如何与奋斗者分享利益的座谈会纪要》，2011 年 4 月 14 日。

间，更应该珍惜这种"努力贡献而不听话"的员工。

总之，360度评估应该侧重于识别员工的能力和贡献，而不是为了评估出一个完人、一个老好人。

三、员工满意度

员工是不是企业的主人翁？员工满意度能不能作为衡量企业管理的"晴雨表"呢？

对于这一点，任正非也是持反对态度的："我讲过员工多一点打工意识，少一点主人翁心态，是少一点，而不是一点不讲。如果员工一进公司，到处指点问题，而忘了自己本职工作最重要，最后会被辞退，既然是主人，为什么会被辞退，所以你是处在打工地位。真正的主人是你母亲，她什么都管，尽管她自己的事没干好，你不会辞退她，这才是真正的主人。我讲的核心是，员工要受约束。我们可以做主人，但先要把本职工作做好，否则主人也做不了。"[⊖]

华为轮值 CEO 徐直军曾写了一篇文章《告研发员工书》，批评部分研发人员"一个对生活斤斤计较的人，怎么能确保高效工作呢？葛朗台式的人在公司是没有发展前途的。"

任正非在徐直军这篇文章后面做了批示，说："你们都是成人了，要学会自立、自理。我们是以客户为中心，怎么行政系统出来一个莫名其妙的员工满意度，谁发明的。员工他要不满意，你怎么办呢？现在满意，过两年标准又提高了，又不满意了，你又怎么办？满意的钱从什么地方来，他的信用卡交给你了吗？正确的做法是，我们多辛苦一些，让客户满意，有了以后的合同，就有了钱，我们就能活下去。员工应多贡献，以提高收

⊖ 《沟通从心灵开始——任正非与 2000–22 期学员交流纪要》，2000 年 7 月 17 日。

入，改善生活。我们的一些干部处于幼稚状态，没有工作能力，习惯将矛盾转给公司，这些干部不成熟，应调整他们的岗位。海外伙食委员会不是民意机构，而是责任机构，要自己负起责任来的，而不是负起指责来。国内后勤部门要依照市场规律管理，放开价格，管制质量。全体员工不要把后勤服务作为宣泄的地方，确实不舒服要找心理咨询机构，或者天涯网。"[⊖]

"我们希望我们的员工像谷歌员工一样快乐，但不能推广谷歌的模式，我们要按市场经济模式。谷歌的这种乌托邦式的后勤，能走多久？！员工的收入货币化，供应也应市场化。因为我们的员工遍布全世界，如何能保证每个员工都快乐？唯一能保证的是货币化，钱分给员工，由他自己支付。……我们不能提高员工满意度，因为员工不是客户，否则就是高成本。员工需求是分析、归纳、调研出来的，只提供基本保障，规则就是市场货币化。"[⊜]

首先不要误解，华为并不是一个反对员工满意度的企业，其反对的是用高福利来获取所谓的员工满意度。一个员工对企业是否感到满意，除了基本的薪酬之外，或许更看重的是成长的机会、可期的未来。所以，一定不要把高福利与员工满意度画等号。

通过完美的 KPI 指标库考出来的是"乖孩子"，通过 360 度评估考出来的是"老好人"，通过员工满意度找来了指手画脚的"主人翁"。这些都不是企业所希望的，但为什么还是有非常多的企业深陷其中呢？！

───────────

⊖ 不知道 N，《别员工稍稍不满意食堂，就给个〈告员工书〉》，心声社区，网址：http://xinsheng.huawei.com/cn/index.php?app=forum&mod=Detail&act=index&id=3571775。

⊜ 《任正非与 BCG 顾问交流会谈纪要》，2015 年 5 月 6 日。

第五节　华为案例：绝对考核

什么是"绝对考核"？

绝对考核即绝对指标考核，这些指标采用的是第三方能独立验证的客观指标，如劳动态度、工作积极性等这些很容易被主观左右的指标一概不能用。华为主要在 12 级及以下基层作业员工中采用绝对考核。

为什么是用在最基层呢？

因为，"对我们一般岗位的员工而言，经验是主要的，他们的生产技能、资历也是重要的。用不着 A、B、C 的挤压，挤压可能使基层员工不团结（他没有这么高的理解力），而且耗费了大量的人力资源，他们实行绝对考核更适用"。⊖因此，基层取消 A、B、C 评定的比例限制，实行划定基准线的绝对考核方式。

任正非认为，绝对考核的目的是"团结多数人"，因此考核中要扩大员工得 A 的比例（A、B+、B、C、D 是华为考核的五个等级），其理由是："如果优秀员工占少数，优秀员工可能会成为讥讽的对象，他们很孤立，不敢大胆地伸张正义。优秀员工占多数，落后的占少数，落后在这里就没有土壤了，他们就必须进步。"⊜

华为绝对考核有其刚性的一面，即考核基线是清楚的，是可验证的、客观的，不允许有主观、可发挥的空间存在。当然也有其宽容的一面，不强制比例分布，不做末位淘汰，甚至鼓励给多数员工评 A。

"对 13 级及以上的'奋斗者'，我们实行相对考核，特别是担任行政

⊖ 《非主航道组织要率先实现流程责任制，通过流程责任来选拔管理者，淘汰不作为员工，为公司管理进步摸索经验——任正非与吕克、任树录、骆文成谈话纪录》，2015 年 3 月 10 日。

⊜ 《绝对考核的目的是团结多数人——任正非在基层作业员工绝对考核试点汇报会上的讲话》，2012 年 3 月 19 日。

管理职务的人，我们要坚定不移地实行末位淘汰制，不淘汰你就可以得到更多的利益，我们不能让你坐享其成，责任和权力、贡献和利益是对等的，不可能只有利益没有贡献。"⊖

华为对于拥有股票的奋斗者和行政岗位的管理干部，更多地采用相对考核机制，并以严格的末位淘汰方式逼迫员工努力，不让这些既得利益者坐享其成。由于相对考核成本较高，对于一些小的业务单位，管理者能看清每个角色、每个人，也允许实行绝对考核。

⊖ 《以"选拔制"建设干部队伍，按流程梳理和精简组织，推进组织公开性和均衡性建设——任正非在华为大学干部高级管理研讨班上的讲话》，2011 年 1 月 4 日。

第三章

价值分配

"我们要有价值创造及价值分配的共同思想基础。为客户服务是我们共同的价值观，支撑这个价值观的长期、短期激励机制是实现这个目标的有力措施。精神激励要导向奋斗，物质激励要导向多产粮食。我们的长期激励，是对员工已有贡献及可持续贡献的价值分配，这也是共同的基础、共同的理想，是不可动摇的理念。短期激励，是对当期贡献的分配，同时兼顾其为增加土地长期肥力的隐形努力。"[⊖]

一个企业的经营机制，说到底就是一种利益的驱动机制，企业能够持续创造价值的前提是价值分配要合理。华为在基本法中明确定义了价值创造的要素结构，即劳动、知识、企业家和资本共同创造了企业的全部价值。

在这里先简单回顾一下价值创造的早期理论，以斯密、李嘉图等为代表的古典经济学派认为，是资本、土地和劳动共同创造了价值。法国经济学家萨伊在此基础上增加了"企业家"要素，他认为，创造价值以后，劳

⊖ 《任正非在人力资源管理纲要 2.0 沟通会上的讲话》，2017 年 8 月 7 日。

动获得的价值分配是工资，资本应该获得的是利息，土地应该获得的是地租，而利润才是作为企业家从事冒险、监督和管理企业的报酬。

从表面上看，回答谁创造了价值，是一个理论问题，其实更是一个重大的现实问题，只有弄清楚谁创造了价值，才可能知道去评价谁激励谁，也最终明白应该向谁分配多少价值。萨伊对"企业家"创造价值的定义是开创性的，这一点也越来越被我们所认知和接受。

在高科技行业，土地已不是价值创造的主体，"数字化生存"让知识的地位日益突显，并取而代之。《华为基本法》对劳动、知识、企业家、资本等价值创造要素的界定，从理论上回答了价值创造、价值评价、价值分配的关系和本质。从广义上来说，知识也可视为资本的一种，企业家也是劳动付出的一个重要类别。因此，简单地看，价值分配就是处理按劳分配和按资分配的问题，包括其重要程度和比例关系。

第一节　分配的目的是导向冲锋

华为价值分配的核心理念是，以奋斗者为本，导向冲锋，导向员工的持续奋斗。

一、不让雷锋吃亏，向奋斗者倾斜

对于价值分配导向，华为最核心的定义是：报酬，不让雷锋吃亏；机会，向奋斗者倾斜。

《华为基本法》中核心价值观的第五条阐述的就是利益分配："华为主张在顾客、员工与合作者之间结成利益共同体。努力探索按生产要素分配的内部动力机制。我们决不让雷锋吃亏，奉献者定当得到合理的回报。"

向探索者致敬——5G 极化码与基础研究贡献奖颁奖大会

2018 年 7 月 26 日，华为在深圳总部举行颁奖典礼，向 5G 极化码（Polar 码）的发现者土耳其毕尔肯大学的尔达尔·阿里坎（Erdal Arikan）教授颁发特别奖项。百余名标准与基础研究领域的华为科学家和工程师也获得表彰。任正非与尔达尔·阿里坎教授进行了对话，任正非说："我们向基础研究这条道路努力奋勇前进，把这个问题发扬光大，我们继续支持教授所领导的团队的技术发展和前进方向，继续合理地给予投资，因为我们觉得道路会更加宽广，未来信息社会将会是无穷无尽的社会，我们现在才刚刚起步。"

"我们建立各项制度的基本假设是，员工是努力奋斗的，而公司决不让雷锋吃亏。"[一]

"华为价值评价标准不要模糊化，坚持以奋斗者为本，多劳多得。你干得好了，多发钱 ，我们不让雷锋吃亏，雷锋也要是富裕的，这样人人才想当雷锋。"[二]

"我们呼唤英雄，不让雷锋吃亏，本身就是创造让各路英雄脱颖而出的条件。雷锋精神与英雄行为的核心本质就是奋斗和奉献。雷锋和英雄都

[一] 《以生动活泼的方式传递奋斗者为主体的文化——关于新员工培训的谈话》，2007 年 6 月 12 日。

[二] 《喜马拉雅山的水为什么不能流入亚马逊河——任正非在拉美及大 T 系统部、运营商 BG 工作会议上的讲话》，2014 年 5 月 9 日。

不是超纯的人，也没有固定的标准，其标准是随时代变化的。在华为，一丝不苟地做好本职工作就是奉献，就是英雄行为，就是雷锋精神。"⊖

"华为人的付出不是白付出，而是要让付出者有回报，华为人创造了价值要回报价值创造者，机会要向奋斗者倾斜，我们奉行不让雷锋吃亏的理念，建立了一套基本合理的评价机制，并基于评价给予回报，尽量给员工提供好的工作、生活、保险、医疗保健条件，给员工持股分红并提供业界有竞争力的薪酬。"⊖

北京大学汇丰商学院管理学教授肖知兴对此评价说，中国当代著名企业对员工形成最重要的精神激励的，往往不是与商业结合得更紧密的使命和愿景，而是更靠近道德的核心价值观。一个道德信条，成为激励创业者、激励高管团队、激励全体员工的最深层、最强大、最持久的内心力量的来源。这个核心价值观，于华为是"不让雷锋吃亏"，以奋斗者为本，让奋斗者得到合理的回报。

不让雷锋吃亏，虽然是华为价值分配的一个原则，但也是重新被大众从内心普遍认同的一种道德信条，是新的道德重构。因为在中国过去特定的一段历史中，人们形成了一种很严重的误解，强调的是做雷锋不能求回报，也没有回报，普遍形成了老实人（"雷锋"）永远吃亏，做事的人永远吃亏的文化误区。

华为通过这一导向，将员工的心理能量给激发出来，引领人们走出误区。

二、力出一孔，利出一孔

"力出一孔"是华为长期坚持的战略原则，"利出一孔"是华为对高级干部和骨干员工的严格要求。

⊖ 华为公司《致新员工书》，2015 年版。
⊖ 彭剑锋，《华夏基石 e 洞察独家专访任正非》，网址：http://www.sohu.com/a/51148310_343325。

视频链接

天道酬勤——海外将士出征

2016 年华为集结 2000 名高级研发专家和干部，奔赴海外战场。为此，于 2016 年 10 月 28 日举行了"出征·磨砺·赢未来"的誓师大会，这是华为历史上第二次大规模的海外出征。任正非在大会作了题为《春江水暖鸭先知，不破楼兰誓不还》的讲话。这次与 16 年前"风萧萧兮易水寒"的情景大为不同。2000 年，华为的誓师出征是为生存所迫，多少有些悲壮。此次，则是为了抢占未来的战略高地，为了获取更大的胜利而出征。

《管子·国蓄》中说："利出于一孔者，其国无敌；出二孔者，其兵不诎；出三孔者，不可以举兵；出四孔者，其国必亡。"

"大家都知道水和空气是世界上最温柔的东西，因此人们常常赞美水性、轻风。但大家又都知道，同样是温柔的东西，火箭可是空气推动的，火箭燃烧后的高速气体，通过一个叫拉法尔喷管的小孔，扩散出来气流，产生巨大的推力，可以把人类推向宇宙。像美人一样的水，一旦在高压下从一个小孔中喷出来，就可以用于切割钢板。可见力出一孔其威力。华为是平凡的，我们的员工也是平凡的。……25 年聚焦在一个目标上持续奋斗，从没有动摇过，就如同是从一个孔喷出来的水，从而产生了今天这么大的成就。这就是力出一孔的威力。"⊖

华为从 30 多年的实践中总结出，企业发展首要的是要控制住资源分

⊖　任正非，《力出一孔，利出一孔——2013 年新年献词》，2012 年 12 月 31 日。

配的方向，聚焦主航道，坚持针尖战略，这就是"力出一孔"。

"同时，我们坚持利出一孔的原则。EMT宣言，就是表明我们从最高层到所有的骨干层的全部收入，只能来源于华为的工资、奖励、分红及其他，不允许有其他额外的收入。从组织上、制度上，堵住了从最高层到执行层的个人谋私利，通过关联交易的孔，掏空集体利益的行为。20多年来我们基本是利出一孔的，形成了15万员工的团结奋斗。我们知道我们管理上还有许多缺点，我们正在努力改进之，相信我们的人力资源政策，会在利出一孔中，越做越科学，员工越做干劲越大。我们没有什么不可战胜的。"㊀

如果一个企业没有"力出一孔，利出一孔"的挤压，内部都在做布朗运动，相互抵消，就形不成强大的发展动力。任正非经常用火箭的"拉法尔喷管"来做比喻。"可压缩的流体被压缩超过音速后，扩展的面积越来越大，速度越来越快，这就是火箭。火箭的发动机基于拉法尔喷管。我们是先规范、后放开。华为公司经过一个瓶颈挤压大家，这就是价值观。挤压完以后，再放开，大家的奔跑速度越来越快，推动华为这个'机器'前进。"㊁

华为《EMT自律宣言》

华为承载着历史赋予的伟大使命和全体员工的共同理想。多年来我们共同奉献了最宝贵的青春年华，付出了常人难以承受的长年艰辛，才开创了公司今天的局面。要保持公司持久的蓬勃生机，还要长期艰苦奋斗下去。

我们热爱华为正如热爱自己的生命。为了华为的可持续发展，为了公司的长治久安，我们要警示历史上种种内朽自毁的悲剧，绝不重蹈覆辙。在此，

㊀ 任正非，《力出一孔，利出一孔——2013年新年献词》，2012年12月31日。
㊁ 《任正非与Fellow座谈会上的讲话》，2016年5月5日。

我们郑重宣誓承诺：

（1）正人先正己、以身作则、严于律己，做全体员工的楷模。高级干部的合法收入只能来自华为公司的分红及薪酬，不以下述方式获得其他任何收入。

- 绝对不利用公司赋予我们的职权去影响和干扰公司各项业务，从中谋取私利，包括但不限于各种采购、销售、合作、外包等，不以任何形式损害公司利益。

- 不在外开设公司、参股、兼职，亲属开设和参股的公司不与华为进行任何形式的关联交易。

- 不贪污，不受贿。

- 高级干部可以帮助自己愿意帮助的人，但只能用自己口袋中的钱，不能用手中的权，公私要分明。

（2）高级干部要正直无私，用人要五湖四海，不拉帮结派。不在自己管辖范围内形成不良作风。

（3）不窃取、不泄露公司商业机密，不侵犯其他公司的商业机密。

（4）绝不接触中国的任何国家机密，以及任何其他国家的任何国家机密。

（5）不私费公报。

（6）高级干部要有自我约束能力，通过自查、自纠、自我批判，每日三省吾身，以此建立干部队伍的自洁机制。

我们是公司的领导核心，是牵引公司前进的发动机。我们要众志成城，万众一心，把所有的力量都聚焦在公司的业务发展上。我们必须廉洁正气、奋发图强、励精图治，带领公司冲过未来征程上的暗礁险滩。我们绝不允许"上梁不正下梁歪"，绝不允许"堡垒从内部攻破"。我们将坚决履行以上承诺，并接受公司监事会和全体员工的监督。

三、劳动和资本的分配关系

华为之所以不上市，一方面是不想让员工暴富失去斗志，"猪养肥了懒得哼哼"（任正非语）；另一方面是不想被资本所绑架，一味追求短期利益。

华为承认资本对价值创造所起的作用："我们承认资本的力量，但更主要的是靠劳动者的力量，特别在互联网时代，年轻人的作战能力提升很迅速。有了合理的资本／劳动分配比例、劳动者创造新价值这几点，那么分钱的方法就出来了，敢于涨工资。"⊖

"西方的财务管理是成功的，值得我们学习，但也有缺点，就是绝大多数是上市公司，主要关注短期效益，对长期利益关注较少。我们公司不能只关注短期效益，而要更多关注长期的、战略性的建设，这就是我们与西方上市公司的主要区别。"⊖关注劳动者的利益，就是关注企业的长期利益。为了不影响企业对长期利益的话语权，华为连分拆上市都不再做考虑。

华为把劳动者形象比喻为"拉车人"，把资本比喻为"坐车人"，华为有近 9 万人持有公司虚拟受限股享受利润分红，因此这些员工既是"拉车人"，也是"坐车人"。

从 1990 年开始，华为实施员工持股计划，随着时间的推移，华为有些"老八路"手上的股份越来越多，躺在股票分红上混日子的现象越来越严重，甚至逐步形成了某些"食利"阶层，只愿意做"坐车人"，不再乐意做艰苦奋斗的"拉车人"。股权激励导致内部的价值分配越来越不公平，越来越背离"以奋斗者为本，长期坚持艰苦奋斗"的核心价值观，华为后来逐步采取一些措施增大"拉车人"的分配力度，抑制"坐车人"的利益享受。

"薪酬激励的对标分析要提高合理性，要管理好拉车人和坐车人的分配比例，让拉车人比坐车人拿得多，拉车人在拉车时比不拉车的时候要拿得多。……要管理好员工人力资本所得和货币资本所得的分配结构，货币

⊖ 《任正非在人力资源工作汇报会上的讲话》，2014 年 6 月 24 日。
⊖ 《 CFO 要走向流程化和职业化，支撑公司及时、准确、优质、低成本交付——任正非与后备干部总队 CFO 班座谈纪要》，2009 年 10 月 26 日。

资本所得保持合理收益即可，其他收益全部给人力资本所得，我们不能通过股票大量分红来过度保障退休员工的收益，而是要切实保障作战队伍获得大量的机会。"

2016 年华为轮值 CEO 郭平在新年致辞中明确提出："2016 年持续优化激励制度，实现劳动所得与资本所得 3∶1 的目标。"从此，华为超高的股票分红一去不复返，当然，股权激励的积极作用仍然存在。

华为定义的劳动所得包括 TUP（时间单位计划）、工资、奖金、补贴、福利等收入；资本所得是指虚拟受限股的分红和增值收入。

四、警惕高工资、高福利的威胁

对企业来说，分钱比赚钱要难，分得不公平员工有意见，分得太抠门员工不满意，分得太多、福利太好，又可能让员工没有饥饿感失去奋斗的动力。

华为内部曾经很深入地研究过英国和美国的福利制度。英国有着高福利的传统，1601 年英国引入世界首部《济贫法》；1948 年 7 月，依据《贝弗里奇计划》，英国宣布建成了世界第一个福利国家，承诺提供"从摇篮到坟墓"全天候福利保障制度服务。特别是第二次世界大战以后，不管是工党上台，还是保守党上台，都在大幅度增加社会福利，以取得平民的支持，但大多数平民是短视的，没有谁愿意努力工作创造价值。在世界经济的发展浪潮中，英国因此一次又一次地失去创新的机会。西欧其他国家和北欧国家也大抵如此。

美国灵活而不是教条地借用了欧洲福利制度成功的地方，但和实行全

　　㊀《任正非在公司近期激励导向和激励原则汇报会上的讲话》，2014 年 9 月 23 日。

　　㊁ 详见本章第二节第三点"虚拟股与 TUP"。

华为英国研究所

民福利的诸多欧洲国家相比，美国实行的主要是收入审查制度，即规定收入和财产在一定标准以下才可以拿到福利补助，其覆盖面和保障程度在发达国家中相对是比较低的，加起来不到美国总人口的 1/3。20 世纪 80 年代，为了走出长期的经济滞胀，美国政府大幅度削减福利和政府规模，力图用市场机制来恢复经济繁荣和社会发展。同时，政府管理从福利提供转变为为公民提供服务，政府通过各种创新机制来提高自身的运行效率，通过发展创造能动的环境赋权给公民，因此，美国在创新精神和创新机制方面要明显优于英国等欧洲国家。

　　由此，华为一直提醒内部要吸取欧洲高福利的教训。[⊖]

　　"我们公司的薪酬制度不能导向福利制度。公司的薪酬要使公司员工在退休之前必须依靠奋斗和努力才能得到。如果员工不努力，不奋斗，不

　　⊖ 德国前总理、经济学家艾哈德曾说，福利国家使我们不必依靠自己的努力，而是依靠国家，这会使经济发展失去动力。

管他们多有才能，也只能请他离开公司。"[一]

"我们只能有限度地将条件不断地改善。我们工资的增长率一定要逼近我们的经济增长率。如果收入增长率超过公司的经济增长率，那华为公司过两三年就没有了。"[二]

"高福利带来了高成本，却不能保证带来生产力的提升。我们主张给员工足够的收入，让员工有能力自付费，在公司搭建的平台上选择、购买自己真正想要的服务。公司现在提供的就是统一标准的保障，但是超过这个标准都需要自己掏钱。"[三]

高福利对企业是一种威胁，这是华为的观点，不代表全部，也有企业采用高福利的管理方法，比如腾讯，其提供了"10亿无息购房贷款""给员工和家属花样繁多的保险""与中等城市公交系统有一比的班车网络""30天全薪病假""给员工发股票"等非常多的福利政策。

当然，这个问题不能无限放大来看，企业成功不会只是因为福利做得好，企业失败也绝非福利差的罪过，每个企业有每个企业的文化土壤和管理逻辑，不要完全割裂开来评价。但有一点是肯定的，福利仍然要以奋斗为基础。

第二节　基于贡献的价值分配形式

在华为，员工可以通过两个途径来改变自己的命运，一是奋斗，二是贡献。华为的价值分配也同样是以这两点为依据，华为一直不承认"茶壶里的饺子"，没有奋斗和贡献输出，不管你品德多高尚，学识多渊博，都

[一] 《活下去，是企业的硬道理——任正非与合益公司高级顾问维基·赖特（Vicky Wright）的谈话》摘选，2000年。

[二] 黄卫伟主编，《以奋斗者为本：华为公司人力资源管理纲要》，中信出版社，2014年。

[三] 《任正非在健康指导中心业务变革项目阶段汇报会上的讲话》，2017年1月20日。

是得不到承认的，虽然贡献有长期、短期之分，有直接、间接之分，但统一用责任结果来衡量，都应该是公平的。

一句话，华为建立的是以责任结果为导向的考核机制和基于贡献的待遇体系。华为的价值分配形式包括：机会、职权、工资、奖金、安全退休金、医疗保障、股权、红利，以及其他人事待遇。

传统意义上的价值分配采取三次分配原则，其中：一次分配是指计入企业经营的固定和变动成本部分，包括固定工资及福利、销售类员工的提成和生产类员工的计件/计时奖励；二次分配是对价值创造（利润）的奖励，包括季度/年度奖金，以及各种单项奖励；三次分配是利润分红，这属于剩余价值的分配。过去第三次分配只属于投资者，现在已经有一些企业在逐步向经营者（包括员工）开放。

分红向经营者和员工开放，无疑是价值分配的一大进步，也说明经营者和员工在价值创造中的重要程度越来越高，不过这仍然属于物质激励层面。华为则是将机会和职权列为价值分配中最重要的两种，"不患无位，患所以立"，岗位机会恰恰是有能力、有抱负的员工所看重的，华为之所以不缺人才，这个价值分配导向应该起了很大作用。

一、薪酬与奖金

根据华为公布的年报，近五年的薪酬统计如表 3-1 所示。

表 3-1　华为公司近五年的薪酬统计表

	2013 年	2014 年	2015 年	2016 年	2017 年
薪酬总额（亿元）	524.50	718.08	1008.34	1218.72	1402.85
总人数（万人）	15.5	16.9	17.5	17.8	18
人均收入（万元）	34	42	58	68	79
人均收入增长比率	—	25%	35%	19%	14%

视频链接

华为 2016 年年报

2016 年，华为实现销售收入人民币 5215.74 亿元（按年末汇率折为 751 亿美元），同比增长 32%。在这一年华为与徕卡合作推出双摄像头技术，P9 系列成为华为首个发货量突破千万的旗舰产品。2016 年，华为智能手机发货量达到 1.39 亿台，同比增长 29%。2016 年，华为从事研究与开发的员工约 8 万人，占总人数的 45%，研发费用支出为人民币 763 亿元，占总收入的 14.6%。

华为人均薪酬费用在 2013 年大约只有爱立信的 2/3，到 2015 年已经超出爱立信 15%，目前华为的薪酬已基本达到世界级水准，比肩苹果、谷歌、Facebook 等。在国内，华为因为员工薪酬高，一直被视为"别人家的公司"而声名远扬。

华为北京研究所的原负责人刘平在加入华为前，已经在上海交通大学当了 8 年老师，他在《华为往事》一文中如此描述 1993 年年初加盟华为时涨工资的情景："我在学校的工资是 400 多元。我在华为 2 月的工资是 1500 元，但我 2 月只上了一天班，结果还拿到了半个月的工资。第二个月，我的工资就涨到了 2600 元。那时候，令我激动的是，每个月工资都会上涨，到年底时，工资已经涨到 6000 元。不过，这些工资并没有拿到手，每个月只能拿到一半的现金，另一半只是记在账上。领工资的时候，也没有工资单，大家在财务部门前排队领工资。"其当年年薪即达 4.8 万元，相当于在上海交大工作 15 年的工资总和。

　　华为之所以很愿意与员工进行利益分享，主要源于任正非少年时期的苦难经历，他在《我的父亲母亲》中说：

　　我们兄妹七个，加父母共九人，全靠父母微薄的工资来生活，毫无其他来源。本来生活就十分困难，儿女一天天在长大，衣服一天天在变短，而且都要读书，开支很大，每个学期每人交2～3元的学费，到交费时，妈妈每次都发愁。与勉强可以用工资来解决基本生活的家庭相比，我家的困难就更大。我经常看到妈妈月底就到处向人借3～5元钱度饥荒，而且常常走了几家都未必借到。直到高中毕业我没有穿过衬衣，有同学看到很热的天，我穿着厚厚的外衣，说让我向妈妈要一件衬衣，我不敢，因为我知道做不到。我上大学时妈妈一次送我两件衬衣，我真想哭，因为，我有了，弟妹们就会更难了。我家当时是2～3人合用一条被盖，而且破旧的被单下面铺的是稻草。"文革"造反派抄家时，以为一个高级知识分子、专科学校的校长家，不知有多富，结果都惊住了。上大学我要拿走一条被子，就更困难了，因为那时还实行布票、棉花票管制，最少的一年，每人只发0.5米布票。没有被单，妈妈捡了毕业学生丢弃的几床破被单缝缝补补，洗干净，这条被单就在重庆陪伴我度过了五年的大学生活。这次在昆明散步时，也谈到了那时的艰难。

　　早在1959～1962年，由于"大跃进"的失误，也由于三年的自然灾害，国家陷入了经济困难。那时我正好在念高中，当时最大的困难就是饥饿，天天都是饥肠辘辘，无心读书，我高二还补考了。我在初中时人家把我作为因材施教的典型，而高中却补考。我青少年时期并无远大的理想，高中三年的理想就是能吃一个白面馒头。因此，我特别能理解近几年朝鲜人民的困难，他们还有国际援助，人口又少。中国那时处在以美国为首的西方国家的经济封锁与制裁中，人口又多，其困难比今天的朝鲜及非洲还大。

　　后来饿得多了，方法也多了一些，上山采一些红刺果（就是我们绿化用的那种），把蕨菜根磨成浆，青冈子（青冈树的种子）磨成粉代食。有时妹妹采几颗蓖麻籽炒一下当花生吃，一吃就拉肚子。后来又在山上荒地种了一些南瓜，以及发明了将美人蕉（一种花）的根煮熟吃的方法。刚开始吃美人蕉根时，怕中毒，妈妈只准每人尝一点。后来看大家没有事，胆子就大一些，每天晚上儿女围着火炉，等着母亲煮一大锅美人蕉的根或南瓜来充饥，家庭和和睦睦。那时，根本没有专用的厨房，而是卧室床前的地上，挖一个坑，做一个地炉，又做饭，又取暖，大家围在一起，吃南瓜，和和融融。

父母的不自私，那时的处境可以明鉴。我那时 14 ～ 15 岁，是老大，其他一个比一个小，而且不懂事。他们完全可以偷偷地多吃一口，他们谁也没有这么做。爸爸有时还有机会参加会议，适当改善一下。而妈妈那么卑微，不仅要同别的人一样工作，而且还要负担七个孩子的培养、生活。煮饭、洗衣、修煤灶……什么都干，消耗这么大，自己却从不多吃一口。我们家当时是每餐实行严格分饭制，控制所有人的欲望的配给制，保证人人都能活下来。若不这样，总会有一个、两个弟妹活不到今天。我真正能理解"活下去"这句话的含义。

我高三快高考时，有时在家复习功课，实在饿得受不了了，用米糠和菜和一下，烙着吃，被爸爸碰上几次，他们心疼了。其实那时我家穷得连一个可上锁的柜子都没有，粮食是用瓦罐装着，我也不敢去随便抓一把，否则也有一两个弟妹活不到今天。（我的不自私也是从父母身上看到的，华为今天这么成功，与我不自私有一点关系。）后三个月，妈妈经常早上悄悄塞给我一个小小的玉米饼，使我安心复习功课，我能考上大学，小玉米饼有巨大的功劳。如果不是这样，也许我也进不了华为这样的公司，社会上多了一名养猪能手或街边多了一名能工巧匠而已。这个小小的玉米饼，是从父母与弟妹的口中抠出来的，我无以报答他们。

这段刻骨铭心的岁月让任正非深刻理解了不自私、与人分享的重要性。

1. 薪酬

薪酬是反映职位价值和责任结果的市场价格，华为的薪酬原则是向奋斗者倾斜，向贡献者倾斜，向海外和艰苦地区倾斜。

工资分配实行基于能力主义的职能工资制；奖金的分配与部门和个人的绩效改进挂钩；安全退休金等福利的分配，依据工作态度的考评结果；医疗保险按贡献大小，对高级管理和资深专业人员与一般员工实行差别待遇，高级管理和资深专业人员除享受医疗保险外，还享受医疗保险等健康待遇。

我们在报酬方面从不羞羞答答，坚决向优秀员工倾斜。

我们坚决推行在基层执行操作岗位，实行定岗、定员、定责、定酬的以责任与服务作为评价依据的待遇系统。以绩效目标改进作为晋升的依据。[⊖]

华为同时建立了自动降薪机制，其目的，一是不断地向员工的太平意识宣战；二是避免过度裁员与人才流失，确保公司渡过难关。这一机制是任正非在德国考察时受到的启发。第二次世界大战结束后，德国经济一片萧条，德国工会联合起来要求降薪，从而增强企业的活力。

华为有员工提出，公司花很多钱支持希望工程、提供寒门学子基金，为什么不建华为大厦让大家免费居住？！为什么不实行食堂吃饭不要钱？！任正非认为，不管经济上能否实现，但这反映了员工的太平意识，这种太平意识必须打击，不能把员工养成贪得无厌的群众，否则企业会走向没落，而降薪就是一种演习方式。

2003年年初，一份《降薪倡议书》在华为内部从总监一级流传到员工手上。春节后，华为人力资源部收到总监以上干部申请书共454份，申请降薪10%，经审核，华为共批准了其中的362份。时任华为副总经理的洪天峰在内部谈到降薪时，说："总监级以上干部自愿降薪，并不能在多大程度上改善公司的财务状况，其深层次的意义在于，体现了公司各级管理者在当前的行业环境下对公司面临的困难的一种认知态度，表达出我们中高层管理者与公司同舟共济、共渡难关的信心和决心。"2002年，华为

⊖ 《华为的红旗到底能打多久——向中国电信调研团的汇报以及在联通总部与处以上干部座谈会上的发言》，1998年。

遭遇行业的冬天，加之战略上错失小灵通和 CDMA，又迟迟拿不到 3G 牌照，业绩首次出现下滑，合同销售额由上年的 255 亿元下降至 221 亿元，利润更是从上年的 52 亿元锐减至 12 亿元。艰难时刻的自愿降薪行为，也是艰苦奋斗的一种表现。

2.奖金

华为认为，员工工资的增加主要依靠效率的提升，奖金的提高主要依靠业绩的增长。奖金的核心作用是，解决"多创造出的价值该如何共享"的问题，以鼓励有能力的经营团队和个人，不遗余力地产生价值。华为在奖金分配上，仍然向海外人员倾斜，海外人员的奖金相当于国内同等人员的 3 ～ 5 倍。

华为内部不同的专业组织，奖金来源是不一样的。据原华为干部部长胡赛雄介绍，华为各组织的奖金来源结构是：

- 销售组织的奖金来源于利润增长；
- 研发组织的奖金来源于新产品收入或成熟产品效率的提升；
- 预研组织的奖金来源于战略投入；
- 供应链与交付组织的奖金来源于成本下降；
- 人力资源组织的奖金来源于人力资本效率的提升；
- 财经组织的奖金来源于资金的效益提升。

奖金的计算公式是：

$$奖金包 = 奖金来源 \times 经验系数 \times 组织绩效系数$$

$$个人奖金 = 部门或团队奖金包 \times \frac{个人所在岗位职级权重}{\sum 部门或团队全体成员职级权重}$$

职级对应个人奖金权重矩阵示例如表 3-2 所示。[⊖]

表 3-2 职级对应个人资金权重矩阵示例

职级	A	B+	B	C/D
……				
16	8	6	4	0
15	6	4	2.5	0
14	4	2.5	1.5	0
13	2.5	1.5	1.0	0

3. 战略补贴

华为有一些针对性的补贴，如：战略补贴、竞争补贴、大客户回馈等，当然，这些补贴不是直接发放到个人。

战略补贴主要考虑的是"战略性业务有人干，特殊业务情形有扶持机制"的问题，避免战略失衡，确保业务长期与短期均衡发展。在华为，战略补贴作为企业的战略性投入，往往会纳入空耗系数，不计入部门成本，不至于因为战略投入而拉低员工的收入。

二、机会与晋升

"以级定薪"的基础是"以岗定级"，职位职级的定义本来是任职资格的内容，为便于理解，提前做一个简单介绍。

通过职位分析与职位评估方法，对不同类别、不同层级的职位进行称重，从而建立规范、有序、覆盖完整的各类、各层职位的职级体系，这是以岗定级的前提，也是各领域进行价值分配横向比较的依据。

企业职位职级示例如表 3-3 所示。

华为职位职级的分布比表 3-3 列示的还会更复杂一些。在华为，助理

⊖ 胡赛雄，《战略解码与激励机制》。

表 3-3 企业职位职级表示例

职级	管理职位	技术类职位	销售类职位	支撑类职位	秘书
22	总裁				
21	高级副总裁				
20	副总裁；总经理 A	首席领域专家	首席营销专家		
19	总经理 B；总监 A	资深主任工程师；高级主任工程师	资深销售经理 A		
18	总监 B；部长 A	主任工程师 A	资深销售经理 B	主任专员 A	
17	总经理 C；总监 C；部长 B/国家经理 A	主任工程师 B	高级销售经理 A	主专员 B	
16	部长 C/国家经理 B；经理 A	高工 A	高级销售经理 B	高级专员 A	
15	经理 B	高工 B；TL-A	销售经理 A	高级专员 B	高级秘书 A
14		工程师 A；TL-B	销售经理 B	专员 A	高级秘书 B
13		工程师 B	高级销售代表 A	专员 B	中级秘书 A
12		助理工程师	高级销售代表 B	助理专员 A	中级秘书 B
11		应届生	销售代表	助理专员 B	初级秘书 A

工程师的职级为 13；工程师 B 的职级为 14；工程师 A 的职级为 15；高级工程师 B 的职级为 16；高级工程师 A 的职级为 17；主任工程师的职级为 18；技术专家的职级为 19 以上。华为技术专家的职级和待遇等同于三级部门主管；若是高级技术专家，最高可达到一级部门正职的职级 21A ～ 22B；三级部门主管为 19B ～ 19A；二级部门主管为 20A；一级部门主管为 21B ～ 22B。

华为研发体系职位层级分为普通研发、PL、PM（四级部门有的 PM 为部门负责人）、开发代表（三级部门主管）、总监（二级部门主管）。

确定职位职级最难的是横向岗位称重，比如一名财务人员与一名营销人员相比，究竟谁对企业的价值更大？各个企业存在不同的解读，不具备普遍的参考性，在此不做展开。

1. 机会是最大的价值分配

任正非说："世界上最不值钱的就是金子，最值钱的是未来和机会。"赋予员工机会是企业最大的价值分配，但机会分配并不完全等同于权力获取，或职位晋升。

一是给予作战的机会。

在华为，每年都会创造大量的机会让年轻人去非洲地区、艰苦岗位、艰难项目锻炼，直接参与项目作战，端到端地学习业务，了解全局，开阔视野，不断提高自己的能力和贡献，继而又得到如"诺曼底登陆"这样更大的机会。对一个企业来说，发展存在战略机会窗，对员工来说也同样如此，在职业生涯中如果能抓住几个关键的机会，不管在能力上还是收入上都会有很大的飞跃。

华为之所以非常重视小国市场，里面有一个很重要的逻辑：一方面小国是华为市场的战略缓冲带，另一方面还有一个更重要的作用，就是在小国有机会进行综合性作战，能够比较快地产生英雄和将军。

　　李一男在华为是一个很典型的案例。

　　李一男 15 岁考入华中理工大学少年班，1992 年硕士毕业前在华为实习，在任正非的劝说下，其放弃出国打算，进入华为负责 C&C08 数字程控交换机的研发。C&C08 数字程控交换机是华为的第一代万门机，也是华为生死存亡的重要转折点，该产品将华为带入了一个黄金发展期。功不可没的李一男在 26 岁即被任正非任命为常务副总裁。刘平在《华为往事》中有这么一段关于李一男的描述："李一男是华中科技大学少年班的学生，15 岁就上了大学。那一年刚研究生毕业，22 岁，比我们俩小 10 岁。大概是他头一回当领导召集开会，在给我们俩讲话的时候有点紧张。他说话的声音很小，好像有气无力的样子，（我们）要很注意才听得清楚。他说话的时候，手还有点发抖。后来，他的官越当越大，领导的人越来越多，口才也就越来越好了。"

　　二是给予赋能培训的机会。

　　一个英雄能攻上甘岭，但不一定能开航空母舰，企业一定要让英雄得到开航母的赋能机会。华为有青训班、高研班等各种学习班来给员工做赋能培训。

　　战略预备队是华为专门定义为训战赋能的组织，其中，重装旅主要培养从技术类别到服务类别的专家和管理干部；重大项目部主要培养、产生商业领袖；项目管理资源池是培养未来的机关管理干部，培养未来直接作战的职能经理人。

　　华为同时在内部人才市场，针对那些期望到更适合自己岗位上做出更大贡献的员工，以及组织精简释放的人员等，提供了培训转身的机会，只要员工符合一定条件在不经部门审批的情况下就可以直接进入内部人才市场。

　　三是给予犯错改正的机会。

　　在第二次世界大战史上有一个非常经典的案例。1941 年 12 月，任远东军司令的麦克阿瑟由于判断错误和处置失当，致使菲律宾保卫战失败，但他的上级宽容了这次失败，继续给他机会领导太平洋战区的盟军作战。两年半后，即1944年10月，麦克阿瑟随登陆部队重返菲律宾，采取著名的"跳岛战术"，全面取得太平洋战争的胜利。

这是典型的给予犯错后将功补过的机会。

任正非说："在华为公司的前进中，没有什么能够阻挡我们，能够阻止我们的，就是内部腐败。"腐败对中国企业来说普遍存在，不可不防，但贪腐的员工往往掌握了所在企业的大量资源，并且这些员工是一些有一定能力的人。

华为每年都会反腐，最大的一次是在2013年，这次反腐共有116名涉嫌员工、69家经销商卷入其中。在实施过程中，华为没有简单粗暴式地反腐，而是采用"自我申报"的方式，即只要如实申报并交代过往事实，就可以既往不咎。腐败有时是一念之差，这样可以给员工一次改过的机会，并且帮助员工卸下沉重的历史包袱。宽严相济的反腐，既能起到威慑作用，也能适当保护员工。即便在查处环节中，华为也采用了查、处分离的原则，严格调查，宽大处理，不非友即敌，而是以挽救干部为出发点。

2014年10月13日华为签发《关于对业务造假行为处理原则的决议》，打击内部业务造假行为⊖，并要求"历史上有'业务造假行为'的员工在2014年12月31日前完成自我申报"。在这次活动中，共收到44份主动申报、2份举报。对于完成主动申报的员工，予以从轻或免于行政处罚。

⊖ 《关于对业务造假行为处理原则的决议》对业务造假行为的界定：伪造、变造、篡改印章或签名，签署虚假合同或其他文件；签署阴阳合同（指同一次交易中，在客户界面和公司界面分别签订两份不同的合同）；伪造交付文档、提供与业务实质不相符的交付进度信息或交付文档、隐瞒业务真实信息、虚假确认销售收入；伪造或提供虚假业务单据（含文档）、做虚假的财务信息导致财务报告不真实。

视频链接

华为轮值 CEO 胡厚崑：吸引人才最好的手段是机会

这是美国财经有线电视卫星新闻台 CNBC《亚洲经营者》栏目对华为轮值 CEO 胡厚崑（现为轮值董事长）的采访，时间为 2016 年 11 月。

2. 晋升

"每个员工通过努力工作，以及在工作中增长的才干，都可能获得职务或任职资格的晋升。与此相对应，保留职务上的公平竞争机制，坚决推行能上能下的干部制度。公司遵循人才成长规律，依据客观公正的考评结果，建立对流程负责的责任体系，让最有责任心的明白人担负重要的责任。我们不拘泥于资历与级别，按公司组织目标与事业机会的要求，依据制度性甄别程序，对有突出才干和突出贡献者实现破格晋升。但是，我们提倡循序渐进。

"我们要求每个员工都要努力工作，在努力工作中得到任职资格的提升。我们认为待遇不仅仅指钱，还包括职务的分配、责任的承担。干部的职务能上能下，因为时代在发展，企业在大发展，而个人的能力是有限的，这是组织的需求，个人要理解大局。

"我们让最有责任心的人担任最重要职务。到底是实行对人负责制，还是对事负责制，这是管理的两个原则。我们公司确立的是对事负责的流程责任制。我们把权力下放给最明白、最有责任心的人，让他们对流程进行例行管理。高层实行委员会制，把例外管理的权力下放给委员会，并不断把例外管理转变为例行管理。流程中设立若干监控点，由上级部门不断执行监察控制。这样公司才能做到无为而治。

"公司也很重视优秀员工的晋升和提拔，我们区别干部有两种原则，一是社会责任（狭义），二是个人成就感。社会责任不是指以天下为己任，不是指先天下之忧而忧、后天下之乐而乐这种社会责任，我们说的社会责任是在企业内部，优秀的员工是对组织目标的强烈责任心和使命感，大于个人成就感。是以目标是不是完成来工作，以完成目标为中心，为完成目标提供了大量服务，这种服务就是狭义的社会责任。有些干部看起来自己好像没有什么成就，但他负责的目标实现得很好，他实质上就起到了领袖的作用。范仲淹说的那种广义的社会责任体现出的是政治家才能，我们这种狭义的社会责任体现出的是企业管理者才能。我们还有些个人成就欲特强的人，我们也不打击他，而是肯定他，支持他，信任他，把他培养成英雄模范。但不能让他当领袖，除非他能慢慢改变过来，否则永远只能从事具体工作。这些人没有经过社会责任感的改造，进入高层，容易引致不团结，甚至分裂。但基层没有英雄，就没有活力，就没有希望。所以我们把社会责任（狭义）和个人成就都作为选拔人才的基础。企业不能提拔被动型人才，允许你犯错误，不允许你被动。使命感、责任感，不一定是个人成就感。管理者应该明白，是帮助部下去做英雄，为他们做好英雄，实现公司的目标提供良好服务。人家去做英雄，自己做什么呢？自己就是做领袖。领袖就是服务。"⊖

一个企业要激活组织活力，最大的一点就是让青年才俊脱颖而出，论资排辈是对人才的最大伤害，也是一个组织的最大浪费。华为历来有破格提拔的传统，这一点在李一男身上体现得最明显：李一男 1992 年到华为，

⊖ 《华为的红旗到底能打多久——向中国电信调研团的汇报以及在联通总部与处以上干部座谈会上的发言》，1998 年。

7天后被评为高级工程师，几个月后被提拔为万门机的项目经理，不到一年又被提为交换机产品的总经理，不到三年即晋升为华为公司的副总裁。

早期的破格提拔简单粗暴，华为后来逐步建立了相应的机制，第一基于有贡献，第二要有承担责任的能力，第三还要有牺牲精神，这是破格提拔的基础；近三次绩效得 A，即三个半年连续考核得 A，就能得到破格提拔的机会。2016 年，华为破格提拔了 4000 多人，2017 年，又破格提拔了5000 多人。这样做的目的在于让优秀人才在最佳时间、以最佳角色做出最佳贡献。

一位网名为"干将 1723"的华为员工在心声社区撰文说：

未来二三十年，我们将迈入智能社会。时代条件、社会环境和形势任务发生了深刻变化。有些做法过去有效、现在未必有效，有些过去不可逾越、现在则需要突破，我们比以往任何时候都更需要开拓创新，需要个性鲜明，不畏阻力的英雄。

我们依靠谁创造价值？如何让英雄成为主官？朝受命、夕饮冰，昼无为、夜难寐，勇于排雷、披荆斩棘、冲锋陷阵、敢打硬仗的人必然机会无限。华为愿意做世界上最穷的科技公司，对于破格提拔者，华为绝不吝啬给予他们最丰厚的物质回报和精神回报。

为什么提倡破格提拔？目的当然是为了鼓励前进和冲刺。

对于拥有 18 万人、历时 30 年发展的组织来说，人才结构板结、小马拉大车的问题在所难免，关键是如何通过新举措来打破活力不够的现状。通过破格提拔，一方面松软了人才的"黑土地"，让土壤更加肥沃了。有了肥沃的黑土地，才能种什么活什么，挑战性的新业务也都能发展起来。另一方面，破格提拔，就是激活组织的活力。被提拔起来的这几百条、几千条'鲶鱼'，就能搅动起全员的斗志。破格提拔几百人，就会有新气象，破格提拔几千人，公司面貌必有大不同。小马拉大车，难，但如果小马的数量足够大、足够优秀，大车也能快跑。

要做到高效、精准的破格提拔很不容易。怎么从 18 万人中把优秀的人才找出来，怎么把时代英雄"满广志⊖、向坤山⊖们"找出来，需要一套导向清晰的人才遴选机制。既然是破格，那我们应该更多地盯着人才的贡献、闪光点，不用非得去照亮他们的缺点。只要闪光点足够突出，瑕不掩瑜，我们就应该大胆破格提拔、给他们晋升的机会。毕竟世界上没有完人，谁也不是完美的，我们要能接受有缺陷的完美。正如任总所言，"我们要紧紧揪住优秀人物的贡献，紧紧盯住他的优点，学习他的榜样。这要成为一种文化，这就是哲学"。⊜

破格提拔，在一定程度上赋予职位职级框架一定的灵活性，是一个打破平衡、再造平衡的过程。但如果不做好氛围营造，不及时给破格提拔的员工赋能，这个机制也很容易走向失败，华为就发生过类似的事件。

2017 年 9 月 17 日，华为心声社区发布一个帖子，大意是：2014 年华为员工孔令贤被破格提拔三级后，面临很大的压力，最后因此离开了华为。帖子最后反思说："我们要形成一个英雄'倍'出的机制，英雄'倍'出的动力，英雄'倍'出的文化。要紧紧揪住英雄的贡献，盯住他的优点，而不是纠结英雄的缺点。"

任正非为此亲自做了如下按语：

⊖ 满广志，现任中国陆军第一蓝军旅旅长，通晓信息化、外军、联合作战，是全军优秀指挥员。他领导的蓝军，从作战编组到阵地编程、力量配置，从作战思想到战术原则、行动要点等，学习外军的优点，并充分模拟成我军的作战对手。2014 ～ 2016 年，蓝军旅先后和27 个师旅进行了 33 场实兵对抗演习，战绩 32 胜 1 负，取得压倒性的胜利。满广志因此被喻为"六边形蓝军旅长"。

⊖ 向坤山，在 1979 年对越自卫还击战中，参与了著名的"全歼孟康守敌"一战，立下赫赫战功。1984 年的老山战役，向坤山率一营穿插到敌后，配合正面进攻的二营、三营成功拿下老山主峰。但由于他擅自决定提前两小时出发，被迫接受隔离审查，罪名是故意违抗作战命令，且"贪生怕死"。军区调查组调查后发现，向坤山提前两小时出发的冒险决定是完全正确的，从老山撤下来后，恢复了向坤山的副团长职务，但还是给予了行政记过处分。

⊜ 蓝血研究，《华为每年破格提拔 4000 人！破格机制是蜜糖还是砒霜？》，2017 年 10 月15 日。

　　为什么优秀人物在华为成长那么困难，破格提拔三级的人为什么还要离开。我们要依靠什么人来创造价值，为什么会有人容不得英雄。华为还是昨天的华为吗？胜则举杯相庆，败则拼死相救，现在还有吗？有些西方公司也曾有过灿烂的过去。华为的文化难道不应回到初心吗？三级团队正在学习"不要借冲刺搞低质量""满广志、向坤山都是我们时代的英雄"，不是导向保守主义，而是让一些真正的英雄的血性方刚、脚踏实地、英勇奋斗（发挥出来），让理论联系实际，让这些人英勇地走上领导岗位。为什么不能破格让他们走上主官，为什么不能破格让他们担任高级专家与职员？为什么不能按他们的实际贡献定职、定级？遍地英雄下夕烟，应在 100 多个代表处形成一种正气。形不成正气的主官要考虑他的去留。

三、虚拟股与 TUP

　　在发展初期，华为一方面大幅给员工涨薪，但另一方面公司又没有那么多钱来发工资。刘平回忆说："每个人只能看到自己的工资额，可以自己拿笔记一下，然后领走一半的工资。后来任总跟我们聊天时，说：'我们现在就像红军长征，爬雪山过草地，拿了老百姓的粮食没钱给，只有留下一张白条，等革命胜利后再偿还。'这些账上的工资后来变成了华为的股份，最后都得到了回报。任总实现了他的诺言。"

　　华为股权激励的设计，源于任正非父亲的提醒："我创建公司时设计了员工持股制度，通过利益分享，团结起员工，那时我还不懂期权制度，更不知道西方在这方面很发达，有多种形式的激励机制。仅凭自己过去的人生挫折，感悟到与员工分担责任，分享利益。创立之初我拿这种做法与我父亲相商，结果得到他的大力支持，他在卅年代学过经济学。这种无意中插的花，竟然今天开放得如此鲜艳，成就华为的大事业。"⊖

　　⊖《一江春水向东流——为轮值 CEO 鸣锣开道》，2011 年 12 月 25 日。

其父亲建议的是采用晋商身股的模式。

200年前，晋商蓬勃发展，创造了银股和身股两种分配方式，东家拿银股，相当于现在的资本金投入所占股份；掌柜和伙计拿身股，通过经营业绩和能力贡献获得股份分红回报，相当于现在给职业经理和骨干员工用时间和贡献换取股份。银股和身股体现了货币资本与人力资本的关系，也体现了委托和代理的关系。以乔家大德通票号为例，设计初期大德通票号共计有银股20股、身股9.7股。20年后，银股仍然是20股，但身股从9.7股增发到23.95股，拥有身股的人也从23名增加到57名，身股总数超过了银股。

1. 股权激励

国内著名管理学家王育琨曾经对话任正非问过一个问题："任总，我发现华为跟国内大多数公司都不一样。许多公司都在学国学、学稻盛哲学，或者学自己的核心理念，让员工改变工作态度，多干活少拿钱。而华为却是激发员工的私欲，私欲是什么？私欲如虎似狼，什么样的人可以驾驭虎狼之师呢？"任正非回答说："我在私欲上与华为员工同流合污！"

任正非说的"私欲"就是指华为的股权激励机制。

华为通过股权激励，一方面激发内部员工的企业家精神，驱动他们立足于老板的高度做事情；另一方面满足众多员工对财富的追求，达到"以众人之私，成就众人之公"的目的。

华为股权激励大体经历了三个阶段：1990年开始设计员工持股（ESPO[⊖]）；2001年年底网络经济泡沫破灭后，开启"虚拟受限股"改革；2008年全球经济危机时，推出大力度的饱和配股。

早期华为的股权激励，解决了两个问题：一是稳定创业团队，激发员

⊖ ESOP（Employee Stock Ownership Plans），员工持股计划。

工干活；二是减少企业现金流的压力。股权派发主要是依据员工的职位、年度绩效、任职资格等因素来确定数量。2001 年开始实施虚拟受限股后，不再派发一元一股的股票，价格与每股净资产挂钩，同时老员工原来的股票也逐步转化为虚拟股。持有虚拟股的员工获得的收益体现为两点：一是分红，二是虚拟股本身的增值。到目前为止，华为约有近 9 万人持有股票，任正非的股份逐步被稀释，目前持股比例仅为 1.01%。

肖知兴博士在一次企业家年会时分享说：

"一大巴车、一大巴车拉着大家去学华为，实话说，我是哭笑不得，你们这帮老板，不要说学任正非只留 1.4%[⊖]，你留 14%、留 40%，我都佩服你！ 2013 年跟我讲，我们准备拿出多少多少来分；2014 年还在那儿讲，哎哟，我在考虑这个方案、那个方案；2015 年，我们还是想请个什么咨询公司。我说股权分享，只要三条不要出问题，这个分享方案就在 80 分以上，没有什么好担心的。

"第一，事先想好进口和出口：也就是进入和退出条件，到底是送，还是打折，还是全款；是净资产价还是 PE 多少倍；退出到底是离开职位了就退出，还是离开了公司退出，还是退休退出，还是死的时候退出，还是说可以传承。这些条件你都可以事先谈好。

"第二，不要一次到位：按职位、按绩效分，每年分个 5000 股、8000 股，一点一点分。

"第三，把投票权和分红权要分离：投票权你不要给他，要想办法用信托，用有限合伙，用一个壳公司等各种方式把投票权留在自己手上。"[⊜]

诚如斯言！作为一个企业的领导者，除了要有成就"众人之私"的胸

⊖ 2017 年 12 月 20 日增资配股后，任正非的持股比例由 1.42% 稀释为 1.01%。

⊜ 肖知兴，《从知到行，到底有多远》，网址：https://mp.weixin.qq.com/s?__biz=MjM5MzYw MzIwMQ%3D%3D&mid=2649801298&idx=1&sn=af2f39650ee0b02e4edaa0c7b8355ab3&sce ne=45#wechat_redirect。

怀，当然还要明白股权激励的内涵和基本运作方法。

华为股权的准确名称是"全员虚拟饱和受限持股"，怎么理解呢？

全员，指工作一年以上的所有中方员工（华为现在已经不再实施全员配股）。

虚拟，说明是非法律意义上的股票，没有所有权，没有经营的表决权，也没有外部市场价格，只享受相应的利润分红和企业内部认可的增值。

饱和，即职级顶格配股，只要职级不升，配满后就再也没有配股的机会。比如，14级顶格数约为3万股，15级为10万股。

受限，即不能进入市场流通和自由买卖，辞职时由企业收回，带不走。

从以上定义基本可以明白虚拟受限股与原始股、期权等之间的差异。原始股通常是指在公司初始设立时股东出资所形成的股份，只要企业不消亡或股东不退出，出资人可长期持有该等股份，并受到法律保护，也不随出资人是否在企业任职而发生变化；期权激励常见于上市公司对员工的激励，当员工满足预先设定的工作年限和业绩承诺时，即可将期权兑换成股份，一经兑换，企业无权收回，员工可自由处置该等股份。

而虚拟受限股，其实质是享有企业的分红权，员工并不在真正意义上持有该等股份，一旦员工离开企业或触及违约条款，企业有权按照事先约定的价格收回该等股份。可见，虚拟受限股对企业来说，几乎是完全可控的。

企业所有激励机制的设立，都必须同时配置压力传导机制，否则要么无效，要么最终走向福利化。华为股权激励的奥秘在于两个方面，一是持续的高配股和分红，每年分红收益率基本在25%以上，加上增值后的综合收益率在30%左右（见表3-4），这么高的投资回报率傻瓜才不配呢！但是高配股需要员工支出大量的资金，自己资金不足时，还需要向亲戚朋友借贷，或向银行等机构融资（2012年起银行不再提供非上市公司股权质押融资），债务负担让员工心无旁骛努力工作。二是饱和配股，你不努力奋斗争取升职，就会停留在顶格线上，眼睁睁地看着别人大把配股、大量分红。

表3-4　华为分红数据一览表

年度	股价（元/股）	分红（元/股）	分收收益率	股权增值	综合收益率
2010	5.42	2.98	54.98%	—	54.98%
2011	5.42	1.46	26.94%	—	26.94%
2012	5.42	1.41	26.01%	—	26.01%
2013	5.42	1.47	27.12%	—	27.12%
2014	5.66	1.90	33.57%	0.24	37.81%
2015	5.90	1.95	33.05%	0.91	48.47%
2016	6.81	1.53	22.47%	1.03	37.59%
2017	7.86	2.83	36.01%	1.05	49.36%

注：2017年分红拆成两部分，直接分红1.02元/股，另1.81元转为虚拟股。

华为股权激励虽然面向全员，但也不是普惠制，它有严格的评定标准，主要包括以下五个要素：

（1）**可持续性贡献**，即对当前及长远目标的贡献。这包括：对优秀人才的举荐、对产品的优化和技术的创新、对关键技术的创新、对主导产品的优化、对战略性市场的开拓、对管理基础工作的推动、对企业文化的传播……

（2）**职位价值**。这包括：职位重要性（对企业的影响度、管理跨度、人员类别）；职责难度[任职资格要求（知识、经验、技能）、任务性质（创造性、复杂性和不确定性）、环境（压力、风险、工作条件）、沟通性质（频率、技巧、对象）]；可替代性（成才的周期及成本）；社会劳动力市场紧缺的程度；涉及公司持续发展的重要岗位所需的专门人才；公司的特殊人力资本（组织积累资源的承载者）……

（3）**工作能力**。这包括：思维能力（分析、判断、开拓、创新、决策能力）；人际技能（影响、组织、协调、沟通、控制的能力）；业务技能（运用有效的技术与方法从事本职工作的能力）。

（4）**对企业的认同程度**。这包括：对公司事业的认同、集体奋斗、认同企业的价值评价和价值分配的准则、归属感……

（5）**个人品格**。这包括：责任意识、敬业精神、积极心态、不断进取、举贤让能、廉洁自律……

任何一种分配或激励手段，时间长了都会钝化，甚至走向负面。随着配股的增多，每年的分红收益极其可观，"食利族"产生，开始与华为"长期坚持艰苦奋斗"的核心价值观背道而驰。

为了改变这种局面，华为又进行改革，引入一种新模式——TUP。

2. TUP（时间单位计划）

TUP（Time-Unit Plan），直译为"时间单位计划"，可以简单理解为奖励期权计划，属于现金奖励的递延分配，相当于预先授予一个获取收益的权力，但收益需要在未来 N 年中逐步兑现（一定程度上跟业绩挂钩）。TUP 本质上是一种特殊的奖金，授予时不需要花钱购买，但又跟股权挂钩，可获取增值性收益。

虚拟受限股具有浓厚的企业特色，由于没有产权上的清晰定义，华为这一激励模式无法与国际接轨，大量的外籍员工得不到激励，不利于华为人才本地化实施和全球范围内的有效流动，因此华为引入国际上操作相对成熟的 TUP，希望以此来解决外籍员工的激励问题。

之所以后来逐步在全公司范围内实施 TUP，主要是希望消除虚拟受限股的弊端，重新回归到华为所坚持的获取分享制。2013 年华为以总裁办电子邮件 240 号文——《正确的价值观和干部队伍引领华为走向长久成功》阐明了全面实施 TUP 的理由：

提高工资、奖金等短期激励手段的市场定位水平，增强对优秀人才获取和保留的竞争力。丰富长期激励手段（逐步在全公司范围内实施 TUP），消除"一劳永逸、少劳多获"的弊端，使长期激励覆盖到所有华为员工，将共同奋斗、共同创造、共同分享的文化落到实处。

TUP 具体怎么实施分配呢？

华为实施的是 5（$N=5$）年 TUP 计划，采取"递延＋递增"的分配方案。递延，即每年获得阶段性的分红权；递增，即权益增值。分配示例如下（非实际）：

假如某员工第 1 年被授予 TUP 资格，配给 1 万个单位，挂钩虚拟股的价值为 1 元/股（即 TUP 的初始权益）。

第 1 年（当年），没有分红权；

第 2 年，获取 1/3 的分红权；

第 3 年，获取 2/3 的分红权；

第 4 年，获取 100% 的分红权；

第 5 年，获取 100% 的分红权，同时进行权益增值结算。5 年期满清零。

比如：到第 5 年时，假如挂钩的虚拟股当年分红为 1.5 元/股，权益增值到 5 元，则第 5 个年度该员工 1 万个 TUP 单位可获得总收益为 5.5 万元（1.5 万为分红，4 万为权益增值回报）。

TUP 为什么要设计权益增值呢？这可以跟目标管理和绩效考核联系起来观察，不管目标怎么定义，考核指标如何科学，都会挂一漏万，员工只会做好自己"分内事"。而权益增值是基于公司整体价值的提升，即公司的事也是自己的事，利益的相关性可较好地避免公司陷入"绩效主义"的泥潭。

这里还有一个微妙关系：由于虚拟股和 TUP 分配的钱都来自公司经营所产生的利润，TUP 分得越多，留给虚拟股分红的利润就越少，可以很好对冲"坐车人"和"拉车人"收益不平衡的矛盾，TUP 模式为调节虚拟股的分红总额创造了很大的空间。

这一制度安排，也比较好地解决了工作 5 年员工的去留问题。按一般规律，员工入职 1～2 年内属于投入期，之后才逐步有产出，对企业有贡献，这个时间点如果优秀员工选择离开，对企业来说无疑是损失。企业采取 5 年制 TUP 模式以及"递延＋递增"的分配方案，恰好可以对冲这种局面，当员工工作满 2～3 年，因离开的机会成本过大，则会考虑选择留下来；工作 5 年之后，不符合企业核心价值观的员工会选择离开（主动或被动）；真正的"奋斗者"则另外纳入股权激励的安排，配发可观的虚拟受限股，长期留人的问题即可得到较好解决。

四、健康安全与退休计划

华为行政管理部门专门设有健康指导中心，并于 2008 年设立首席员工健康与安全官。华为通过建设健康中心，聘请专业的医护人员，为员工提供方便、专业的驻场基础医疗服务，从关怀健康走向主动管理健康。

从任正非的几段讲话就可感知华为对健康和安全的重视程度，特别是非洲地区和艰苦地区，任正非不仅确立"遇到土匪就缴枪不杀"的安全原则，甚至还亲自研究过防蚊紫外灯怎么用效果更好。

"这里的蚊子咬你们很厉害，公司就专门买了美军的灭蚊器，结果你们说，没用，还是咬得厉害。我们不是出了个文件，每个房间都要装空调吗？装了空调，大家就要控制开窗的时机，你早晚一开窗，蚊子就放进来了……"[⊖]

⊖ 《珍惜生命，要从自己关爱自己做起——任正非与孟加拉、坦桑尼亚、刚果（金）、肯尼亚、巴基斯坦、阿富汗、利比亚员工座谈纪要》，2008 年 7 月 28 日。

"比如西非区域，我们要把公共区域（如食堂等）的消毒做起来，宿舍可以安装紫外灯，员工出门的时候，把紫外灯开着，晚上回去就关了。紫外线可以杀菌，还有埃博拉病毒。" ⊖

"再比如你们工程上山，那里有毒蛇，你能不能请个向导，回来写个白条，让代表处报销，代表处不报销你就写信写到我这里。明明知道上山有危险，我找个向导带一下路，然后帮打打周边的蛇，这个钱为什么不给报销？" ⊜

"如果遇到土匪就缴枪不杀，这是公司的一贯指示，很多年前就提倡。我希望大家在关键时刻不要把金钱看得太重，出门在外口袋里不要忘了带一、二百美元，抢劫者什么都抢不到，也会恼羞成怒的。当然你说我带了五万美元在身上，这么多被抢了，公司赔不赔，谁让你带五万美元？你疯了。你说我电脑被抢了，资产核实确实如此，那公司给你发个电脑这是没问题的。" ⊜

为保障员工在全球工作和生活无后顾之忧，华为自 2005 年起推行了员工保险保障和福利制度变革，发布了员工保障、医疗保障、医疗救助保障、人身保障等系列文件，后面又建立了强制性社会保险、医疗保险，以及商业保险等多重保障机制。华为为员工投保的商业保险包括商业人身意外伤害险、商业寿险、商业重大疾病险、商业旅行险。华为还为员工家属购买商业医疗保险，并与 ISOS 紧急救援®等全球性医疗服务组织建立密切合作，确保派往海外的员工和家属获得及时、快速的医疗救助。

⊖ 《任正非在艰苦地区及岗位管理部工作汇报会上的讲话》，2014 年 12 月 18 日。

⊜ 《珍惜生命，要从自己关爱自己做起——任正非与孟加拉、坦桑尼亚、刚果（金）、肯尼亚、巴基斯坦、阿富汗、利比亚员工座谈纪要》，2008 年 7 月 28 日。

⊜ 同上。

⊛ 国际 SOS 基金会。

视频链接

华为首部环保片More+

华为虽然不是上市公司，但每年都会发布《可持续发展报告》。华为积极参与循环经济相关标准的制定，推动资源节约、环境友好的低碳社会建设。2017年，华为共处理全球报废物料1.13万吨，其中98.46%实现回收和再利用。华为在东莞和杭州建成19.3MW太阳能电站，年度发电1700多万度，碳减排1.5万多吨。2017年华为荣获联合国全球契约组织中国网络颁发的"实现可持续发展目标中国企业——全球伙伴关系最佳实践奖"，以表彰华为公司为实现2030年可持续发展议程所做的努力。

　　华为建立了45岁的退休政策。一个民营企业何以要建这么一个机制呢？"华为确保奋斗者的利益，若你奋斗不动了，想申请退休，也要确保退休者有利益。不能说过去的奋斗者就没有利益了，否则以后谁上战场呢？"可享受这一政策的一个基础条件是在华为工作满8年。

　　在华为，退休与离职的差异主要在于，退休允许保留一定数量的股权（保留最近三年职位最高的饱和配股数量，剩下的回购），继续享受每年的分红，"我们承认你们光辉的过去，所以退休时保留一些股票，使大家离开华为以后，生活条件也有一定保障。我们坚持这一点不动摇。"[1]但华为也规定，退休后不能再次就业，如果要再就业或创业，就必须退回股票，

---

　　[1]《前进的路上不会铺满了鲜花——任正非在2016年市场年中会议上的讲话》，2016年7月12日。

彻底离职。

华为的退休制度给老员工的离开提供了一个更人性、更荣光的方式。

五、华为案例：获取分享制

华为在价值分配方面经过 20 多年的摸索，逐步由"授予制"转向"获取分享制"。

授予制，顾名思义，就是自上而下进行行业业绩评价和利益分配。授予制比较容易滋生"以领导为中心"、下级迎合领导来获取利益的风气。

华为的"获取分享制"，是指任何组织与个人的物质回报都来自其创造的价值和业绩，作战部门（团队）根据经营结果获取利益，后台支撑部门（团队）通过为作战部门提供服务分享利益。一个真正好的企业的价值评价体系是，以商业成功为导向，员工能通过自己的劳动实现商业成功，并可算出自己的收益。

通过获取分享制，一方面"管理好员工的分配结构，关注到公司的每个角落，让人人都能分享到公司成长的收益"；另一方面"管理好拉车人和坐车人的分配比例，让拉车人比坐车人拿得多，拉车人在拉车时比不拉车的时候要拿得多"。通过调整和优化，华为将劳动所得（包括 TUP/ 工资 / 奖金等收入）与资本投入所得（虚拟受限股收入）控制在 3∶1 这么一个比例关系上。

获取分享制的最大特点是"包容性而不是压榨性"，既能包容客户、员工的利益，也能包容资本的利益，包容各种要素（如知识产权）的利益。正是基于这种包容性，华为一是研究"一国一制"的考核方案，将客户的成功定义到员工的考核要素里面；二是针对供应商，如对华为有价值创造也能分享利益；三是针对员工，先给予再去创造价值。

根据获取分享制的原则，华为建立各业务经营单位（BU）的损益表，牵引各组织自我激励，自我约束。损益表的核心要素包括：销售订货、销售收入、产品成本与费用（扣减项）、直接费用（扣减项）、贡献毛利、产品线费用分摊（扣减项）、公司平台费用分摊（扣减项）、贡献利润，其他考虑要素还包括回款、市场布局，同时有专门的奖金包扣减定义。

经营单位（BU）损益表（示例，非实际）如表 3-5 所示。

表 3-5　经营单位（BU）损益表

	损益科目	A 业务单元	B 业务单元	C 业务单元	合计
①	销售收入				
②	产品成本				
③	毛利③ = ① − ②				
④	直接费用				
⑤	贡献毛利⑤ = ③ − ④				
⑥	应分摊研发费用⑥ = ① × 15%				
⑦	应分摊平台费用⑦ = ① × 6%				
⑧	贡献利润⑧ = ⑤ − ⑥ − ⑦				

产品线损益表（示例，非实际）如表 3-6 所示。

表 3-6　产品线损益表

	损益科目	A 产品线	B 产品线	C 产品线	合计
①	销售收入				
②	直接成本				
③	毛利③ = ① − ②				
④	直接费用				
⑤	贡献毛利⑤ = ③ − ④				
⑥	应分摊区域费用⑥ = ① × 10%				
⑦	应分摊平台费用⑦ = ① × 6%				
⑧	贡献利润⑧ = ⑤ − ⑥ − ⑦				

根据损益表设立各类奖金包以牵引不同目标的实现，如：订货 / 收入奖金包，以牵引规模扩张；贡献毛利奖金包，以牵引提升本 BU 的运营效

益；贡献利润奖金包，以牵引提升端到端的运营效益；市场布局奖金包，以牵引市场长期稳定发展；奖金包扣减，以牵引降低超长回款、资金积压及例外事件。

第三节　非物质激励

人的需求是多方面的，当物质需要得到一定满足的时候，心理的需求会日益显现，根据马斯洛的需求理论的定义，就是第四层和第五层的需求满足，即尊重的需求和自我实现的需求；Y 理论也强调了这一点，其创建者 D. 麦格雷戈说："对组织成员来说，按成果付酬和委以重任是两种相关的报酬方式，而最大的报酬是使成员自我实现的需求得到满足。"

非物质激励是物质激励的有力补充，企业通过各种形式的非物质激励，可以让员工获得尊重，激发内在的自我实现欲望。因此，更准确地说，非物质激励是一种思想激励。

华为非物质激励有两个逻辑值得我们借鉴：一是高覆盖率；二是奖励形式多样化。

我们正常理解，发多发滥了不就缺乏典型性了嘛？！对于这一点，任正非是这么思考的："非物质激励应该是让多数人变成先进，让大家看到有机会，拼命去努力。如果只有少数人先进，被孤立起来，其实他内心是很恐惧的。""华为正处在大浪淘沙、英雄'倍'出的时代，'六亿神州尽舜尧'，毛泽东主席说六亿人都可以成为尧舜那样的人，咱们十几万人怎么都不能当英雄呢？当然我们没有毛主席那种气概，那么打个折，让 25% 的人当英雄难道不行吗？所以，公司每年有 25% 以上的人员能获得明日之星、金牌奖。"[⊖]

　　⊖　《将军是打出来的——任正非在 2015 年项目管理论坛上的讲话》，2015 年 10 月 23 日。

华为仅市场类别的非物质奖励就有：最佳销售项目、最佳交付项目、竞争优胜奖、战略项目奖、区域能力提升奖、最佳专业支撑、最佳机关支持、区域优秀 BG、优秀大 T 及子网系统部、优秀单国运营商系统部、战略竞争奖、特别贡献奖、优秀小国经营奖、代表处经营优秀奖、地区部综合绩效奖……

华为不遗余力，也非常用心地做这件事情，除了种类多，奖牌还设计得非常高级，甚至有些是委托巴黎造币厂[⊖]设计和制作的（如明日之星奖），颁奖过程也非常隆重，让人从中得到鼓舞，一生难忘。"以前我是反对搞形式的，对于搞授勋都有很多限制条件，希望简朴一点。但是看看海军官兵上阵很讲究仪式，海军军官还配剑，激励了官兵一生的努力。仪式与勋章创造荣耀感，荣耀感可以激发出更大的责任感与使命感，所以在发奖的时候有点仪式，正式一点、光鲜一点、欢跃一点，给人一生记忆。"[⊖]

华为设置了非常多主题突出的奖项，包括金牌奖、蓝血十杰、天道酬勤奖、明日之星、总裁嘉奖以及优秀家属奖，等等，还在内部网站设立"荣誉殿堂"，把各类获奖信息、优秀事迹记录在此，供大家随时查阅和学习。一些优秀的榜样人物一旦被挂到荣誉殿堂之上，对他是一种持续的激励。

据华为原信用风险部部长卞志汉介绍，任正非本人非常重视非物质激励，很多荣誉奖项的奖牌和奖杯都会亲自参与设计，并亲自颁发。华为每一个奖项，都有其目的和评选标准，比如：

⊖ 巴黎造币厂，于公元 864 年 6 月 25 日由查理二世颁布法令设立。巴黎造币厂是欧洲最大的货币发行机构之一，为法国铸造欧元流通硬币，同时也生产各种贵金属纪念币。其历史上拥有许多伟大的艺术家。其著名的设计包括：法兰西第二共和国玺印模、第 3 版 500 法郎和 1000 法郎纸币的母模、各种法国邮票的母模等。

⊖ 《任正非在人力资源管理纲要 2.0 沟通会上的讲话》，2017 年 8 月 7 日。

2018 年 3 月 27 日任正非与 32 名金牌奖员工代表合影

（1）金牌奖，旨在奖励为公司持续商业成功做出突出贡献的个人和团队。2017 年共评选出 1785 名金牌个人、574 个金牌团队。每年会有 30 余名金牌员工代表在华为深圳坂田基地与任正非合影。

（2）天道酬勤奖，目的是激励长期在外艰苦奋斗的员工。在海外累计工作十年以上，或在艰苦地区连续工作六年以上的员工都有资格申请。此奖项设立于 2008 年，到 2018 年十年间共授予人数已达 2847 人。

（3）蓝血十杰奖，是华为管理体系建设的最高荣誉奖，旨在表彰那些为华为管理体系建设做出历史性贡献的个人。这个贡献往往需要很长的时间来检验，所以授予的人里面有可能出现已退休或离职的人员，以示不要忘记历史功臣。该奖设立于 2013 年，奖项名称来源于美国作家约翰·伯

"蓝血十杰"颁奖合影

恩的《蓝血十杰》[⊖]这本书。任正非认为，美国蓝血十杰对现代企业管理的主要贡献是，基于数据和事实的理性分析与科学管理，建立在计划和流程基础上的规范的管理控制系统，以及客户导向和力求简单的产品开发策略。

⊖《蓝血十杰》讲述的是第二次世界大战期间，美国空军后勤英雄中的10人，卓有成效地将数字化管理模式用于战争，为盟军节约10亿美元的耗费，大大提高了美国空军的轰炸效率。战后他们集体加盟福特汽车公司，为福特公司建立了财务控制、预算编列、生产进度、组织图表、成本和定价研究、经济分析和竞争力调查等，因此而拯救了衰退的福特事业，并开创了全球现代化企业科学管理的先河。他们信仰数字，崇拜效率，成为美国现代企业管理之父。他们之中后来产生了美国国防部长、世界银行总裁、福特公司总裁、商学院院长和一批巨商。这10个人分别是：查尔斯·桑顿、罗伯特·麦克纳马拉、法兰西斯·利斯、乔治·摩尔、艾荷华·蓝迪、班·米尔斯、阿杰·米勒、詹姆斯·莱特、查尔斯·包士华和威伯·安德森。

视频链接

明日之星奖牌诞生过程

"什么是明日之星？今天我们评选明日之星，就是种未来的百年大树，我们的激励就是肯定大多数。有些人什么星也没有，但他奖金拿得也多，这种人也算星，他干活干得好。这部分人拔到我们星的队伍里面来，就是无星之星。"华为每年颁发的明日之星奖牌都非常精美，先后有十字勋章、胜利女神、四瓣花、玛雅女神、激流勇进、凤凰勋章等，大多委托巴黎造币厂制作。

（4）明日之星，设计的目的是面向未来营造人人争当英雄的一种文化氛围。评选的标准并不追求完美，只要有闪光点，符合华为的价值观就可以参加民主评选。获奖的人数比例为企业总人数的20%左右。"明日之星"要的不是含金量，而是千军万马上战场。

华为的非物质激励有三个排他条件：一是赌博；二是从事第二职业；三是年度有BCG[⊖]违规及其他诚信档案负向记录。非物质激励的管理部门在道德遵从委员会。

第四节　负向激励

激励是一种有效的领导方法，它能直接影响员工的价值取向和工作观念，激发员工创造财富和献身事业的热情。激励不仅有正向激励，也有负

　　⊖　BCG（Business Conduct Guideline），商业行为准则。

向激励。在此介绍华为三个负向激励案例。

1. 从零起飞奖

2013 年 1 月 14 日，在"小国表彰会"上，华为对取得优秀经营成果的小国办事处进行了隆重表彰，另外还设计了一项特殊的表彰——"从零起飞奖"。获"奖"人员包括徐文伟、张平安、陈军、余承东、万飚，这些人 2012 年年终奖金为"零"，原因是 2012 年企业网业务和消费者终端业务没有完成年度目标。奖品是中国首架舰载战斗机歼-15 模型，寓意深刻。

任正非在颁奖后发表讲话说："我很兴奋给他们颁发了'从零起飞奖'，因为他们 5 个人都是在做出重大贡献后自愿放弃年终奖的，他们的这种行为就是英雄。他们的英雄行为和我们刚才获奖的那些人，再加上公司全体员工的努力，我们除了胜利还有什么路可走？"余承东事后描述当时的心境说："压力非常大，这几年其实不是战胜任何一个友商，而是一个战胜自己的过程，但华为就是这样，玩命战斗，敢于挑战。"

2. 末位淘汰

"我们要继续精简机构，缩短流程；加大对 16 级以上的行政管理干部末位淘汰力度，让他们从管理岗位上，调整到适合他们能力的业务岗位上去，他们在业务或项目岗位上干得好了，还可以有机会重新成为管理干部；要劝退一批慵散人员，提高组织效率。对于拉不开分配差距，平均分配严重的部门负责人，是没有能力做主管的。我们的价值体系就是让优秀的员工获得更多机会，让绩效差的员工及懒散的员工离开岗位。" ⊖

⊖ 《任正非在小国表彰会上的讲话》，2013 年 1 月 14 日。

"有人问,末位淘汰制实行到什么时候为止?借用 GE 的一句话来说是,末位淘汰是永不停止的,只有淘汰不优秀的员工,才能把整个组织激活。GE 活了100多年的长寿秘诀就是'活力曲线',活力曲线其实就是一条强制淘汰曲线。"[⊖]

不少企业认为"末位淘汰"这个管理方法简单易用,很快就依葫芦画瓢。其实做末位淘汰管理,需要三个支撑条件:

(1)企业已形成强调责任结果导向的氛围,高压和竞争已是常态;

(2)企业是基于绩效付酬,而不完全是基于职位或职权;

(3)个人的努力程度对成果影响比较大,即可以产生差异化绩效,而不是由系统决定个人的产出。

末位淘汰对企业创建和强化高绩效文化是有一定帮助的,在不伤筋动骨的情况下,持续地剔除组织赘肉,保证企业资源(物质激励、晋升、机会等)更加集中到那些高绩效或优秀员工身上。但末位淘汰如果操作不好,也容易产生很多弊病,如过度关注个人绩效,团队成员彼此不信任,协作困难,扯皮和内耗增加,个人容易产生焦虑,士气低落;末位淘汰让员工更为保守,不敢大胆创新;会增大主管的权力,主管解读员工绩效的主观因素偏多会对员工产生不公,同时也会增大主管的心理压力,出现乱点"鸳鸯谱"的情况(如让即将离职的员工或新员工背指标)。

蓝血研究院曾做过一次调查,在近1000个被调查者中,赞同做末位淘汰的占60%,反对的占24%,说不清的占16%。如此看来,末位淘汰这一管理方法已形成比较好的社会认知,而不是老板赞成、员工反对的两极对立局面。

⊖ 《发挥核心团队作用,不断提高人均效益——任正非在华为研委会会议、市场三季度例会上的讲话》,2003 年。

3. 除名

华为还建立了其他很多负向激励的措施，职位相关类的有撤职、弹劾、降职降级等；考核相关类的有降低劳动态度考核等级、绩效考核结果下调或限制应用、冻结个人待遇提升等；警告相关类的有警告、通报批评、罚款等；司法相关类的有除名、移交司法、永不录用、业界公示等。所有这些都会记入个人纪律管理库。

除名是其中非常严厉的一个负向激励。

2014年10月，华为官网增设了一个"除名查询"模块，通过输入姓名和身份证号码，可查询是不是华为开除的员工。华为官方微信对此的解释是："华为公司一直倡导廉洁自律、防止腐败，并力主打造阳光渠道。"这种负向激励会形成一种基于社会监督的冷威慑，极大地消除员工"打一枪换一个地方"的侥幸心理。

中 篇

要 素 管 理

第四章

熵增和耗散结构

　　"熵"并不属于企业价值创造的要素，但"熵"在华为是一个很重要的概念，也是很多政策出台的理论基础，理解"熵"能帮助我们更好地透视华为要素管理的内在逻辑和本质。

　　"熵"属于物理学范畴，但被任正非率先用于企业管理。第一次用这个概念，是在 2012 年 7 月 12 日"华为 2012 实验室专家座谈会"上，任正非回答专家问题时提出："关于自主创新的问题，自主创新就陷入'熵死'，这是一个封闭系统。我们为什么要排外？我们能什么都做得比别人好吗？为什么一定要自主，自主就是封建的闭关自守，我们反对自主。"

　　任正非为什么要用一个跨度那么大的物理学概念呢？"我把'热力学第二定理'从自然科学引入到社会科学中来，意思就是要拉开差距，由数千中坚力量带动 15 万人的队伍滚滚向前。我们要不断激活我们的队伍，防止'熵死'。我们决不允许出现组织'黑洞'，这个黑洞就是惰怠，不能

让它吞噬了我们的光和热，吞噬了活力。"[○]

任正非在一次题为《人力资源政策要朝着熵减的方向发展》的讲话中，还明确要求人力资源部研究热力学第二定律的"熵死"现象，研究如何通过负熵因子激活组织，避免华为过早地沉淀和死亡。

什么是"熵"？

热力学第一定律表达的是能量守恒，热量从一个物体传递到另一个物体或与其他能量互相转换时，能量的总值保持不变。

热力学第二定律又称"熵增定律"，其表述为："不可能把热从低温物体传到高温物体而不产生其他影响，或不可能从单一热源取热使之完全转换为有用的功而不产生其他影响。"简单理解就是，在自然条件下，热量只能从高温物体向低温物体转移，而不能由低温物体自动向高温物体转移，这个转变过程不可逆，要使热传递方向倒转过来，只有靠消耗功来实现。

既然热力过程都是不可逆的，那么能不能找到一个状态参数来反映这种不可逆特性。终于，德国人鲁道夫·克劳修斯（Rudolph Clausius）证明这个参数是存在的，并将之命名为"熵"，用 S 表示。数学表达式为：

$$S = \delta q / T$$

式中，δq 是指微量的热交换，T 是指开尔文温度。

后来玻尔兹曼又把熵和系统的紊乱度联系起来，系统紊乱度越高，它的熵就越大。"对于孤立体系，系统的熵只能向着熵增加的方向运动"，这就是著名的熵增原理。孤立系统在没有外部能量参与的情况下，最终会达到平衡，进入停滞状态，如同"死亡"。

任正非对此的理解是，"第一，热力学讲不开放就要死亡，因为封闭系统内部的热量一定是从高温流到低温，水一定从高处流到低处，如果这

○ 《用乌龟精神，追上龙飞船——任正非在 2013 年干部工作会上的讲话》，2013 年 10 月 19 日。

个系统封闭起来，没有任何外在力量，就不可能再重新产生温差，也没有风。第二，水流到低处不能再回流，那是零降雨量，那么这个世界全部是超级沙漠，最后就会死亡，这就是热力学提到的'熵死'。"⊖

这里还要提出另一个概念——"耗散结构"，这个概念任正非也反复提及，因为耗散是对抗熵死的"解决方案"。

耗散结构理论是 1969 年由比利时学者伊利亚·普里高津提出的，他认为："处于远离平衡状态下的开放系统，在与外界环境交换物质和能量的过程中，通过能量耗散过程和系统内部非线性动力学机制，能量达到一定程度，熵流可能为负，系统总熵变可以小于零，则系统通过熵减就能形成'新的有序结构'。"

对耗散结构的理解，任正非有一段非常通俗的表达："什么是耗散结构？你每天去锻炼身体跑步，就是耗散结构。为什么呢？你身体的能量多了，把它耗散了，就变成肌肉了，就变成了坚强的血液循环了。能量消耗掉了，糖尿病也不会有了，肥胖病也不会有了，身体也苗条了，漂亮了，这就是最简单的耗散结构。那我们为什么要耗散结构呢？大家说，我们非常忠诚于这个公司，其实就是公司付的钱太多了，不一定能持续。因此，我们把这种对企业的热爱耗散掉，用奋斗者，用流程优化来巩固。奋斗者是先付出后得到，与先得到再忠诚，有一定的区别，这样就进步了一点。我们要通过把我们潜在的能量耗散掉，从而形成新的势能。……你们吃了太多牛肉，不去跑步，你们就成了美国大胖子。你们吃了很多牛肉，去跑步，你们就成了刘翔。都是吃了牛肉，耗散和不耗散是有区别的。"⊜

⊖ 杨林，《与任正非的一次花园谈话》，心声社区，网址：http://xinsheng.huawei.com/cn/index.php?app=forum&mod=Detail&act=index&id=2631233。

⊜ 《成功不是未来前进的可靠向导——任正非在公司市场大会上的讲话》，2011 年 1 月 17 日。

华为研发体系"创业与创新"反思总结交流会

2016 年 10 月，2012 实验室技术思想研究院丁伟主笔撰文《华为之熵，光明之矢》，结合"熵增定律"系统梳理"熵增"因素和"熵减"要素，并绘制出华为活力引擎模型[一]（见图 4-1）。

万物发展的自然倾向，对应到企业熵增因素，企业层面包括：组织懈怠、流程僵化、技术创新乏力、企业固定守成；个人层面包括：贪婪懒惰、安逸享乐、缺乏使命感、没有责任感。

华为认为，ICT 产业本身的发展规律充满了非线性发展的不确定性和挑战，无须为企业刻意营造非线性环境。只要通过开放性和远离平衡就能去"熵"，形成耗散结构，使企业逆向做功，从无序混乱重回有序发展。

一 丁伟、陈海燕，《华为之熵，光明之矢》，2018 年 1 月。

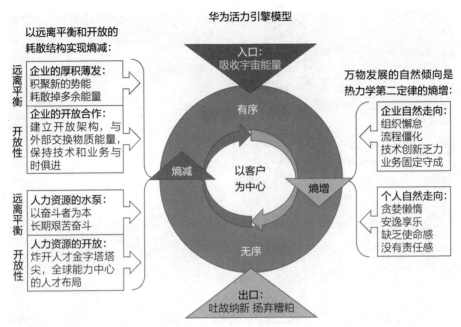

图 4-1　华为活力引擎模型

一方面，华为通过企业战略的厚积薄发、人力资源的水泵（逆向做功）实现远离平衡的耗散结构特性。

另一方面，华为通过企业文化的开放合作、人力资源的开放实现耗散结构的开放性，为企业带来有序发展的外来动能。

这是一个吸收宇宙能量（入口）的过程，也是一个吐故纳新（出口）的过程。

任正非有两个重要的发展理念：一是厚积薄发；二是开放合作。华为通过这两个方面的持续解读，提出应对策略来解决企业发展过程中出现的组织惰怠、流程僵化、技术创新乏力、业务固化守成等问题。

1. 基于开放合作，重新定义管道战略

ICT 经过 30 年的发展，已基本进入成熟期。但如果固守在自己擅长的

领域，缺乏新洞察、新思想、新管理、新技术，就会熵增，华为也有可能落入成功大企业的陷阱。

2017年6月2～4日，任正非在上海召开的战略务虚会上，要求高层要建立长远的战略思维，将更多精力用于"仰望星空"，面对万物感知、万物互联、万物智能的未来智能社会，主动推动网络简化，敢于削弱自己的既有优势，以此构建更大的新优势。华为为此重新定义"云、管、端"战略。具体理解如下：

未来智能社会是万物感知、万物互联、万物智能，华为应以万物互联为基础。要主动推动网络简化，减少自己的既有优势积累，才能构建更大的新优势。为此，要坚持有所为、有所不为，聚焦在战略机会点构建持续领先的优势上。

（1）未来智能社会，智能无处不在，贯穿整个"端、管、云"架构。

智能社会有几个特征：万物感知、万物互联、万物智能。万物感知是传感器组成的"神经网络"，万物智能是超级计算，中间万物互联就是网络连接。我们要去研究"端、管、云"的内核优化，以及边界的相互影响。管道里是否有云，如何理解相互分工？从这个角度出发，来解构华为所在的位置。

第一，端。万物感知，用什么感知？软件用手抓不到，人类只有依靠终端才能体会。终端不仅仅是手机，家庭路由器、摄像头、穿戴设备、传感器、物联网终端……各种都可以称为"端"。实现万物互联，端的形态多样化；实现万物感知，端的非生物元素和生物元素高度融合，物理世界与数字世界高度融合，并具有边缘计算能力。

第二，管。在端和云走向智能的趋势下，未来的管将高度简化。智能社会首先要有万物互联，对管的要求是即插即用、极简的架构，管道一定是平台化的概念，而不是现在的树状结构。技术要求、商业模式产生新变化，要突破壁垒，推进整个管道平台化，实现超宽带、极低时延、海量连接。

第三，云。云承载了未来的智能运算，代表新的运算模式和服务模式，必须要抓住。"端、管、云"中到处会分布智能，但云是目前主要的智能来源。从功能上讲，在云里实现智能化，集中和分布、通用和专用并存，形成复杂结构。在万千朵云中，我们做哪些云，不做什么？我们要聚焦在我们有能力的方向上，在有限的方向上敢于进行战略性突破，比如：平安云、视频云、终端云、GTS 云。

有人认为，将来传感器的最大赢家应该是日本，因为日本材料科学非常发达，传感器的核心是材料科学；美国隐私保护最完善，全球数据都会集中到美国，美国在云上很发达，应该是最大赢家；运用智能，也许最大赢家应该是德国，因为德国的系统工程很发达，用人工智能发展工业，提高生产效率和质量，生产多又好的产品。一个八千万人的国家，就变成了八亿人口的工业大国。华为应挤进去，连接应最发达，而且是必需的。

（2）推动网络简化，敢于削弱我们的既有优势，就是我们的新优势。

针对 OTT 等推动开源、开放架构和白牌硬件，我们要看到其简化网络、提高效率等有价值的一面，认识到其背后的推动力量是 OTT 自身的商业目的。我们也要推动网络简化，减少壁垒，削弱自己的优势，降低重心，形成更大的优势。网络一定会逐步走向自动化、自治、自运维。网络有很强的延续性，可以阶段性逐步实现简化，不断降低自己的优势，我们的长远目标是网络架构极简，在极度宽带视频时代领世界风骚一阵子。在网络简化的基础上，网络应用场景可以越来越复杂，就像"高速公路"的分岔路口一样清晰，至于跑什么复杂的"车"都没关系。

当整个社会形态变得复杂时，只有提供越来越简单的网络，才具有优势。IP 牺牲了时延和实时性，提升了网络吞吐率，降低了成本，在文字时代和数据时代具有优势，促进了互联网的发展。在 AI、AR、VR 时代，时延成了困难，那么新的网络架构是什么？我们如果不能在自己已有的优势上简化网络，并以此构筑新的差异化的竞争优势，一旦坍塌，华为公司也就不存在了。我们通过网络架构的简化，把网络建造及运营成本降下来，服务提上去，实际上也筑高了门槛，一方面防止大公司把我们吞掉，另一方面防止小公司把我们缠死。

（3）坚持有所为、有所不为，聚焦战略机会点，构建持续领先的行业优势，保持有利润的增长、有现金流的利润。

公司在业务发展过程中，处处是机会，处处是危机。如果世界不改变，我们沿着"火车道"往前跑就行，不需要看方向，但如果驾驶"汽车"不看方向，就会翻车。我们要有所为、有所不为，聚焦在战略方向上构建持续领先的优势。就像胡厚崑所说的，我们吃其中几块"甜点"就行，剩下的领域开放给别人去赚钱。我们要的是胜利，不能在非战略机会点上消耗战略竞争力量。未来是什么？我们现在还不知道，但是每个地区都要增加盈利，而盈利要敢于转为加大投入。如果有些领域长期不赚钱，还要继续往前走，那钱从哪里来？

华为不是万能的公司，不可能一直增长下去，要练好内功，要做减法，聚焦到主航道上来，否则样样都会，样样都不精通。如果我们不主动降低产值，就像"骡子"加上太多包袱，爬不上坡，而且长期驮重东西，还可能会被压死。如果我们希望长期生存下来，可以减少一些销售收入，但是利润不能减少。因为"骡子"驮的东西轻了，跑得也就更快。比如，减少系统信号的转发次数，数据中心的机柜就会两个并成一个，设备需求减少，运营商的数据中心建造成本降低，经营能力增强，我们给客户创造价值，客户也会给我们相应利润。

......

我们要根据行业发展趋势，更新管道战略范围，按客户场景、客户需求分类，不再以技术分类。

在管道战略领域，我们要明确自己的核心优势领域，在无线、光、数据通信上要持续领先，在数学核心算法的基础上，通过和物理、化学上领先的伙伴进行合作，开放创新，构建性能和成本的长期竞争优势。我们要增加物理学、化学的高端人才，掌握相关能力，应用到产品与解决方案中，而不是大规模投入物理学、化学材料基础研发本身。

（1）运营商业务：正确理解客户需求，面对未来加大投入，将运营商解决方案做深、做透。

（2）企业业务：纵向发展、横向扩张，在行动中积累能力，在过程中及时地优化和调整，聚焦在自己明白的少数领域。

（3）消费者业务：走向更加开放，首先将通信功能做到最好。

第一，终端应该把通信功能做到全世界最好。因为我们最明白从系统到终端的连接，而苹果公司没有系统设备，爱立信没有终端。现在绝大多数人通过通信功能上网，要求带宽宽、上网快，游戏功能并非要固化在手机上。

第二，终端还要走向更加开放，我们面对的客户是多姿多彩的，我们应有理解他们的能力。当然，平台还是理工男优势的机会点，深入钻研进去，少平台化，越做越好，越做越精，平台为应用层的人增强支持。⊖

在这次会上，任正非特别强调："做行业领袖，就一定要开放合作，和产业价值链上的最佳供应商以及行业玩家广泛合作、共享利益。……我们增强组织活力和竞争力，也要敢于率先公布战略意图，统一标准意识，让大家获得分享，都得到进步。所以，我们不能有独霸的思想，当世界不能实现共赢时，其实我们就是单输。"⊜

不做成吉思汗，不做黑寡妇，通过"深淘滩，低作堰"，华为积极开展与业界开展合作，构建日益高效的产业链和繁荣的生态系统，不断做大产业规模。

2.研发投入多路径、多梯队，饱和攻击

华为的厚积薄发首先表现在科技研发领域，华为的研发费用一直保持在销售收入的10%以上，近年又增加到15%左右。2017年华为研发投入897亿元人民币，近十年华为累计研发投入已达3940亿元人民币。在全球高科技企业中，2016年营收超过800亿美元的超级大公司有苹果、三星、谷歌和微软等4家，每家每年的研发投入都在100亿美元以上。

⊖ 《方向要大致正确，组织要充满活力——任正非在公司战略务虚会上的讲话》，2017年6月2～4日。

⊜ 同上。

视频链接

华为形象广告《厚积薄发》

2016 年华为用"瓦格尼亚人刚果河捕鱼""上帝粒子的发现""短跑冠军乔伊娜"等三个广告演绎其一以贯之的战略思维，即不投机取巧，踏踏实实做事，不懈坚持，持续投入，厚积薄发。"只有在最好的位置，才能抓住最大的机会""一秒钟的突破，承载着一生的心血""上一刻的突破，只是下一刻故事的开始"，诸如此类的表达既是华为对战略的思考，也是企业的价值取向。

华为同时开始加大对未来不确定性的研究，改变研发投资结构，扩大研究和创新的投入比例，研究和创新投入由原来的 10% 逐步提高到 30%。华为每明确一个战略"城墙口"，就会实行多路径、多梯次的进攻，密集弹药，饱和攻击。

"在我们有这么多钱的时候，还像农民一样节约着搞研发，错了。就是要敢于在研发上大规模投入，抢占战略制高点。打下了战略制高点，站在山顶上，下面全是你的战士；打不下战略制高点，下面就是一大堆尸体。我们要使用饱和攻击，范弗里特密集弹药量。对于到达上甘岭的目标，我们可以有几条道路可走，不一定只走一条路。当越来越明显是其中一条路的时候，就把其他路的资源向这条路聚集，集中资源实现突破。"⊖

⊖ 《任正非在 EMT 办公会议上的讲话》，2015 年 8 月 28 日。

3. 用"日落法"[⊖]简化流程，简化管理

华为通过不断引进国际管理经验，推动管理变革，从 1997 年开始，华为在 IBM、埃森哲、合益、波士顿咨询等的帮助下，建成了集成产品开发（IPD）、集成供应链（ISC）、集成财经服务（IFS）等流程体系，通过"先僵化，后优化，再固化"的方法不断提升流程管理水平，这些流程建设奠定了华为成为一家全球化公司的基础。

但随着企业规模的扩大，管理的复杂程度提高，流程节点不断增多，效率越来越低。针对于此，2016 年 11 月 30 日华为 EMT 会议讨论通过《关于"1130 日落法"的暂行规定》，规定要求："在 IPD、SUP[⊜]、MFIN[⊝]、LTC、DSTE[⊗]、SD[⊗]等的成熟流程领域，每增加一个流程节点，要减少两个流程节点，或每增加一个评审点，要减少两个评审点"，同时精简无效流程，打通"断头路"。

"终端公司就是卖'火柴盒'，别把'小女孩'考糊了。我们的考核方

⊖ 日落法（sunset law），又称"夕阳法"，是美国国会在批准成立一个新的行政机构或批准一个联邦计划项目时，明确规定该机构或该项目的终止日期。在政府行政管理中，建立一个机构和批准一个项目是比较容易的，但要撤销它们很困难，因为这将使许多人失去工作，会损害许多方面的利益。如何控制自然趋于膨胀的行政机构，对于任何政府来讲都是一个头疼的问题。制定"日落法"这种特殊形式的法律，目的就是对抗机构自我膨胀的趋势。

⊜ SUP（Supply），供应流程，为达成客户满意的核心竞争力之一，通过及时、准确、优质、低成本的交付货物的过程来实现其独特价值。

⊝ MFIN（Finance & Accounting），用于缩短财务交付时间。

⊗ DSTE（Develop Strategy to Execute），开发战略到执行流程，制定中长期战略规划及年度业务计划（含预算）、执行并监控评估的统一流程框架和管理体系。适用范围包括公司以及各 BG、MU 和 FU（功能部门），用以保证公司及各业务单元中长期战略目标与年度计划资源预算和滚动计划的一致性，确保各业务单元协调一致，牵引公司建立稳定和可持续发展的业务，管理公司及产业的投资组合，支撑公司战略与业务目标的实现。

⊗ SD（Service Delivery），服务交付流程，从运营商视角，基于运营的全生命周期和 eTOM 模型，以客户契约化合同为主要依据，集成和协同合作伙伴共同向客户提供及时、准确、优质、低成本的端到端的服务解决方案共享交付服务，实现客户价值，支撑公司战略目标达成。

式要改变。形成不同的团队集体合作、内部分享；资金回收系数也可以作为一个考核标准；供应链对线下门店存货要有管理，避免渠道商对畅销产品囤货太多，风险太大……公司组织结构改革是以安平系统部为试点，从市场转向格局。奖金系统改革就以荣耀作为试点，简化 KPI，荣耀要号召'千军万马上战场'合法赚钱。"[⊖]

华为认为，电子技术、芯片技术、计算技术等各种新技术已经能够把复杂问题简单化、智能化，未来的胜利是极简的胜利。华为要力求做到极简的网络、极简的商业模式、极简的组织结构、极简的流程。

4. 通过战略预备队等进行组织赋能

内部人才市场、战略预备队是华为两个非常重要的能力交付平台。内部人才市场，通过对奋斗者的寻找和循环流动，让员工找到自己最适合发挥能量的岗位，焕发新的生命力；通过战略预备队的建设，进行能力转换，建立新的后备队伍。

重装旅、项目管理资源池、重大项目部，是华为的三大战略预备队，进行组织、人才、技术、管理方法及经验等的不断滚动，锻炼出更多的优秀干部、专家，源源不断地输送人才。重装旅倾向于在技术上实施人才循环培养和执行；项目管理资源池主要是推动八大员[⊖]的循环进步，倾向于以执行为中心；重大项目部倾向于商务和策略。

华为对地区和代表处的考核方式是以利润为中心，各一线组织为了确保自己的胜利，不管人才是否得到充分利用和赋能，时间长了以后，容易出现地方主义，垄断人才，组织惰怠。战略预备队通过循环流动机制的建立，在输出人才到一线的同时，把一线的作战人员卷回来重新赋能。

⊖ 《任正非在消费者 BG 业务汇报及骨干座谈会上的讲话》，2017 年 10 月 24 日。
⊖ 项目经理、技术、质量、供应链、财务、合同法务、项目控制等与交付项目管理有关的八个角色成员，称为项目管理"八大员"。

视频链接

战略预备队誓师典礼

2015 年 9 月 7 日，华为举行战略预备队誓师典礼暨优秀队员表彰大会，14 支战略预备队千名队员参加了大会并庄严宣誓。任正非及 EMT 成员参加了此次大会。任正非说："通过训战结合，是在转换大家的思想方法，但是我们确实不能保证谁能走到哪儿，谁能当将军。所以说我们是摇篮（华为将战略预备队定义为领袖的摇篮），所有人都被摇过，怎么就有人被摇成将军呢？你们要自己去领悟。"

"我们一定要加强中、高级干部和专家的实践循环，在循环中扩大视野、增加见识、提高能力。这就是熵减。万物生长是熵减，战略预备队循环流动是熵减，干部增加实践知识是熵减，破格提拔干部也是熵减，合理的年龄退休也是熵减……我们不能让惰怠在公司生长。一周只有 40 小时用于工作，是产生不了科学家、艺术家的。"⊖

5. 蓝军组织和"罗马广场"

早在 2005 年左右，为了进行战略的逆向思维，华为参照军队的红蓝对攻方式设立了蓝军参谋部，专门负责审视、论证"红军"战略、产品、解决方案的漏洞或问题。正是在这一过程中，"蓝军"发现了终端的重要性，并提出了明确的"端、管、云"战略，从而避免了华为终端业务被卖的命运。蓝军不以成败论英雄，而是从失败中发现和提取成功因子。

⊖《任正非在 2017 年市场工作大会上的讲话》，2017 年 1 月 11 日。

"蓝军存在于方方面面，内部的任何方面都有蓝军，蓝军不是一个上层组织，下层也不是没有。在你的思想里面也是红蓝对决的，我认为人的一生中从来都是红蓝对决的。我的一生中反对我自己的意愿，大过我自己想做的事情，就是我自己对自己的批判远远比我自己的决定还多。我认为蓝军存在于任何领域、任何流程，任何时间、空间都有红蓝对决。如果有组织出现了反对力量，我比较乐意容忍。所以要团结一切可以团结的人，共同打天下，包括不同意见的人，哪怕进来以后就组成反对联盟都没有关系，他们只要是技术上的反对，而不是挑拨离间、歪门邪道。要允许技术上的反对。"⊖

"我特别支持成立蓝军组织。要想升官，先到蓝军去，不把红军打败就不要升司令。红军的司令如果没有蓝军经历，也不要再提拔了。你都不知道如何打败华为，说明你已到天花板了。两军互攻最终会有一个井喷，井喷出来的东西可能就是一个机会点。"⊜

华为内部网站——心声社区，被任正非比喻为"罗马广场"⊜，基层员工可以在上面"肆无忌惮"地炮轰华为，炮轰华为的官僚和腐败、华为主管的泡沫化，炮轰 KPI 钻营与利己主义……甚至是"胡说八道"。任正非为什么要把心声社区建成罗马广场呢？他说：让人说话天不会塌下来，而且还能起到"补天"的作用，要相信"人必有一善，集百人之善，可以为贤人；人必有一见，集百人之见，可以决大计"。

⊖ 《开放、合作、自我批判，做容千万家的天下英雄——华为云战略与解决方案发布会会议纪要》，2010 年。

⊜ 《最好的防御就是进攻——向任总汇报无线业务会议纪要》，2013 年 9 月 5 日。

⊜ 古罗马在非常长的一段时间内，采用的是贵族政治和民众参政的共和制，共和政体由元老院、平民大会以及执政官、监察官等组成，平民大会一度成为罗马共和国时期的最高权力机关。民众可以通过平民大会和百人会参与议政和选举，因此，民众经常在罗马战神广场等大型场合集会，罗马广场也逐步成为民众参与政治活动、文化交流、法律辩论等的重要场所。这一民主制度，最终成就了雄跨欧、亚、非的伟大的古罗马帝国。

在心声社区，可以实名，也可以以马甲方式发表言论，任何人不得查找马甲背后的真实身份，任正非说"谁要查的话，就把我的工号给他"。华为甚至会把一些管理干部的考试试卷、学习心得、演讲稿、审计报告等发到心声社区上供员工评判，"你的演讲稿子和你讲的故事，必须有三个证明人，没有证明人就说明你是编出来的，你在造假，你在骗官。要把证明人的职务、工号、姓名写清楚。你一写完一讲完，我们马上将你写的、讲的贴到心声社区，连你的证明人都公示上去了，看谁在帮你做假"。[○]

这些年，华为逐步将心声社区向全社会开放，包括华为的一些内部文件，广泛接受社会的监督和批评，从中吸收能量。"大家看不看天涯网？天涯网上说的话比我们自己说的错话还要厉害一点，对不对？既然那么厉害的话挂在网上，我们都不在乎，我们的员工实事求是地说两句错话有啥了不起？公司以前对宣传就是堵，能堵得住千万人的嘴吗？要适应，要顺流，不要担心木筏会碰上湍流。当时公司开放心声社区，我内心也很有压力，反对的人也很多，我们还是坚持心声社区开放。我不明白为什么家丑不可外扬，员工只要坚持实事求是，事情是亲历、亲为，有不对的地方，为什么不可以外扬。我们最近在离职员工管理上，已删除了维护公司的声誉这一条，维护是维护不住的，只有改好才行。要允许员工讲话，其实绝大多数员工偏离实事求是只是一点点，不会是黑白颠倒。心声社区开放以后，我们内部实际上是好多了。"[○]

6. 强制流动，保持活力

2015年，华为将一只伤痕累累的芭蕾舞者的脚作为形象广告推到世人

○ 《以"选拔制"建设干部队伍，按流程梳理和精简组织，推进组织公开性和均衡性建设——任正非在华为大学干部高级管理研讨班上的讲话》，2011年1月4日。
○ 《改善和媒体的关系——任正非与孙亚芳、徐直军、郭平、公共关系、品牌部、媒体关系、终端公司、党委相关人员座谈纪要》，2010年11月25日。

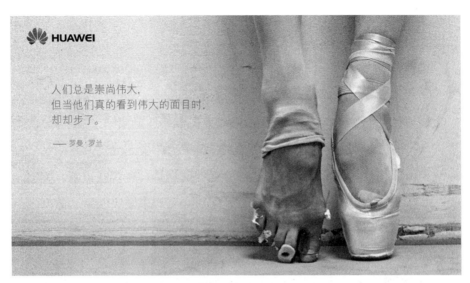

华为芭蕾舞者的脚广告

面前，并引用了思想家、文学家罗曼·罗兰的一句话："伟大的背后都是苦难"。《人民日报》为此发表评论说："这其中有华为引以为豪的艰苦奋斗、以苦为乐的企业文化，也折射了中国品牌在海外筚路蓝缕、努力开拓的不懈精神。"

但当一个企业足够伟大、被世人所景仰的时候，也往往是懈怠的开始，芭蕾舞者的脚广告与其说是给社会看的，不如说是给自己员工看的，提醒大家"以奋斗者为本，长期艰苦奋斗"仍然是华为的动力所在，仍然需要"痛，并快乐着"。

在华为的人才管理中，有三个非常重要的基线指标，即离职基线 5%、末位淘汰基线 5%、内部输送基线 5%。华为认为，为保持一个组织的活力，每年 5% 的离职率是必要的，同时还要向一线或其他部门输送 5% 的人才。也就是说，一个部门每年至少要补充 15% 的新人，如果再加入一定的增长比率，那么，招聘新人的比率可以达到 20% ～ 30%。这是防止出现人才断层、保持活力曲线的良性比率。

7. 基于贡献拉开差距，形成张力

华为在《华为基本法》第 19 条中对分配做出明确定义："按劳分配的依据是：能力、责任、贡献和工作态度。按劳分配要充分拉开差距，分配曲线要保持连续和不出现拐点。股权分配的依据是可持续性贡献、突出才能、品德和所承担的风险。股权分配要向核心层和中坚层倾斜，股权结构要保持动态合理性。按劳分配与按资分配的比例要适当，分配数量和分配比例的增减应以公司的可持续发展为原则。"

华为的分配机制是采用基于价值贡献的获取分享制，并且非常注重拉开差距，"给火车头加满油"，向奋斗者倾斜，向优秀员工倾斜，形成张力，对抗惰怠。"华为价值评价标准不要模糊化，坚持以奋斗者为本，多劳多得。你干得好了，多发钱。我们不让雷锋吃亏，雷锋也要是富裕的，这样人人才想当雷锋。"[⊖]

另外，华为重新定义了劳动和资本的关系，劳动是价值创造的主体，因此价值分配优先分配给劳动者，这样既能激发劳动者创造价值，也能避免老员工积累过多股票后变得惰怠。

8. 人才为我所知，为我所用，不一定为我所有

一个组织会慢慢形成固定的层级结构和稳定的上升通道，这种稳定性不利于人才的发现和快速成长，甚至会形成人才结构的板结。华为通过建立破格提拔机制，加快优秀员工的提拔，让优秀人才在最佳时间，以最佳

⊖ 《喜马拉雅山的水为什么不能流入亚马逊河——任正非在拉美及大 T 系统部、运营商 BG 工作会议上的讲话》，2014 年 5 月 9 日。

角色，做出最佳贡献，促进企业组织活力、管理活力、员工活力的增长。华为每年破格提拔 4000 ～ 5000 名员工，以激活奋斗的力量。

"今年持续进行破格提拔，在 15、16 级破格提拔 3000 人，17、18、19 级 2000 人，其他层级 1000 人，就是要拉开人才的差距，让这些负熵因子激活组织。让火车头加满油，与'全营一杆枪'的目标实现是一致，目的是打下'飞机'。"⊖

另外，炸开人才金字塔，以开放的用人态度，吸纳全球优秀人才，不盲目追求"为我所有"，而是构建"为我所知、为我所用、为我所有"的能力组合。

炸开人才金字塔，重新构筑对华为的技术知识体系，人才的定义不局限在通信、电子工程类，华为同时招聘一些神经学、生物、化学、材料、理论物理、系统工程、控制论、统计学等专业学科的人才，甚至包括牙科专业的人才。

同时，为了在全球大量进行人才布局，华为拨出大量经费支持大学教授学者做专题研究，甚至不求回报。任正非说："我们对科学家的支持是无条件的，我们不会谋取教授的专利，不谋取教授的成果，我们只希望教授多和我们喝几杯咖啡。告诉我们这东西在未来有什么用，如果我们使用了，我们就需要付费。"⊖

熵减和耗散，既要吸收宇宙能量，也要摒弃糟粕，表现在人才的使用上，就是淘汰惰怠员工。华为每年员工的末位淘汰率是 5%。2015 年，华为超过 1 万名员工因为不胜任工作而被调整，部分主管和员工被淘汰。

⊖ 《关于人力资源管理纲要 2.0 修订与研讨的讲话纪要》，2017 年 11 月 13 日。
⊖ 《任正非与爱尔兰研究所专家及爱尔兰大学科学家座谈纪要》，2016 年 8 月 19 日。

9. 核心价值观逆向做功，激发正能量

华为总裁办秘书长殷志峰在其撰写的《熵减——我们的活力之源》中，力陈华为面临三大挑战："第一，我们在其间奋斗发展了30年的通信基础设施产业正在从高速成长期进入成熟偏稳健的产业周期阶段；第二，我们公司的整套管理体系，都是适用于高速成长型市场的，一旦市场空间遭遇天花板，那种偏激进的导向机制就可能引发一些动作变形；第三，高毛利、快速发展的业务阶段会掩盖管理上的很多粗糙，当期经营好会掩盖对未来的投入不足……一旦增长减速，水落石出，一些战略和运营上的问题就会暴露出来，比如战略洞察盲点、决断力犹豫、流程冗长、组织碎片化、决策慢、过度制衡降低效率，等等。"

华为需要继续推行核心价值观，以克服人性天然的弱点，开展逆向做功，激发人性的正能量，抑制熵增。殷志峰将华为的核心价值观逆向做功归纳如表4-1所示。

表4-1　华为的核心价值观

人性的弱点	核心价值观	激发精气神，导向熵减
以自我为中心	以客户为中心	消极惰息、宝贵病、官僚主义、队伍板结
以裙带关系为本，以论资排辈为本	以奋斗者为本	从短视的"自私"到远见的"自强"
意志力下降，成长瓶颈	长期艰苦奋斗	自做功，打破自身平衡舒适态，产生张力和思想流动
安全感，自我保护	坚持自我批判	反思和提升自我

纵观人类历史，从西班牙和葡萄牙的大航海时代，到荷兰的商贸时代，再到英国的工业革命时代，但最终繁华落尽湮没在历史的尘埃中。

回看中国历史，从"文景之治"到"武帝极盛"再到"昭宣中兴"的西汉盛世、从"贞观之治"到"开元全盛"的大唐盛世和清代的"康雍乾

盛世"，也都没能避免"盛极而衰"的结局。任正非警告内部："30 年河西，30 年河东，我们 30 年大限快到了。"

华为又凭什么可以违背自然法则持续成功呢？任正非曾将华为持续成功总结为以下三个要素：

（1）必须有一个坚强有力的领导集团，这个核心集团，必须听得进批评。

（2）应该有一个严格有序的规则制度，同时这个规则制度是进取的。这个规则制度的重要特性就是确定性，这是我们对市场规律和公司运作规律的认识，规律的变化是缓慢的，所以我们是以确定性来应对任何不确定性。

（3）要拥有一个庞大的、勤劳的、勇敢的奋斗群体。这个群体的特征是善于学习。

这三个要素包含了好的组织、好的干部、好的人才队伍，"听得进批评""进取的""善于学习"……这些都是熵减和耗散结构的具体表达。

华为在商言"熵"，借用物理学的力量，希望推动企业持续走向光明。

《华为 1999 年十大管理要点》

一、继续加强研发、营销、管理体系的系统的建设性的均衡发展。

建立和完善统一、合理、平衡，不断强化公司整体核心竞争力和以责任结果为导向的价值评价体系。

二、要坚持以流程优化为主导的管理体系的建设。

不断地去优化非增值流程与增值流程，不断改良，不断优化，无穷逼近合理。小改进、大奖励，是我们长期坚持的方针。

部门主要负责人的建设性责任，就是不断地听取实践者与周边合作者的意见与建议。结合国际惯例，不断地与领导群体、专家群体、操作执行群体共同研讨，审定具体流程环节的优化，并认真、细致、实事求是地做好推行工作，同时在推行中，继续不断地总结提高。永远要注意与公司总体目标流程的符合，注意与周边流程的协调。

减人、增产、增质、增效，以及核心竞争力的提高，是我们考核各级干部能力的主要指标。

三、坚持从有实践经验、有责任心、有技能且本职工作做得十分优秀的员工中选拔、培养骨干。

重视后天的学习与进步，重视个人的实际才干的增长。个人永久性的标记（学历、职称、社会荣誉……）仅仅是个参考。

要帮助那些有贡献、有能力、责任心与敬业精神强的员工，进行管理技能培训，提升他们的内涵，使他们获得更多的进取机会。

各级部门一定要注意，虚报、浮夸、报喜不报忧、文过饰非、掩盖事实、泛泛空洞无物是一些不良的管理作风，我们要警惕这类干部在没有改正好之前被任用。继续没有改进的要调整岗位。

自我批判是掘松管理土壤，使优良管理扎根生长的好办法。没有自我批判能力的员工，不得再被提拔。三年后，凡是没有自我批判能力的干部，上至总裁，下至科长、工程师将会一律被免职。

四、公司将继续完善委员会民主决策的建设。

我们将推行在委员会授权下实行顾问、部门首长、行政助理相结合的日常工作管理方式。顾问的责任是监督部门的管理符合公司总目标，以及提出指导性意见；部门首长抓部门的组织与管理建设，部门副职协助首长抓好例行工作管理；行政助理重点抓好例外工作管理，并不断将例外管理分解、转化为例行管理，形成规范的管理流程。

五、加强干部的民主作风建设，公司及各部门都要听得进来自内部与外部的批评，包括提意见方法不对的批评。闻过则喜，加快改进。

各级干部的民主作风是在不断地修养中培育的，因此各级干部要努力学习，不断地提高自己的内涵。

我们要团结一切批评过自己，而且批评错了的人。在各级部门首长不能做到这一点时，各级干部部门要挺身而出，做好疏导工作。一切批评别人的人，首先要按照你批评的标准来提高自己。要抱着郑重的态度，实事求是，并提出如何改进的建议。当你要提意见时，自己必须去查对事实，掌握事实的分寸，学习有关的管理知识与技能，提出如何解决问题，这也像自己脱胎换骨一样的艰苦。任何不负责任的意见会空耗别人的时间。当然正确的意见也不要怕打击，不经磨难，何以成才。要忍受得了委屈，只要是真理，总会经住时间检验。但当实践检验是你错了时，要丢得掉面子，不断提高认识。为了让公司前进，个人应舍弃一切不良的习气。

各部门对那些无中生有、捕风捉影、搬弄是非、爱闲言碎语的人，要给以帮助、批评与教育，要警惕这部分人还没有改造好时，却被选成了干部。

公司不可能无限地改进职工的收入，也没有能力做出承诺。一切美好都是共同去创造，你只有相信自己的努力，并且帮助与消除周边的落后，才会预见公司的美好。

六、持之以恒地推行任职资格系统的建立、优化和完善。

再用三年的时间建立起员工个人收入与公司整体效益联系浮动的价值分配制度。在效益好时要敢于扩张，共同负责；在受到挫折时，要共同忍受。通过这种张弛，把压力传递到流程的每个环节与每一个员工。

七、坚决反对盗窃公司技术机密、商业机密与财物的恶劣行为；坚决反对员工的腐化，以及对周边、他人的不尊重和盲目骄傲的不良习气；反对在客户面前攻击竞争对手，宣传自己也要实事求是；反对不思进取的幼稚，一定要杜绝少年得志的不良习气的蔓延。

尽管我们获得了一定的成功，但与国际公司的管理比较，还十分幼稚，有些地方还十分好笑，有什么理由盲目骄傲。这些浅薄的骄傲，正在挖掘华为的坟墓。要加强员工的品德与职业道德教育，使之成为一个真正的品格高尚的人。

八、一切员工在公司长期工作的基础是诚实劳动和胜任本职工作。

因此，学习、学习、再学习是永恒的任务。曾经对公司发展有过贡献的员工，要加强自适应调整能力，包括加强心态的调整。竞争不能保护华为常胜不败，华为又如何能长期保护不能使公司竞争力提升的要素？各级部门有责任帮助他们，培养他们，合理地疏导。但更重要的是内因起作用。他们有过贡献尚且如此，那么其他员工接受的挑战将更加严峻。

各级管理部门要建立和完善绩效考核体系。一定要实行定编、定员、定责、定酬的待遇制度，而且每年效益要不断地提高。要划分考核区、群，通过组织对区群的考核，区、群负责人对员工的考核，把管理的矛盾交给区、群部门首长。让他们从为民请命，到为民请战。通过矛盾的协调管理的下放与转移，要清除一部分沉淀的员工。

九、要总结和复制成功的管理经验。

有人说华为最大的浪费是经验的浪费，有一定道理。各级部门要将一些环节好的管理方法、经验，通过案例化总结出来，公开放在网上，让员工学习。也要把流程各环节的操作指导书写出来，开放给使用者、管理者、监督者。要改变封闭式培训的习惯，转变为在流程操作过程中的言传身教的导师制。优秀的导师是我们的干部预备队。

十、坚持以业务为主导、会计为监督的宏观管理方法与体系建设。

以业务为主导，就是按目标需求进行业务的最优化发展；以会计为监督，是指各级干部都要负有财经管理的责任，实行项目管理，加强核算与成本控制。这就是发展与制约相制衡的平衡管理。

对报废、报损、报失，以及其他经济失误，要进行专项审计，明确最终事件的业务处理意见，以及追溯各段流程的责任，从而发现责任心强、能力强的员工，也可发现不负责任的干部。落实责任要实事求是，听取干部申诉，但一定最后要有责任承担者。

我们不但要建立起一支强大的专业审计队伍，而且全体干部要参与审计工作，使控制与监督发生在全流程中。在控制有效的基础上，将进一步把管理权力下放，提高运行速度与效率，从而进一步压缩编制。

第五章

组织：精兵作战

德鲁克说："能够增大的资源只能是人力资源，所有其他的资源都受机构法则的制约，也只有人才能成长和发展。"同时，德鲁克认为，组织是指管理者发挥管理功能的企业正式结构，管理者是企业最昂贵的资源。

华为将自身人力资源体系的使命定义为：打造领先的人才要素，激发组织活力，增强组织能力。华为在《人力资源纲要 2.0 总纲》中说，"人力资源管理是公司商业成功与持续发展的关键驱动因素"，而人力资源构建最核心的是与价值创造密切相关的三个要素：组织＋干部＋人才。这跟德鲁克的观点是完全一致的。

企业文化是华为人力资源很重要的建设要素，因此，笔者将此加进去，分别用四个章节，对华为的组织、干部、人才和文化逐一做些介绍和剖析。

本章是组织建设。

第一节　矩阵式组织

在阐述之前，先了解一下华为的组织结构，如图 5-1 所示。[⊖]

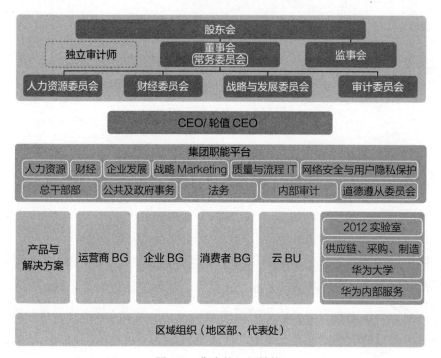

图 5-1　华为的组织结构

根据工商资料显示，华为投资控股有限公司的注册资本为 164.35 亿元人民币，股东为任正非和工会委员会，任正非持有 1.01%，工会持有 98.99%。经 2017 年 12 月 20 日增资配股后，任正非的持股比例由 1.42% 降至 1.01%；工会履行股东职责、行使股东权力的机构是持股员工代表会。华为投资控股有限公司全资控股华为技术有限公司。华为技术有限公司就是我们平常所称的"华为"或"华为公司"。

华为最高的权力机构是股东会，下设董事会，华为董事会的成员全部

⊖　华为官网，截至 2017 年 12 月 31 日。

2018年3月华为选举产生新一届董事会

前排左起：孟晚舟、胡厚崑、郭平、徐直军、梁华；后排左起：何庭波、徐文伟、阎力大、丁耘、任正非、陶景文、李英涛、汪涛、彭中阳、余承东、陈黎芳、姚福海。

为公司员工，不仅代表资本方，也代表劳动者。董事会下设人力资源、财经、战略、审计四大委员会。

华为的经营组织主要分为职能平台、BG（business group，业务群）及产品组织、区域组织等三大类，基本功能如下：

集团职能平台是聚焦业务的支撑、服务和监管平台，向前方提供及时、准确、有效的服务，在充分向前方授权的同时，加强监管。

运营商 BG 和企业 BG 是公司分别面向运营商客户和企业/行业客户的解决方案营销、销售和服务的管理与支撑组织，针对不同客户的业务特点和经营规律提供创新性的、差异化的、领先的解决方案。其侧重于业务的增长及客户满意度的提升。

消费者 BG 是面向终端产品用户的端到端的经营组织，对经营结果、风险、市场竞争力和客户满意度负责。

云 BU（business unit）成立于 2017 年，是云服务产业端到端管理的经营单元，负责构建云服务竞争力，对云服务的客户满意度和商业成功负责。

产品与解决方案是面向运营商及企业/行业客户提供 ICT 融合解决方案的组织，负责产品的规划、开发交付和产品竞争力构建，创造更好的用户体验，支持商业成功。

区域组织是华为的区域经营中心，负责区域的各项资源、能力的建设和有效利用，并负责战略在所辖区域的落地，侧重于满足客户需求、形成经营结果。

华为的组织变革经历了如下五个阶段。

（1）2002 年前：以本土市场为核心，组织结构以集权为主要特征，专业化、规范化程度高。

（2）2003 年：集权结构向产品线结构改变，以应对快速变化的市场。

（3）2007 年：地区部升级为片区总部，成立七大片区，各大片区拆分为 20 多个地区部，指挥作战中心进一步向一线转移。

（4）2011 年：从原来的单核架构调整为多核架构，即由单一的运营商体系，将企业业务、消费者业务和其他业务（如能源、芯片等）独立出来运作，划分后的业务组织正式称为 BG；所有的子公司集中由投资管理中心管理，由其向子公司委派董事、高管。

（5）2014年：一是强化市场体系中区域组织的主维度功能；二是研发体系一归到产品和解决方案组织（消费者业务 BG 除外），以产品大平台的运作模式应对 ICT 行业的技术融合趋势。运营商 BG 和企业 BG 统称为"泛网络"。

一、客户与战略决定组织

华为说，客户是企业生存的唯一理由。那么企业的组织结构是不是应该立足于客户的角度来思考和建设呢？

这是毋庸置疑的！

因此，在组织建设上，华为遵循"客户与战略决定组织"的管理理念，一方面华为的聚焦战略决定了大平台支撑精兵作战的组织结构，从客户、产品与区域三个维度构建协同作战的组织平台，各组织共同为客户创造价值，共同对财务绩效的有效增长、市场竞争力提升和客户满意度负责；另一方面基于如何强化和深化核心能力建立组织架构，包括研发能力、营销能力、供应能力，等等。

应该说，基于客户界面建立的事业部制，更能有效地利用资源、高效率地用客户服务，华为为什么不采用事业部制呢？

据华为首席管理科学家黄卫伟介绍，曾经有一家国际咨询公司给华为提供过一个方案：按产品线实行功能封闭的运作，但是被否决了。任正非不赞成在华为整个体系里设置事业部，因为华为的客户集中度高，技术共享性很强，设置事业部反而把客户资源割裂了，把研发的技术体系割裂了；从产品角度说，如果在事业部制下，移动只提供无线的方案，固网只提供固网的方案，业务软件只提供软件的方案，则没有谁能为客户提供全面的解决方案，这也违背了华为战略聚焦的原则。

华为松山湖南方工厂

二、大平台支撑精兵作战

华为国际咨询委员会顾问、人大教授田涛认为，华为组织结构的奥秘是："以西方式的制度建设为经，以东方式的人性设计为纬，以简单、一元、开放的价值观为灵魂，以言行一致的领导者为榜样，以顾客为唯一的上帝，以奋斗者为本。"陈春花教授认为，华为组织建设的底层逻辑，在于以尊重和理解人性为前提，将员工对组织的奉献建立在责任和契约的基础上，而非"忠诚或感恩"之上。

前面已经提到，华为经营层面总的结构包括职能平台、业务群（BG）

及产品与解决方案组织、区域组织等，职能平台主要是为业务提供支撑、服务和监管。2014年华为进行组织变革，一是将产品研发全部归到产品与解决方案组织，以解决产品线之间的重复开发问题，发挥技术共享的优势，同时便于在一个体系下同时面向多个行业提供组合产品的解决方案；二是将基础性研究归在2012实验室等平台，独立构建芯片、操作系统等核心技术能力。

从市场角度来看，华为是一个以区域作为主维度的组织架构，包含客户维度和产品维度。在这种结构下，业务BG的职责是控制商务，进行市场运作和渠道运作，而业务BG销售组织的管理则由区域组织来承接。这一矩阵结构，横向是区域组织，为业务单位提供支持、服务和监管，推动各业务BG在区域平台上以客户为中心开展各自的经营活动；纵向是四大业务BG，按照其对应客户需求的规律确定相应的目标、考核和管理运作机制。这种纵横组合在各级组织中层层嵌套，形成业务和能力建设的双轮驱动。权力体系也因此进行两极交叉：一极是区域组织，贴近客户端，握有作战的指挥权；另外一极是业务BG，有支持和服务的权力。BG是以销售收入为中心，区域以利润为中心。

据华为前无线产品线干部部部长唐继跃介绍，华为是一个"前端拉动为主，后端支撑为辅"的作战组织，可以简单理解为以下三级：一级是代表处，相当于直接作战的海军陆战队，呼唤炮火，整合资源，并为炮火成本和客户满意度负责；二级是地区部，相当于重装旅，负责资源整合和共享，考核人员产出和使用满意度；三级是全球和总部的能力中心（职能平台及产品解决方案），负责资源平台、核心能力的建设，进行组织赋能，提供流程、方法、经验等。一二级是前端，三级是后端。前端是对付不确定性的精兵组织，后端是对付确定性的平台和共享组织。华为将确定性和不确定性分离，通过合理的授权监管机制，让听得见炮声的人来呼唤炮火，提升公司的整体作战能力和效率。

任正非认为，矩阵结构如不能随着外界环境的变化而变化，一味地水平和垂直虽是最稳定的，但也是最无用的。因此，他的观点是应该构建可伸缩自如的渔网结构，"网眼"是最高的权力机构。"业务管理是'目'，把目（业务管理）分成很多的小网眼（权力中心），这一个个小权力中心拼起来就是一张大渔网，少了一个网眼鱼就会钻出去。不重视每一个小网眼（权力中心）的建设，就会造成鱼死网破的失误。抓鱼不靠绳子，而要靠网眼，网眼就是我们的业务部门，在执行这项业务时，只有它能把鱼给套住，网眼在套鱼的过程中就是套鱼最高权力机构，并不因地位低而无权。华为公司的网眼分为不同的类型，建成的业务支援体系各不相同，当出现一条一个网眼挂不住的大鱼时，就要充分调动各项资源，把许多的网眼组成网团，从而将大鱼紧紧地包围、捕捉起来。各级主管就是网绳，网绳的作用就是考核、检查、监督、计划，使网能最大限度地张开，如果网不张开，我们是无法抓到鱼的，这就是直线领导系统，它解决了人对人的领导，这就是纲举目张。我们要会目标管理，谁对目标最了解、最掌握，谁就能尽快成为解决问题的责任中心，由他来调动和利用一切资源，来解决资源建设的问题。"[⊖]

三、拧麻花式的进化

任正非在 2013 年提出明确要求："未来 5 ～ 10 年，公司将致力于行政改革，努力将公司从一个中央集权的公司，通过将责任与权力前移，让听得见炮声的人来呼唤炮火，从而推动机关从管控型向服务、支持型转变，形成一个适应现代需求的现代化管理企业。"

⊖ 《坚定不移地推行 ISO9000——任正非在市场部干部培训的讲话》，1997 年 2 月 26 日。

要实现"让听得见炮声的人来呼唤炮火"的精兵作战目标，除了组织机构的顶层设计外，还要形成组织的自我进化能力。

企业的每一个组织都是一个责任中心，华为把负责销售的区域组织和负责产品研发的产品与解决方案组织都定位为利润中心，重点关注销售毛利和经营现金流，但两者并不是一一对应的关系，区域组织是按地区、国家来核算和考核的，而产品与解决方案组织是按产品维度来核算和考核的；同时，衔接这两个组织的业务 BG 则是收入中心，重点关注销售收入的规模实现，业务 BG 所形成的市场营销策略和产品组织解决方案，既要关注销售收入的最大化，也要关注区域组织和产品组织对利润的诉求。按任正非的一个形象的说法，就是"拧麻花"。

责任中心，当然既有责任，也应赋予相应的权力。产品线和区域销售部门在分解目标时，有发放"奖金包"的权力：产品线要推广自己的新产品，可以向区域部门设立奖金包，以形成推广新产品的动力；区域销售部门为了自身目标的实现，也可以反过来向产品线发放奖金包，要求产品线加强某些产品功能以适应市场的需要。

这种用责任考核牵引的"拧麻花"结构，相互拧在一起，相互高度依存，避免各扫门前雪，但又不是产品线一直打通，也不是区域维度一直打通，其具有不对称性的特点，可灵活地根据环境和客户需求改变作战阵形，实现组织的自我进化。

第二节　流程化组织

矩阵式组织的特点是采用强大的中央集权控制模式，并具有超强的执行能力。但它也很容易带来弊端，一是层级过多，二是多头管理。华为市场体系就包括系统部、代表处、地区部、片联[⊖]等四个层级，如果再加上EMT，就是五级。机构臃肿，人浮于事，推诿扯皮等问题很难避免。

华为对这个问题有深刻的认识，因此华为希望通过构建流程化组织来克服矩阵式管理的弊端。从 1998 年开始聘请 IBM 进行流程改造，包括集成产品开发（IPD）、集成供应链（ISC）、客户关系管理（CRM）等，下决心进行流程化组织的建设。

2003 年华为在与英国电信（BT）谈判 "21 世纪网络" 的合作项目时，BT 对华为进行了为期 4 天的资格认证，认证涉及华为业务管理 13 个方面，覆盖了从商业计划、客户关系管理到企业内部沟通的纵向管理过程，以及从需求获得、研制生产到安装交付的横向管理过程的所有环节，BT 的认证官在最后总结时说："你们（华为）是一个万花筒、百宝箱，还是一个博览会。业界所有管理工具你们都有，但都是散落各处的零配件，看不到一个覆盖全流程的系统（system）。" 华为以为通过 IPD、ISC、CRM 的建设已穿好 "美国鞋"，没想到仅仅是及格水平，在 BT 看来，华为所有的流程都是一段一段的，每段都是 "李云龙"，各自为战，各显神通，但是没有统一数据 /IT、统一语言、统一方法。

任正非对此打了一个比方作反思："在座的很多人过去曾经是个人英雄，所以一唱歌就唱激动人心的《真心英雄》，这可能是不对的。"

华为前副总裁费敏认为，流程的核心是要反映业务的本质，尤其是完整系统地反映业务的本质。企业三大业务流（产品开发、销售、服务），对应三个流程系统（IPD、LTC、ITR），基于三大流程建设的管理体系，既是运营系统，也是业务操作系统，最重要的是要落实到组织中，即实现流程

⊖　片联（Joint Committee of Regions，JCR），片区联席会议，是各个体系高层团队共同组成的管理实体，协调力度加大，响应速度快。我们可以将 "片区联席会议" 理解为 "各区域的联合办公会议"。

化的组织建设和运作。

一个企业组织存在的意义还是必须回到以客户为中心，从客户中来，到客户中去，华为定义的 IPD、LTC、ITR 三大流程体系，即是从响应客户需要（端）出发，到满足客户需求（端），高度对准客户价值，实现端到端打通，并坚决按流程来确定责任、权力，以及角色设计，逐步淡化功能组织的权威。

经过 10 多年的努力，三大业务流程体系基本打通，华为终于建成了一套自己的世界级的管理体系。

企业之间的竞争，说穿了是管理竞争。任正非说，华为最后能留下的财富只有两样：一是管理框架、流程与组织支撑的管理体系；二是对人的管理和激励机制。

那么，什么是流程化组织？

简单说，就是基于流程来分配权力、资源以及责任的组织。

组织流程化的目的是什么呢？

流程化的终极目标是满足客户需求，但从内部来说，通过对确定性的、海量重复的工作进行流程固化，可以大大提高业务质量和工作效率；还有更重要的一点是，可以解放管理人员和业务骨干，他们可以把精力与智慧放到不确定性和具有挑战性的工作上去，把人的价值更充分地发挥出来。

一个流程化组织与职能型组织有什么差异呢？流程化组织与职能型组织对比如表 5-1 所示。

流程化组织主要是为一线作战服务，流程是手段，支撑一线、服务市场才是目的。纵观为客户创造价值的三个主业务流，各有自己的目标。华为的定义如下所述。

IPD（集成产品开发）：包括客户需求、产品规划、项目任务书、产品开发、上市、生命周期。IPD 运行的主体是 PDT（产品开发团队），聚焦解决产品开发的工作效率、工作质量、运作成本问题。

表 5-1 流程化组织与职能型组织对比

	流程化组织	职能型组织
组织结构	• 扁平化 • 关注的焦点是流程	• 金字塔 • 关注的焦点是职能
运作机制	• 针对顾客的端到端管理 • 简单的流程 • 兼顾客户服务、成本和效率，追求全局优化	• 存在职能界限 • 缺乏内在的、有效的协调机制 • 追求部门利益、局部优化
员工	• 按流程安排 • 技能综合 • 工作以小组为中心 • 关注客户	• 按职能安排 • 专业技能分工 • 工作以个人为中心 • 对客户进行有限的关注
沟通	• 水平方向	• 垂直方向
文化	• 过程拥有主权 • 以客户为焦点 • 传递服务的语言	• 官僚 • 前线 / 后方分隔 • 专业术语

LTC（线索到回款）：包括市场线索、机会、投标、合同订单、制造发货、安装验收、回款。LTC 运行的主体是代表处，尤其是代表处的销售项目团队和交付项目团队，聚焦解决售前行销、销售、售后交付服务的工作质量、工作效率、运作成本问题。

ITR（问题到解决）：客户投诉，网上提问，问题解决。

华为把流程分为运作流程、使能流程和支撑流程三大类，共有 15 个一级流程（未含消费终端的渠道管理流程），如表 5-2 所示。

运作流程也叫价值创造流程，包括集成产品开发（IPD），从市场到线索（MTL），从线索到回款（LTC），从问题到解决（ITR），这四个流程属于客户界面的流程。

使能流程用于支撑业务流程的成功，包括战略、交付、供应、采购等能力，强化价值创造的效果。

表 5-2 运作流程、使能流程和支撑流程

类别	名称	功能
Operating （运作流程）	1.0 Idea to Market，ITM/IPD（集成产品开发） 2.0 Market to Lead（市场到客户购买意向） 3.0 Lead to Cash（客户购买意向到收款） 4.0 Issue to Resolution（客户问题到解决）	客户主要价值创造流程。端到端定义客户价值交付所需要的业务活动，并向其他流程提出协同需求
Enabling （使能流程）	5.0 Develop Strategy to Execute（战略开发到执行） 6.0 Manage Client Relationships（管理客户关系） 7.0 Service Delivery（服务交付） 8.0 Supply（供应） 9.0 Procurement（采购） 14.0 Manage Partner&Alliance Relationships（合作伙伴关系） 15.0 Manage Capital Investment（资本运作）	响应运作流程的要求，支撑业务流程价值的实现
Supporting （支撑流程）	10.0 Manage HR（人力资源） 11.0 Manage Finances（财经） 12.0 Manage BT&IT（IT 管理） 13.0 Manage Business Support（业务支持）	基础性流程，为使公司能够持续高效和低风险运作而存在

支撑流程属于平台类的流程，包括人力资源、财经等，提供企业公共服务，属于不可或缺的基本能力。

华为各业务流程一般又分为 L1、L2、L3、L4、L5、L6 等六层。

L1、L2、L3 这三层主要是业务方向和洞察力性质的流程，体现管理团队对业务整体性和系统性的思考，明确各项业务的价值，对执行层面的流程建设具有指导作用。

L4、L5 明确各项业务的业务逻辑、具体做事的方法，牵引业务持续优化，起到承上启下的作用。

L6 主要包括指导书、模板、检查表（通用 + 本地化），通过这些提供基础性支撑，固化能力，便于经验复制和传播。

　　L1、L2、L3 这三级流程的权限在集团；L4 级允许地区部等执行组织做本级业务适配，但必须报集团批准；L5、L6，属于本地化流程，可授权代表处等基层组织根据实际情况进行适配。以保障整体流程体系做到主干清晰，末端灵活，既有政策导向和业务方法，又有基层的最佳实践。

　　华为还为每一个 L1 流程任命全球流程责任人（GPO），基于公司发展战略，GPO 负责流程和流程管理团队建设、打造流程执行力文化，以及流程的推行和改善等，确保流程高效运作。

　　对于流程化组织还有很重要的两点认识：

　　一是，流程承载的是业务，服务的是目标导向，不可以彰显权力。一旦把流程当作权力来用，流程节点就变成了一个个"铁路道岔"，每个人都想扳一下。高铁之所以那么快，就是因为列车通过每一个站点，只要是在流程和规则范围内，就无须审查和控制。真正流程化的组织是反官僚化、去部门墙的。

　　二是，一个企业究竟是组织调用流程，还是流程调用组织？企业最核心的流程是业务流程，业务流程是把一个或多个输入转化为对客户价值输出的活动，它以业务为需要，以满足客户需求为根本，因此，流程是第一位的，组织是第二位的，虽然组织与流程有明确的对应关系，但当组织和流程不一致时，调整的应该是组织，也就是流程来调用组织，组织来匹配流程，组织只有在流程中创造价值才能获得成长机会。

　　关于组织和流程的关系，华为内部有一个很形象的比喻："我们的组织与流程，应像眼镜蛇一样，蛇头不断地追随目标摆动，拖动整个蛇身随之而动，相互的关节并不因摆动而不协调。"

第三节　项目型组织

美国陆军四星上将、联合特种作战司令部的指挥官斯坦利·麦克里斯特尔在《赋能》一书中，描述了他在伊拉克指挥的两场战争：首先是跟萨达姆的战争，美军很快就击败了萨达姆的政府军队，但接着面对的是后萨达姆时代的乱局，面对恐怖分子，美军陷入了意想不到的被动处境。经过观察和分析，麦克里斯特尔将军发现，美军之所以能够击败萨达姆的军队，是因为对方和他们一样，是现代体系下的战争机器，而美军的战争机器更为精良，所以容易获胜；恐怖分子的组织则完全不同，组织松散、精练，没有严密的架构和纲领，保持高度的灵活性。他们甚至不需要指挥官，三五个恐怖分子就能发动一场严重的恐怖袭击，让美军措手不及，这导致美军严密的作战系统完全失效。后来美军通过重新定义新的敏捷团队，以应对不确定性的恐怖分子，才逐步扭转局面。

近些年，华为一直在认真研究和学习美军。向军队学习，除了要学习赢得光荣的血性之外，更要研究"胜利的刀锋"在哪里，要解读军队如何取胜，更要关注战争为何会失败。

从 1997 年开始，华为通过 IPD、ISC、LTC、IFS 等流程体系的建设，基本实现了端到端的流程贯通，流程化组织建设的目标已经实现。但是，华为内部批判的"十大管理内耗"[⊖]仍然存在，大大小小的"马电事件"仍然不断在全球上演。在互联网时代，华为需要思考，采用什么方式能合理、迅速、有效地调动全球资源，减少内部损耗与浪费；华为需要从一个胜利走向另一个胜利的方法保障。

美军的管理方法给出了某种答案！

美军从 2003 年开始推行政令分离的改革（见图 5-2），军政负责养兵，军令负责用兵。军政系统由总统和国防部长通过海、陆、空各军种部统管

⊖ 华为内部批判的十大管理内耗：①无比厚重的部门墙；②肛泰式（膏药式）管控体系；③不尊重员工的自我中心；④"视上为爹"的官僚主义；⑤令人作呕的马屁文化；⑥权利和责任割裂的业务设计；⑦集权而低效的组织设计；⑧挂在墙上的核心价值观；⑨言必称马列的教条主义；⑩夜郎自大的阿Q精神。

军队建设，包括装备建设、军种训练和后勤保障等；军令系统由总统和国防部长通过参谋长联席会对各联合作战司令部及作战部队实施作战指挥，负责部队的作战计划、指挥、协调、联合军事训练与演习等。军政是资源平台和能力中心，军令是作战平台。

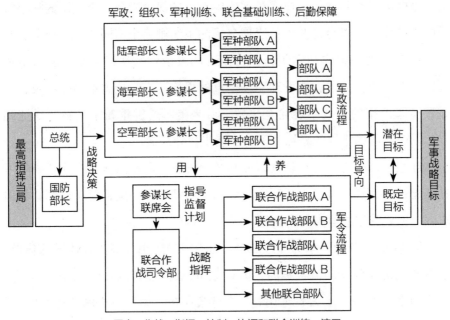

图 5-2　美军的行政分离示意图

　　传统政令不分的军队管理模式，适合大规模、集团化作战，但层层传递容易降低运行效率；军政与军令分离提高了军队组织的灵活性及一线作战反应能力，更适合现代战争。政令分离最大的好处就是，军令组织根据军事目标的要求，可以向军政呼唤炮火，即时组建作战团队，快速形成作战单元，且可大可小。

　　这就是华为所需要的"大平台下的精兵作战"，华为通过项目型组织的建立，构建像美军一样的资源集成能力和一线的快速作战能力。原华为组织高绩效 COE、高级人力资源经理曲艳雯说，华为项目型组织的本质，就是激发组织活力，改善运作效率，增强项目盈利，提升客户满意度。

华为并由此界定项目型组织的分工：代表处主战（军令），业务 BG 主建（军政），机关主服务支持。具体表述为：区域是指挥中心，有作战的权力、选择产品的权力、合同决策的权力；业务 BG 为各军兵种给予资源，协同区域作战；片联主要推动干部循环流动机制的形成，建立作战氛围，其最大的权力是干部使用权，而不是作战权，不能直接管理项目。

代表处形成三级结构：第一层，项目型组织；第二层，系统部；第三层，代表处。代表处上面是大区 / 地区部，如果说大区 / 地区部相当于"旅"，代表处则相当于"营"，系统部则相当于"连"。代表处是作战平台，其通过新的授权、激励、资源获取机制，提升一线的决策和作战能力；大区 / 地区部是能力和资源中心，牵引公司职能部门、产品研发、业务 BG，并实现机关资源化、资源市场化。

华为轮值 CEO 郭平用"击毙本·拉登"事例对项目型组织的运行做了一个形象的描述：①前方是项目经营——有目标清晰的行动中心。24 人的海豹突击队有明确的项目目标，他们的"少将班长"相当于我们的项目经理。②中间是传递呼唤炮火、有效率的平台，即在传递过程中，能使前后方信息、物资全部贯通，能呼唤无人机、卫星、航空母舰、通信系统……③后方是清晰的决策及监控中心——前方活动过程清晰透明，确保前方按业务规则进行。

华为的项目主要分为交付项目、销售项目、营销项目、基建项目、变革项目和研发项目六大类。围绕着这六大类不同的项目形态，华为从组织的定义、授权管理、资源的调度与使用、评价与激励、IT 支撑这五个方面打造项目型组织。曲艳雯认为，华为项目型组织正在建设当中，能否建设好关键看以下三个核心要素：

第一，成功打造项目型组织最关键也是难度最大的要素，是资源的调配。

通过建立资源买卖机制，保证人钱分离，经营单元有钱无人，资源部门有人无钱，通过资源部门养兵，项目经理用兵，依靠市场机制实现调兵，从而打破人员在功能部门的板结。如何合理地定价、上架、调配、结算，是成功的关键。但人才上架需要观念上实现很大的突破，同时，营销和销售的相关资源如何定价也是非常棘手的问题。

第二，项目型组织对领导力有很高的要求，项目经理的领导力水平决定项目型组织能否成功推行。

在功能型组织中，部门主管强调职务影响力，通过集权和管控进行指挥和控制。功能型组织之间相互独立，各自都有明确的 KPI，通过基于功能型组织的考核、激励系统来进行人员的评价与激励。有别于此，项目型组织更强调的不是职务的影响，而是通过授权、服务进行沟通和协调。项目型组织与功能型组织之间相互配合协同，基于客户与市场导向，基于项目型组织的考核激励体系来进行人员的评价与激励。

在这种模式下，项目经理的权力虽然是组织授予的，但项目经理更需要打造自己的品牌和影响力，这种影响力不因职级、职位而改变。换言之，这个项目经理在，团队的信心就在，项目就能成功。项目经理的品牌会影响整个项目团队，感召大家迈向成功。

第三个至关成败的要素是项目 HR 的转型。

在项目型组织中，人力资源是一个非常关键的角色，所以企业对项目 HR 这个角色的认知需要做很大的转变。其与传统的 HRBP（人力资源业务伙伴）有很大的不同，主要区别是，项目型 HR 在项目流程（即业务流程）启动时，能够自发地进行人力资源适配，甚至先于业务流程来准备每一个流程节点的人力资源动作。

项目型组织必须对应平台型组织。如果没有平台型组织的支撑，项目型组织仍然是一个伪命题，现在很多企业在学华为项目制运作模式，但不要忘记华为已经成功建立了非常庞大的公共平台体系和端到端的流程体系。

第四节　铁三角组织

在 1998 年前后，华为针对一线办事处的组织建设，提出"狼狈组织计划"，"狼"负责前方打仗，"狈"负责后方平台，以实现组织进攻性（狼）与管理性（狈）的有机结合。"把目标瞄准世界上最强的竞争对手，不断靠拢并超越他，才能生存下去。因此，公司在研发系统、市场系统必须建立一个适应'狼'生存发展的组织和机制，吸引、培养大量具有强烈求胜欲的进攻型、扩张型干部，激励他们像'狼'一样嗅觉敏锐，团结作战，不顾一切地捕捉机会，扩张产品和市场。同时培养一批善统筹、会建立综合管理平台的狈，以支持狼的进攻，形成狼狈之势。狈在进攻时与狼是形成一体的。只是这时狈用前腿抱住狼的腰，用后腿蹲地，推狼前进。"[⊖]

"狼有敏锐的嗅觉、团队合作的精神，以及不屈不挠的坚持。而狈因为个子小，前腿短，在进攻时是不能独立作战的，因而它跳跃时抱紧狼的后部，一起跳跃，就像舵一样操控狼的进攻方向。但狈很聪明，有策划能力，以及很细心，它就是市场的后方平台，帮助做标书、网规、行政服务……我们做市场一定要有方向感，这就是嗅觉；以及大家一起干，这就是狼群的团队合作；要不屈不挠。狼与狈是对立统一的案例，单提'狼文化'，也许会曲解了狼狈的合作精神。而且不要一提这种合作精神，就理解为加班加点，拼大命，出苦力。那样太笨，不聪明，怎么可以与狼狈

⊖　任正非，《建立一个适应企业生存发展的组织和机制》，1997 年。

相比。"⊖

任正非认为一个部门的正职与副职就应该是狼狈组合："如何选好部门正职与副职，正、副职是否可以有不同的培养标准与选拔标准！我认为副职一定至少要精于管理，大大咧咧的人不适合做副职。副职一定通过精细化管理，来实施组织意图，这就是狈的行为。正职必须要敢于进攻，文质彬彬、温良恭俭让、事无巨细、眉毛胡子一把抓，而且越抓越细的人是不适合做正职的。正职必须清晰地理解公司的战略方向，对工作有周密的策划，有决心，有意志，有毅力，富于自我牺牲精神，能带领团队，不断实现新的突破。这就是狼的标准。"⊜

同时，在平时的工作协作中，狼狈组合值得鼓励。"我们年轻人不仅仅要有血性，也要容许一部分人温情脉脉，工作慢条斯理，执着，认真，做好'狈'的工作，'一切为了胜利'是我们共同的心愿。这就是'狼狈'合作的最佳进攻组织。"⊜

2007年，华为又总结出面向客户的以项目为中心的一线作战单元——"铁三角"，从点对点被动响应客户，到面对面主动对接客户。

2006年8月，华为在非洲某电信运营商移动通信网络项目招标中失败。在复盘分析过程中，华为代表处注意到一个细节，运营商在召集网络分析会时，客户CTO曾当场抱怨："我们要的不是一张数通网，不是一张核心网，更不是一张TK网，我们要的是一张可运营的电信网！"而华为带的七八个人分别在向客户解释各自负责领域的问题，代表处这才意识到，必须调整自己的组织，适配于客户组织，做厚客户界面，于是很快任命三

⊖ 《逐步加深理解"以客户为中心，以奋斗者为本"的企业文化——任正非在市场部年中大会上的讲话纪要》，2008年7月15日。
⊜ 《敢于胜利，才能善于胜利——任正非在英国代表处的讲话纪要》，2007年7月13日。
⊜ 《决胜取决于坚如磐石的信念，信念来自专注——任正非在2016年市场工作大会上的讲话》，2016年1月13日。

个人组成客户系统部的核心管理团队，分别负责客户关系、交付、产品与解决方案工作，面对客户实现接口归一化。[一]

该代表处在集团内部进行经验总结时，将客户、产品和交付紧密融合的这种三角组合模式称为"铁三角"。很快，以客户经理（AR）、解决方案专家/经理（SR）、交付专家/经理（FR）为核心组建的项目管理团队——"铁三角"，在华为推广成为一种非常普遍的一线作战模式。

华为"铁三角"的精髓主要有三点。

（1）**面向客户**：在市场的最前端，强调使用联合力量作战，使客户感觉到一个界面。

（2）**聚焦目标**：为目标而打破功能壁垒，形成以项目为中心的团队运作模式。任正非说，公司业务开展的各领域、各环节，都会存在铁三角，三角只是形象说法，不是简单理解为三角，四角、五角甚至更多也是可能的[二]。

（3）**推拉结合**：任正非说，我们过去的组织和运作机制是"推"的机制，现在要将其逐步转换"推"和"拉"结合、以"拉"为主的机制。推的时候，是中央权威的强大发动机在推，对于无用的流程、不出功的岗位，是看不清的。拉的时候，看到哪一根绳子不受力，就将它剪去，连在这根绳子上的部门及人员，一并减去。[三]

"狼狈组织"和"铁三角"进行组合，形成华为一个非常独特的作战结构，如图5-3所示。

[一] 心声读书，《一线炮弹不够用了，是机关对不住你！》，心声社区，http://xinsheng.huawei.com/cn/index.php?app=forum&mod=Detail&act=index&id=3628043&p=1#p28892503。

[二] 后来有了更为精密和完善的项目管理八大员，即项目经理、技术、质量、供应链、财务、合同法务、项目控制等与交付项目管理有关的八个角色成员。

[三] 《谁来呼唤炮火，如何及时提供炮火支援——任正非在销服体系奋斗颁奖大会上的讲话》，2009年1月16日。

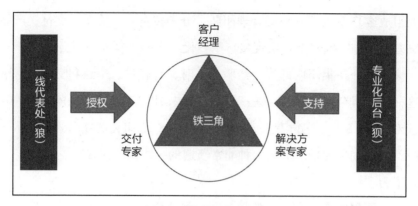

图 5-3　独特的作战结构

第五节　赋能型组织

现在的企业组织都面临两个问题：一是互联网和人工智能带来了一个创造力革命的时代，员工更为看中创造所带来的社会价值和成就感；二是在传统的科层组织中，人越优秀越容易被所在部门抓着不放，最终被透支能量，甚至被淘汰。

为此，华为提出一个问题：能不能先给予员工利益，再让他们去创造价值呢？

大部分企业发工资，是本月发放上个月的工资，华为是本月 15 日发本月的工资，并且是半个月为计薪区间，只要你在 14 日报到上班就能得全月工资，在当月最后一天上班能得到半个月工资。就如刘平在《华为往事》中描述的："我 2 月只上了一天班，结果还拿到了半个月的工资。"这是 1993 年的事，说明华为创立没多久就采用这种工资发放方式了。

笔者有一次跟华为某部门的几个员工聊天，故意问他们华为是怎么发工资的，所有人都知道是 15 日发工资，但发的是哪个月工资并不是很清楚，相反他们反问一句："这很重要吗？"旁边一个大学毕业才入职半年的女孩子显得很兴奋，说："我知道是 15 日发当月的工资。因为我一到公司报到很快就拿到了工资，还给爸妈买了礼物。我要好的几个同学上班时都要捱一个多月才发工资，不得不向父母借钱，感觉很丢脸。所以我印象特别深刻！"

这很重要吗？笔者认为，金钱或者说利益是最能传递能量的介质，也是给员工赋能的最直接手段。一个时时在提防员工或工资一拖再拖的企业，你能指望员工会对这个企业的未来抱有很大的希望吗？！

一个企业对未来越有信心，则越要敢提前给员工利益和激励，也越要敢给员工赋能而不担心他跑掉。这是一个赋能型组织需要建立的基本思维。

什么是赋能？能力培养、授权、核心价值观的驱动、薪酬和股票激励……都属于赋能的范畴。本节重点阐述能力赋能。

那么，该给哪些人赋能？如何赋能？谁来赋能呢？

一、忠诚通过赋能产生价值

对于赋能，华为有一个特别有趣的提法，"CEC[⊖]负责发现好人，华大和战略预备队负责给好人赋能"。很多企业强调员工忠诚，但华为认为，忠诚本身是没有价值的，忠诚需要通过赋能来产生价值。赋能就是要让忠诚的士兵有机会成为专家或将军。

从普遍意义来说，最重要的是基于流程和场景的岗位赋能。华为的员工在很大程度上都在岗位上经过摸爬滚打积累了一定的能力和经验，但没有整体方法论的指导，也没有进行组织系统性的学习。因此，需要把一些

⊖ CEC（Committee of Ethics and Compliance），道德遵从委员会。

人抽回来赋能，再重新走向岗位。同时这些员工也可以通过网络等平台提供的自学资料，进行自我赋能。

但纯粹的知识点是不利于支持作战的，在华为，大量的业务承载于复杂的流程体系上，运营商业务又同时具有很强的场景特征，因此，基于流程和场景化的解决方案展开赋能，有利于将业务知识点聚合成支撑作战的综合能力。

华为对艰苦国家或地区以及一些小国家，会把一定的空耗系数增加上去，在鼓励赋能的同时，不会因为赋能所产生的费用负担而影响员工收入。

从角色分类来说，岗位赋能有职位转身赋能、专家赋能、干部赋能，以及给英雄和破格提拔者等特殊人群赋能。

所谓转身赋能，比如原来攻上甘岭堵机枪眼的人，现在因为进入航母时代，这些人需要转身开航母，这个过程需要很好地赋能才能实现角色转身和能力转化。

专家赋能是指当业务专家的知识结构跟不上企业发展时，需要通过纵向循环、横向循环、跨领域循环进行赋能，以熟悉新的业务模式和工具。

一些攻过"上甘岭"或走过"二万五千里长征"的英雄、被破格提拔的优秀员工，其现有能力很大程度上不能满足新岗位的要求，如果不及时给他赋能，难以持续做出价值贡献，有可能陷入激励悖论之中，甚至怀疑英雄嘉奖、破格提拔等政策的可行性。

华为还根据职级的不同，定义了有一定差异性的赋能要求：

对于13、14级新员工（前两年），不进行末位淘汰，让他们在一定的宽松条件下，尽快完成认知性的循环，在这段时间加快磨合，寻找自己的着力点。

15、16级人员，一旦选定目标，就尽快通过自己的努力提升达到17～19级，进入主力作战部队。对于这群人，可以通过训战结合赋能。

对于少数优秀员工，可以通过战略预备队训战。

对于 17 ～ 19 级人员，加强战略预备队的循环赋能。在循环赋能和项目执行中，加强领导力的提升。

对于 19 级以上的人员，进一步引导跨体系、跨区域的大循环，希望其将来成长为领袖。

二、训战结合和循环赋能

华为赋能的方法主要是训战结合和循环赋能。

训战结合的最大特点是需求驱动供给。培训与实战操作要高度一致，为此华为要求，不仅是流程、表格、代码一致，连标识符等都要做到一模一样。员工培训回去后，拿着表格就会干活，不需要再摸着石头过河，浪费时间和成本。

"片联代表需求，要推动干部循环赋能，关注和管理优秀种子，每个班挑选优秀学员上项目。项目实践做得好，要敢于提拔。美国军队的培养方式值得我们学习，你要出去干出点成绩，再回炉赋能，优秀种子又获得一次充电机会，充了电又去上战场。片联不是拍脑袋提拔干部，而是调动这些干部在循环过程中成长。这样三十几岁的青年也能当将军。在艰苦地区（如伊拉克、阿富汗……）待了很长时间的干部，要允许他们参与到循环赋能中。参加战役，可能最初啥也听不明白，但是战争打胜后，一高兴，也开窍了。"[⊖]

华为通过循环赋能，形成"之"字形的人才培养方式。"如果这个人是好苗子，有可能上'航母'当舰长，可以对他进行'之'字形培养，当他进入到一定阶段以后，你才开始分析，给他循环赋能。上战场、

⊖ 《任正非在华大建设思路汇报会上的讲话》，2014 年 3 月 27 日、5 月 12 日。

枪一响，作战一年半，上'军校'培训，再作战一年半，再上'军校'赋能。"

有意思的是，华为不允许干部当"空军司令"，不接地气，因此，能经常看到地区部总裁、代表处代表等高级干部，和普通员工一起参加循环赋能。"各部门的循环赋能、干部的循环流动千万不能停，停下来就沉淀了，就不可能适应未来新的作战。预备队方式的旋涡越旋越大，把该卷进来的都激活一下。这种流动有利于熵减，使公司不出现超稳态惰性。这么大的一次组织换血，这两千多名高级专家和干部作为种子，会激活整个公司的组织结构的活力。同时，一定要把外籍员工卷进来，避免出现新的知识鸿沟，代表处的本地员工也要参与循环赋能。翻译部作为二线作战团队，扩招翻译，组建翻译连，背上同声翻译设备，一同走上战场，让外籍员工也理解高端的解决方案。不然这样会形成两张皮，缺乏整体战斗力，会像成吉思汗一样被铲除掉。"⊖

"华为大学赋能时，不考虑个人命运的公平问题。说小国家不出将军，你怎么知道？赋能要有教无类，我们是要选拔人才，但是不要老是排斥一部分人受教育，那些被爱情遗忘的角落也应得到循环赋能。为什么汉元帝不知道王昭君？是因为人才没有循环起来，所以只能我们加强培养。在赋能过程中也不要忽略了有经验干部的教育，他们也可以在新的战争中赋能，赋能以后还可以再上前线。"⊜

三、华为大学和战略预备队

华为的赋能管理有三个角色——片联、华为大学和战略预备队。片联

⊖《人力资源政策要朝着熵减的方向发展——战略预备队指导委员会在听取汇报时的讲话》，2016年11月30日。
⊜《任正非在华大建设思路汇报会上的讲话》，2014年3月27日、5月12日。

负责提出业务需求，华大做赋能管理，战略预备队输出成果。

1. 片联代表业务需求

片联（片区联席会议）是华为很重要的一个管理组织。华为对片联的定位是：片联是中央特派员，是中立机构，不是片区的领导，而且片联要代表公司协调业务 BG 和区域，特别要管好业务 BG 机关干部的选拔配置。要把基层的人送上来，把有培养前途的人，送到航空母舰上去，要把优秀干部放在前线上去循环一两次。任正非在一次片联开工大会上明确要求："片联要担负起历史的重任，加强干部'之'字形成长制度建设，坚持从成功实践中选拔优秀干部，破除地方主义，破除部门利益。这些年人才流动不了的一个原因就是地方主义，部门利益的阻挠。这种文化让机关和现场脱节，若形成两个阶级，华为公司迟早就分裂了，公司的前途也耽误了。破除板结就一定要加强干部流动，这是重要的任务，片联在这个历史时期要担负起这个任务来。"⊖

"片区联席会议要重视干部的选拔、培养，要推动英雄'倍'出，是倍出，不是辈出。辈出我们等不及。"⊖

片联培养作战队伍，因此其代表的是业务需求，以及负责定义赋能人选，全过程关注和管理优秀种子，培训完后又负责挑选优秀学员上项目，做提拔，再循环赋能。片联的负责人（内部称为"片总"）绝大多数都做过地区部总裁，对一线的业务需求都比较熟悉和了解。

⊖ 《要敢于超越美国公司，最多就是输——任正非在片联开工会上的讲话》，2013 年 5 月 17 日。

⊖ 《"以客户为中心，以奋斗者为本，长期坚持艰苦奋斗"是我们胜利之本——任正非在 2010 年年度市场工作会议上的讲话》，2010 年 1 月 20 日。

2. 华为大学负责赋能执行

任正非对华为大学（内部简称"华大"）的要求是，"你把钱消耗掉，把能力培养出来"，华大定位于教学交付，即根据业务需求输出培训教材和考试大纲，并做好教学的过程控制，"项目需要什么，华大就供给什么；若不需要，你准备了，那是浪费，除非你自己有钱。所以训战结合最好使用兼职老师，只有兼职老师才清楚今天这些代码代表什么含义，组合起来是什么，达到什么目的，产生什么结果……将来专职老师应该是更强的组织者，因为即使是最优秀的专职老师，两三年后也可能会跟不上变化。……我要看的是你给公司提升了多少能力，显性的表现和隐性的表现，表现在哪些地方，华为大学为什么在华为公司是必然要存在的，能存在下去的原因是什么。这样的话，我就觉得牺牲了钱，能换来能力的提升。"⊖

那么该如何评价赋能效果呢？任正非用农夫和种子的关系做出了阐述，"同样的土地，为什么种出来的庄稼不一样？首先是农夫不一样，'农夫'就是你们这些教师，耕地、刨地；第二个是种子不一样。比方说'种子'就是我们的学员。农夫以什么方式来循环提高自己的技能？种子以什么方式来实现自己的价值？就是要看将来你们的价值循环，如果你没有这个价值循环，光是一个路标式的发展，你还是一个散射型的组织，不是一个闭合型的组织。散射型的组织就没法评价最后的结果，就像你现在没有办法评价你培训的结果是什么，你现在没法告诉我，你的学员中有多少当了总统，多少当了局长，多少人最后支撑了我们创造 3000 亿美元的价值？所以你要看看，培训对学员的业务产生了多大支撑？教师的循环、学员的循环以及其他各种循环，你一定要在这些循环中抓住最重要的一环，这样的话你才能形成朝气蓬勃的气氛。"⊜

⊖ 《任正非与华为大学教育学院座谈会纪要》，2012 年 12 月 19 日。
⊜ 《任正非在 GTS 客户培训服务座谈会上的讲话》，2013 年 9 月 4 日。

3. 战略预备队负责成果输出

战略预备队是训战赋能机构，是华为的"能力交付平台"，华为大学重在"教"，战略预备队重在"用"，通过"用"实现能力的输出与交付。华为通过战略预备队的建设实现三个目标：一是让战士通过战略预备队，转化成为将军或专家；二是通过在关键环节建立人才的循环流动机制，以实现后方与前方、不同模块之间的人才流动，避免因地方主义而人才板结；三是外部高端管理人才进来后，先不安排岗位，到战略预备队参加作战，在战斗中实现团队和文化融入，提高人才的存活率。

重装旅、重大项目部、项目管理资源池，是华为的三大战略预备队，重装旅是战略总预备队，担负着传递技术、管理和输送人才的任务。前面我们已经提到过，重装旅主要培养从技术类别到服务类别的专家和管理干部；重大项目部主要培养产生商业领袖；项目管理资源池主要培养未来的机关管理干部，培养未来直接作战的职能经理人。

战略预备队在训战的过程中，有责任总结案例，输出培训教材。"我自始至终认同美国兵比我们厉害，所以要把经验写出来，年轻人看了案例，上战场再对比一次，就升华了。电视连续剧《大工匠》里面的老师傅被称为八级工，拿锤子'铛'敲一锤是经验，但敲一百锤没有上升到理论高度，还是经验。我们有理论的人，敲一两次马上就明白怎么回事，这就是区别。现在你们要善于把经验写成案例，否则做完了沾沾自喜，经验还只留在你一个脑子里，没有传承。每个离队的人都应有一篇心得，传承给后人。……写案例是组织行为，你们在贯彻指引项目中，其实可以去深入了解、调查，然后再逐渐整理成表格。总结就是把思维之绳打成一个结，结越打越多就成了一个网，网越大就能网住大鱼。"⊖

⊖ 《任正非在重装旅集训营座谈会上的讲话》，2013 年 7 月 23 日。

第六节　打破组织边界

打破组织边界，并不是要求完全消除边界，而是在基本边界的基础上突破边界之间的隔阂，突破现有组织模式。

杰克·韦尔奇在 1993 年《致股东信》中有这么一段话："人们似乎是被迫地在自己与他人之间铺上了隔层、垒起了墙壁……这些障碍束缚了我们，抑制了创造力，限制了想象力，浪费了时间，扼杀了梦想，而且最重要的是，它们让一切都缓慢下来……我们所面临的挑战就是突破并最终扫除这些壁垒和障碍。"这段话重点表述的是组织内边界的打破，包括上下职级的垂直边界和部门之间的横向边界，对于这个角度的突破很多企业都在做，华为也不例外。

另外一个维度是组织的外部边界，包括跨越时空、文化及不同市场的地理边界。华为在这方面开始在做大量有益的尝试。

一是与全球合作伙伴建立联合创新实验室。2016 年年报显示，除了分布在全球的 16 个研究所和 13 个开放实验室（OpenLab）之外，华为还与行业领先客户成立了 36 个联合创新中心。比如，2016 年 4 月 26 日，与沃达丰成立物联网开放实验室，致力于开发与 NB-IoT（窄带物联网）技术相关的产品与应用；2016 年 9 月 23 日，华为与徕卡合作设立麦克斯·别雷克创新实验室，在新光学系统、计算成像、虚拟现实（VR）和增强现实（AR）领域开展联合研发。

二是贴近人才建能力。其一，为全球顶级人才在其家乡设立研究所。隆巴迪先生（Renato Lombardi）是全球著名微波研究专家，华为因为他把华为微波研究中心设在了其家乡意大利米兰；克里纳先生（Martin Creaner）是全球知名商业架构师，华为为他在爱尔兰科克市设立研究所。其二，与专业领域科学家开展专业合作。例如，与全球数学家（包括菲尔兹、沃尔夫奖获得者），开展从研究基础数学理论到解决重大工程问题等方面的深入探讨和合作；与全球物理学家，包括诺贝尔物理奖得主及其团队在内的众多学者，在下一代新型存储系统和介质的关键技术领域展开合作，提升华为在新型存储系统领域的技术地位。

三是炸开人才金字塔尖，多层次构建"为我所知、为我所用，不一定为我所有"的能力组合。华为尝试与全球一些大学的科学家进行对话与合作，不求回报地支持同方向的科学家进行研究；积极地参加各种国际产业与标准组织、各种学术讨论，与能人喝咖啡，从思想的火花中，感知发展方向，培育突破的土壤。2017年国庆期间，任正非拜访了加拿大多伦多大学、滑铁卢大学、蒙特利尔大学[⊖]、蒙特利尔综合理工大学等四所大学的校长。任正非在多伦多大学发表演讲时说："我们出了很多钱，教授没有成功。但在科学的道路上没有失败这个名词，你只要把失败的这个路径告诉我们，把失败的人给我们，这些失败的人甚至比成功的人还要宝贵。他们可以补充到我们生力军中去，把失败的经验带到我们其他的项目中，避免失败。合作中没有失败这个名词，不要说这个没有做好。那你能不能请我们喝一杯咖啡，告诉我们哪里走弯了，将失败的教训告诉我们，这就是成功，钱花了就花了。"华为希望借此来探知未来十年、二十年后的发展方向及可能性。

⊖　蒙特利尔大学的算法研究所（MILA）是最早开展深度学习方面的研究机构之一。

第六章

干部：烧不死的鸟

华为基于"干部是自己打出来"的选拔理念，逐步形成了在成功实践中选拔干部、在关键事件中考察干部、在战斗中磨砺干部的干部管理机制，打造出一支具有高度使命感和责任感、敢于担当、勇于牺牲、能引领组织前行的"火车头"队伍。

本章主要围绕华为管理干部的使命与责任（开放、妥协、灰度）、选拔和培养（将军是打出来的）、使用与管理（烧不死的鸟是凤凰）、评价和激励（惰怠是最有害的腐败）等四个方面一一阐述。

第一节　开放、妥协、灰度

任正非曾用一句话描述过什么是好干部："最好的干部是什么样的人呢？就是眼睛老盯着客户，盯着做事，屁股是对着我的，脚也是对着我的，他是千里马，跑快了，踢了我一脚，我认为这才是好干部，一天盯着做事的干部才是好干部，才是我们要挖掘出来的优秀干部，而不是那种会

'做人'的干部。"[⊖]

华为明确干部是业务发展与组织建设的火车头，担负着传承价值观、发展业务、构建组织、带领与激励团队的使命与责任。形象一点，就是任正非说的"布阵、点兵、陪客户吃饭"。布阵是价值观传承、战略部署和组织建设；点兵是识人、用人和激励人；陪客户吃饭，是倾听和满足客户需求，创造企业价值。

一、传承价值观，知恩畏罪

华为之所以能持续成功，是因为华为守住了"以客户为中心，以奋斗者为本，长期坚持艰苦奋斗，自我批判"这一核心价值观。

华为对干部选拔的基本原则，一是要认同华为的核心价值观，二是具有自我批判的能力。

"一个企业怎样才能长治久安，这是古往今来最大的一个问题。我们要研究推动华为前进的主要动力是什么，怎么使这些动力能长期稳定运行，而又不断自我优化。大家越来越明白，促使核动力、油动力、煤动力、电动力、沼气动力……一同努力的源，是企业的核心价值观。这些核心价值观要被接班人所确认，同时接班人要有自我批判能力。接班人是用核心价值观约束、塑造出来的，这样才能使企业长治久安。接班人是广义的，不是高层领导下台就产生个接班人，而是每时每刻都在发生的过程，每件事、每个岗位、每个流程都有这种交替行为，是不断改进、改良、优化的行为。我们要使各个岗位都有接班人，接班人都要承认这个核心

⊖ 《以"选拔制"建设干部队伍，按流程梳理和精简组织，推进组织公开性和均衡性建设——任正非在华为大学干部高级管理研讨班上的讲话》，2011 年 1 月 4 日。

价值观。"[⊖]

任正非要求管理干部不仅要认可和融入华为的核心价值观，还要有所传承，有所发扬，甚至有所创造。"所有的干部要抓价值观的传承，传承的基础是干部首先自己要理解。我希望我们整理的人力资源管理纲要、业务管理纲要、财经管理纲要，通过讨论碰撞和头脑风暴，用三五年时间在全公司发酵，发酵的时间越长，我们就越能做出一壶好酒。公司内部要有反对意见，有了反对意见，我们还能步调一致，勇猛向前，这样的公司就会胜利，这样公司除了胜利，已经无路可走。强迫大家表面上跟我们步调一致，是有很大风险的。"[⊖]

以领导为中心，而不是以客户为中心，这样的情况在很多企业普遍存在。华为特别要求干部要"知恩畏罪，踏实做事，严禁拍马屁之风"，知恩就是知道规则，畏罪就是不要违反规则。华为通过一系列的规则来创造客户价值，不投机，不取巧，用核心价值观形成静水潜流的、基于客户导向的高绩效企业文化。

在华为，作为一个管理干部，传承核心价值观不仅是一种使命，也是一种能力要求。各级干部负有在各自组织中传承公司的价值观、塑造积极奋进文化的使命；负责所属组织与能力的建设，以及作战队伍的有效激励与持续发展。

二、黑暗中发出微光，带领队伍走向胜利

管理干部担负着本组织业务发展的责任，通过聚焦客户需求，实施战

⊖ 《华为的红旗到底能打多久——向中国电信调研团的汇报以及在联通总部与处以上干部座谈会上的发言》，1998年。

⊖ 《以"选拔制"建设干部队伍，按流程梳理和精简组织，推进组织公开性和均衡性建设——任正非在华为大学干部高级管理研讨班上的讲话》，2011年1月4日。

斗、战役或战争的指挥与决策，抓好业务的有效增长。

"以客户为中心"的价值观，首先体现在干部的行动上，就是要天天跟客户在一起，通过与客户的接触，倾听客户的心声，了解客户的想法，产生思想上的火花，然后通过流程和制度建设来保障客户价值与组织目标的实现。管理干部对组织目标的责任心和使命感，要大于个人的成就感。

任正非认为："一个职业管理者的社会责任（狭义）与历史使命，就是为了完成组织目标而奋斗。以组织目标的完成为责任，缩短实现组织目标的时间，节约实现组织目标的资源，就是一个管理者的职业素养与成就。权力不是要别人服从您，而是要您告诉他如何干。"

"高级将领的作用是什么？就是要在看不清的茫茫黑暗中，用自己发出微光，带着你的队伍前进；就像高尔基的小说中的英雄丹柯一样把心拿出来燃烧，照亮后人前进的道路一样。越是在困难的时候，我们的高级干部就越是要在黑暗中发出生命的微光，发挥主观能动性，鼓舞起队伍必胜的信心，引导队伍走向胜利。"[⊖]

"战争打到一塌糊涂的时候，真正的将军的作用是什么？就是要在看不清的茫茫黑暗中，用自己发出微光，带着你的队伍前进！"这是克劳塞维茨在《战争论》中很著名的一句话，也是任正非在干部管理中极为推崇的一种精神。

三、不断改进端到端的业务流程

企业的内部管理是为及时、准确实现客户需求服务的，因此，要立足于客户角度，用最简单、最有效的方式，来构建端到端的业务流程，以此

⊖ 《发挥核心团队作用，不断提高人均效益——任正非在华为研委会会议、市场三季度例会上的讲话》，2006 年。

摆脱对人的依赖。"所谓端到端，就是从客户的需求端来，到准确、及时地满足客户需求端去。"

IBM刚开始在给华为做业务流程咨询时，曾进行过全面诊断，发现的问题是：缺乏准确、前瞻的客户需求关注，反复做无用功，浪费资源，造成高成本；没有跨部门的结构化流程，各部门都有自己的流程，但部门流程之间是靠人工衔接，运作过程割裂；组织上存在本位主义、部门墙，各自为政，造成内耗；专业技能不足，作业不规范，依赖英雄，这些英雄的成功难以复制；项目计划无效，项目实施混乱，无变更控制，版本泛滥。

在IBM的帮助下，华为用八年的时间构筑流程框架。对人负责制和对事负责制，是管理的两个原则，华为确立的是对事负责的流程责任制，在持续的流程改进和管理过程中，任正非要求管理干部要担负起流程的责任，建立起行政管理与业务流程管理适当分离的运作机制。"我们把权力下放给最明白、最有责任心的人，让他们对流程进行例行管理。高层实行委员会制，把例外管理的权力下放给委员会，并不断把例外管理转变为例行管理。流程中设立若干监控点，由上级部门不断执行监察控制。这样公司才能做到无为而治。"

华为提出流程管理的三个有效标准：一是正确、及时交付；二是赚到钱；三是没有腐败。同时，华为要求管理干部要站在全局的高度来看待公司的整体管理构架，强调继承与发扬，不要轻易做管理变革，防止撕裂与周边的关系，要避免因此带来新的流程壁垒。

四、团结一切可以团结的力量

2000年春节后上班第一天，任正非给华为全体高级副总裁出了一道命题作文——《无为而治》，其目的是希望达成三个共识：一是高层管理者不要去充当英雄，事事冲锋陷阵，而是牵引实现组织目标，进行系统思考，奋力调动、节约资源，制定、优化制度和流程，举重若轻，一手硬一手软地去落实监控；二是在一次创业向二次创业的转轨期间，必须扳道岔，转轨的关键点在职业化管理，而不是一两个英雄所为即可；三是让高层管理者给下属提供充分施展的平台，千里马只有在赛跑中才能被识别，努力培养后继干部和接班人，让下属有机会脱颖而出，自己则"化作春泥更护花"。

华为在历史上曾出现过郑宝用、李一男、毛生江等非常多的英雄式人物，但任正非认为靠英雄创造历史是危险的，"任何一个希望自己在流程中贡献最大、青史留名的人，他一定就会形成黄河的壶口瀑布、长江的三峡，成为流程的阻力"，只有淡化英雄色彩，特别是淡化领导人、创业者的色彩，才是实现职业化的必然之路。只有职业化、流程化才能提高一个大公司的运作效率，降低管理内耗，也只有这样才能团结大多数人共同奋斗。

管理干部要善于"发展他人达到目标"。华为前董事长孙亚芳把管理干部定义为两种，一种是使用下属达到目标，输出的主要是目标，这是任务型的干部；另一种是发展下属达到目标，输出的是目标和团队，这时团队的业绩已不依赖于团队领导，这是管理型的干部。孙亚芳说："我们大多数管理人员缺乏管理技能与经验，要学会借力调动团队中每个人的长处来弥补自己的不足，发展下属是给下属创造成长的机会，到年终总结时，下属的业绩就是你的业绩，下属的进步也是你的业绩，公司更看重的是你所带领团队的成长。"

华为要求管理者要调整自己的成就动机。华为的管理人员大多数成就动机很高，很乐意扮演英雄角色，原因之一在于甘给下属当铺路石是一件痛苦的事。管理干部要加强自己的修养，学会管理自己的个人成就动机，通过团队成就的实现找到成就感。

华为还特别强调，管理干部要勇于团结不同意见的人，把所有的干部和员工看成是实现自己或组织目标的战友和伙伴，建立起"士为知己者死"的团结奋斗群体。华为为此提出了六个管理导向：

（1）**从领导做起**。高级干部要有领袖心态，要有全局观点；对下属要无私公正，不亲不疏，坚持以责任结果导向来评价干部，不要将个人友谊或好恶卷进评价里面来。

（2）**坚持以奋斗者为本**。公司要团结的是有意愿、有能力、能干成事的员工，而不是为了团结而团结。对于不想干事、不能干事的员工，继续实施不胜任就调整及淘汰的机制。

（3）**海纳百川，有容乃大，加强文化与制度的包容性**。要开放心胸，拓展视野，换位思考，借鉴业界好的做法，针对不同的人群，通过岗位安排适当兼顾个人意愿，注重日常工作模式及用工方式的多样化设计，以及组合运用各类物质激励、非物质激励工具，以团结优秀员工群体共同长期奋斗。

（4）**营造尊重与信任的氛围与作风**。能创造价值的员工往往具有较强的独立思考能力、较强的自信与自尊，主管要尊重他们的思考，信任他们的能力，要平等沟通与探讨工作上的不同意见，不要打压员工的思想甚至人格，尊重和信任可以有效地吸引员工持续在公司发挥价值。各级主管要通过学习，提升管理能力，改变自身行为，善用运用沟通、倾听等管理方法，对员工取得的工作业绩要给予及时肯定；要在主航道上，放开员工的主观能动性与创造性。

（5）**要用人所长，不求全责备，尊重个体差异**。充分发挥员工所长，尊重个体差异，使员工优势互补、生龙活虎、团结有序，才能综合满足公司在各种经营形势下、业务场景中对人才的需要。各级主管面对员工时应实事求是地看待员工的个体差异性，不要简单地把年资长的员工与惰怠、没冲劲画等号，要避免管理的简单化、贴标签、一刀切。

（6）**各级主管要担负起管理责任，敢于管理，善于管理**。随着企业的发展，年轻干部领导比自己年长或资历老的管理者、专家和员工的情形越来越多。但有部分年轻干部对比自己年长或资历老的干部、专家和员工不愿管、不敢管，甚至把他们"晾"在一边。他们其中很多人有经验、有想法、有抱负、想做事，但由于被安排在不能充分发挥作用的岗位上，且岗位被长期固化，造成其价值无法发挥。各级主管要敢于管理，内心认可他们的价值和作用，才能激发他们，才能使用好他们。

五、恰当把握开放、妥协、灰度

任正非将"开放、妥协、灰度"定义为管理干部的思想方法，这是一种领导风范的要求。

"一个不开放的文化不会努力地吸取别人的优点，逐渐就会被边缘化，是没有出路的。一个不开放的组织，迟早也会成为一潭僵水的。我们无论在产品开发上，还是销售服务、供应管理、财务管理……都要开放地吸引别人的好东西，不要故步自封，不要过于强调自我。……我们在前进的路上，随着时间、空间的变化，必要的妥协是重要的。没有宽容就没有妥协；没有妥协，就没有灰度；不能依据不同的时间、空间，掌握一定的灰度，就难有合理审时度势的正确决策。开放、妥协的关键是如何掌握好灰度。"[○]

管理干部真正领悟了妥协的艺术，学会了宽容，保持开放的心态，就能逐步达到灰度的境界，这是华为走向未来的思想精髓。

○ 《逐步加深理解"以客户为中心，以奋斗者为本"的企业文化——任正非在市场部年中大会上的讲话纪要》，2008 年 7 月 15 日。

第二节　将军是打出来的

一、选拔标准：干部四力

华为在长期的干部管理探索中，逐步形成了清晰、完整的干部标准与要求，以牵引干部队伍的自我约束和自我提升。在干部标选拔准备中，遵从公司规则和 BCG 管理等品德要求是底线，认同与践行核心价值观是基础，具有高于同层同类员工绩效的贡献表现是必要条件，拥有与岗位相关的业务能力与经验积累是关键成功要素。公司要求一般干部要有成功实践经验，承担全球责任的干部还要有海外成功经验，高层管理更要有跨领域的成功经验。

任正非在《我们需要什么样的干部》一文中详细阐述了干部的六条选拔标准：

（1）**使命感**。

处于中高层管理岗位上的干部应该是一群对事业充满使命感的人，这种使命感会使其保持持久的工作热情和高度负责任的工作态度，具有使命感才能够自我激励和激励他人，在逆境中，这种使命感才可以支撑领导者永不放弃地带领他的团队循着胜利的微光前行；在顺境中，这种使命感可以支撑领导者带领他的团队不断地挑战自我，追求卓越，而不会"小富即安"地放弃更大的成功机会。使命感是团队领导者最重要的驱动因素。

（2）**宽广的胸怀**。

没有人会承认自己不具有宽广的胸怀，但知易行难，人的本我都含有自私、狭隘的成分，宽广的胸怀必须经过后天的修炼得来。具有宽广胸怀的前提是以事业成功为重，在这个前提下，做到求大同存小异，包容地处理来自他人的不同意见甚至冲突。包容性与原则性并不矛盾，宽广的胸怀应该以原则性为保证，否则就会是非混淆，走向新的狭隘。对于自己反对的人或反对自己的人，要清楚地知道对方的优点是什么，有哪些值得肯定与学习的地方；对于自己青睐的人，更要清楚地知道对方有哪些缺点需要改进。具有宽广的胸怀才能团结人和用人所长。

（3）**品德。**

团队的领导者是团队道德品质的榜样，影响整个团队的价值观。以权谋私、生活腐化、发牢骚、讲怪话都应作为评价与选拔干部时的基本否决项，存在上述项的人不能进入干部队伍；在岗干部如果有上述项也需主动反省与改正，否则不可能得到进一步的培养与提拔。团队领导者必须自律，不能律己、何以服人？要管好团队，先管好自己。

（4）**开阔的视野和结构性思维能力。**

公司业务发展的快速全球化决定了很多既有的思维模式和管理技能都需要得到更新与提高，干部要以更为开放、积极的心态去面对未知的世界；具有结构性思维能力的干部，才能够清楚地看到问题的本质并抓住工作的重点，干部不光要盯住"短木板"解决眼前的问题，更要有建立机制以防范问题的能力，这样才能避免"头痛医头、脚痛医脚"，才能提高管理的效率。视野开阔的团队领导者能看清整体与局部的关系，而视野狭窄的干部则有可能忽视战略机会与战略制高点，甚至带领团队用正确的方法做错误的事情，局部的胜利却造成全局的被动，最终导致战争失败。

（5）**均衡发展的管理能力。**

公司的大发展为干部队伍水平不断提高创造了非常好的机会，但也使相当多的干部在这个过程中习惯了善于"救火"却不善于"防火"的工作方式，工作靠勇气、靠灵感但缺乏系统的方法。当前我们的干部大多来自优秀的业务骨干，重业务轻管理的现象普遍存在，综合管理能力急待提高，越来越复杂的商业环境要求各级干部除熟悉业务外，还须具备系统的财务、人力资源、运营管理、组织运作等管理知识与技能，以及较高的职业素养，从而不断提高组织的管理质量与管理效率。

（6）**善于学习**。

善于学习是提升管理能力的重要手段，善于学习的管理者才能培养学习型的组织，只有学习型的组织才能从容地面对高度不确定的商业环境。学习的途径有很多，书本可以启发我们思考问题、解决问题的方法，但就像"复盘"是棋手最好的学习与提高手段一样，每一次成功和失败（包括自己的也包括竞争对手的）都是最好的学习案例，因此必须学会在实战中进行总结与举一反三。人是有记忆的，但组织没有记忆，在当前新干部提拔快、培训系统跟不上组织扩张需要的情况下，如何采取有效措施保证个体的经验在组织内传播与共享是每个团队领导者需要认真解决的问题，总结案例的工作非常重要，但光有案例是不够的，还需要建立一个系统以保证案例中所蕴藏的经验与教训在组织内进行有效复制，这将直接影响人力资源的使用效率和整个组织的工作质量。

华为前人力资源部招聘调配部副部长王玲介绍说，华为与英国合益集团曾经开发了一个领导力模型，包括三大核心模块：第一是建立客户能力；第二是建立华为公司的能力；第三是建立个人能力，其中又包含九个关键素质，在华为简称为"干部九条"。华为的干部九条经过实践，后来慢慢演化为干部四力，即决断力、理解力、执行力和人际连接力。高级干部要求具有比较强的决断力和人际连接力；中层干部要有理解力；基层干部要有执行力。

华为发展成为通信领域全球领先者后，任正非又提醒内部："我们不能仅依靠中国去领导世界，我们不以消灭别人为中心，而是要利用世界的能力和资源来领导世界。"未来，华为不仅需要对市场有深刻体验的管理干部，更需要宽文化背景的人才加入管理队伍。

二、选拔程序："三权分立"

华为在干部选拔过程中采用"三权分立"的方式，这三个权利分别是：建议权、评议权和否决权。

准确地说，第一个权利是叫建议权与建议否决权，第二个权利叫评议权和审核权，第三个权利叫否决权和弹劾权。这三个权利按先后顺序分别定义在干部的选拔流程中，即从提名发起建议，到实施建议，到审核评议，最后到通过或提出否决。这三个权利在华为分别是由不同的组织来行使的，以起到相互制衡的作用，如图6-1所示。

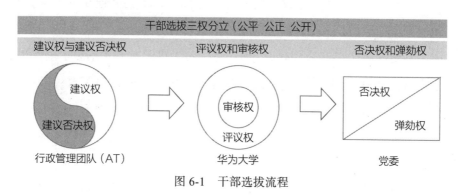

图6-1 干部选拔流程

在华为各个管理层级里面存在两个组织：一个是行政管理团队（AT），主要对人；一个是经营管理团队（ST），主要对事。

ST是由常设部门的负责人组成，负责对业务进行决策；AT成员是从ST成员中选拔出来的，不是所有的部门负责人都可以进入AT，AT成员需要具有较强的人力资源管理能力。AT负责的是所有跟员工评价相关的工作，包括干部选拔评议、绩效考核、调薪、股权发放，等等。

干部选拔的建议权就是由AT来行使，这里面又有正负两方，一方负责建议和举证，另一方行使建议否决权。

评议权由负责能力建设与提升的组织来行使，即华为大学。

审核权由代表日常行政管辖的上级 AT 组织来行使，即人力资源部和干部部。

否决权和弹劾权由代表公司全流程运作要求、全局性经营利益和长期发展的组织来行使，在华为即党委（在全球通称为"道德遵从委员会"）。党委在干部选拔任命的过程中行使否决权，在干部日常管理的过程中行使弹劾权。

再简单和通俗一点理解，就是业务部门有提名权，人力资源及干部系统体系有评议权，党委有否决权。

"我们要不拘一格地选拔使用一切优秀分子，不要问他从哪里来，不要问他有何种经历，只要他适合攻击'上甘岭'（各部门、各专业、各类工作……不要误解了只有合同获取才是上甘岭）。我们对人才不要求全责备，求全责备人才就选不上来，'完人'也许做不出大贡献。除了道德遵从委员会可以一票否决干部外，对工作中的差错，要宽容，不抢答的干部不一定是好干部。看风使舵、跟人、站队，容易产生机会主义。选拔各级干部要实行少数服从多数的表决制，向上级团队报告应是本团队的集体意见，应告知上级团队的每一个人。私下与上级团队沟通的内容，以纪要形式再向上、下两级团队中沟通。对破格提拔的，推荐人要在两年内承担连带责任。即使道德遵从委员会的一票否决，但否决期只有 6 个月，6 个月后可以重新提名，已改正，不再否决，就可以使用。不要随意否定一个冲锋的干部。我们一定要促使千军万马上战场。"⊖

三、考核机制：行为评价

华为的干部考核机制有三个方面：一个是责任结果导向、关键事件个

⊖《决胜取决于坚如磐石的信念，信念来自专注——任正非在 2016 年 1 月 13 日市场工作大会上的讲话》，2016 年 1 月 13 日。

人行为评价考核机制；二是基于公司战略分层分级述职，也就是 PBC 承诺和末位淘汰的绩效管理机制；三是基于各级职位按任职资格标准认证的技术、业务专家晋升机制。

关键事件过程行为是华为干部很重要的评定依据，一是看你经历了哪些关键事件，二是在关键事件中的过程行为表现如何。不管是高级干部还是基层干部都要定义一些关键事件去锻炼，在锻炼的过程中再对体现出来的行为进行评价，从中得出关键事件过程行为评价的结论和绩效考察的结果。例如，中高级干部年底目标完成率低于 80% 的，正职要降为副职或免职；关键事件过程评价不合格的干部不能被提拔。

在干部考核的过程中，不完全看绩效，因为绩效只能证明你不会被淘汰，不能证明你可以被提拔，所以个人过程行为的考核非常重要。

华为的管理干部采取任期制，能上能下，也包括高级干部。在任期届满时，干部要通过自己的述职报告，以及下一阶段的任职申请，接受组织与员工评议以及重新讨论薪酬。但这并不代表你满足了基本条件就一定能保住职务，因为标准也是与时俱进的，也可能会有许多比你进步更快的人。"大家要学学刻舟求剑的故事，不可能按过去的标准找当官的感觉。长江一浪推一浪，没有新陈代谢就没有生命，必要的淘汰是需要的。"⊖

专家是另一种意义上的干部，华为首席专家 3 年一任期，期满复核，能上能下。"让做得好的专家获得发展，激活我们的专家队伍。有经验的专家可以作'博导'，要给导师合理的地位、权力与责任，让他们辅导新员工、新主官、新专家，起到传帮带的作用。"

华为还特别强调，专家到一定职级后不能高高在上，不能只参与评审、不参与具体的开发工作。"每个团队要把最强的力量用在生产活动中，

⊖《持续提高人均效益，建设高绩效企业文化——任正非在干部工作会议上的讲话》，2004 年。

参与单板或软件的设计和开发。我们的排长和连长也要作战，承担部分核心代码开发或架构设计工作，这样你们的综合能力才会更强。"[一]

四、干部演化：主官主管

"公司正在变革，一线的一把手不再叫主管，叫'主官'，他永远盯着战略目标和胜利，处理不确定性业务。"[二]

从2015年起，华为将一线干部和职能干部的提法和要求做出区分，领导作战的叫"主官"，对主官的要求，是有血性，有责任心，有牺牲精神，不计较个人得失，了解客户和竞争对手，能够洞察先机，有战略决断力；将职能类干部称为"主管"，对主管的要求，要能够平心静气，安安静静，踏踏实实，做深做透，管理思路清楚，夯实建设能力，充分了解一线需求，眼睛盯着前线，为一线及时、准确提供服务和支持。

主官又分经营主官和作战主官，经营主官重在做战略取舍，抓住主要矛盾和矛盾的主要方面，对最终经营结果负责；作战主官要有决断力、捕捉机会能力和自我牺牲精神，对胜利结果负责。

"一切作战主官，关注的是胜利，要把确定性的事权，分给职能部门；一切平台主官，眼睛应盯着前线，驱使自己的部门，及时、准确提供服务与支持，你们的考核是你们服务事项的结果，前方打了败仗，你也是败将。我们要善于在成功中找到失误，在失败中找到为什么，古人尚有退思堂，我们自己难道就不能总结反思一下吗？失败中也有英雄，主观的失误

[一] 《研发要做智能世界的"发动机"——任正非在产品与解决方案、2012实验室管理团队座谈会上的讲话》，2018年3月21日。
[二] 《任正非在中亚地区部员工座谈会上的讲话》，2016年5月23日。

不要掩埋将士的努力，他们中也有可歌可泣的。"[⊖]

主官对不确定性的事情有清晰的视野与方向感，但面对的是变幻莫测的外部环境，即便有很好的洞察力和决断力，并不一定能保证最后的胜利，因此，对主官的评价，不能与对职能主管的评价采取同一个标准。

2017年9月，华为人力资源管理部管理团队召集专题会议，结合《满广志、向坤山都是我们时代的英雄》的学习，对华为现阶段干部选拔标准上存在的问题，及对差异化干部标准设立进行了讨论。会议做出如下分析和判断。

（1）现阶段干部选拔的一些局限。

①当前干部标准是一个通用标准，没有差异化管理，而不同岗位的干部要求差异是很大的，不同业务发展时期对干部的要求差异也有不同。

②过度使用绩效结果识别干部是不够的，绩效结果本身，如：A或B+，不能支持一个干部被选拔到某个岗位并能够做好。而且，绩效关注的是短周期，而对一些开拓性业务或者需要培育发展的业务，需要从长周期来看。

③干部任命通过AT团队进行评议或隔层主管选拔，AT或者隔层主管对任命的干部并不是非常了解，往往是不在一线指挥作战的来评议和选拔干部，存在与实际脱轨的现象。

④对干部要求大求全，导致不犯错的干部容易提拔，而有个性、敢于坚持己见的干部难以获得认同。

（2）差异化干部选拔标准。

①作战主官：作战主官面向"-1到0"扭转劣势或"0到1"的突破性业务，需要有视野，有血性，敢打敢拼，不计较个人得失，决策果断，敢于承担责任，具备创业精神和牺牲精神的干部来担任。

②经营主官：更多面向"1到N"的成熟业务场景，能够精细化管理，具

⊖《决胜取决于坚如磐石的信念，信念来自专注——任正非在2016年1月13日市场工作大会上的讲话》，2016年1月13日。

备战略洞察能力，有方向，能够容许作战主官的试错，具备守业精神。

③职能主管：职能主管要能深入一线，熟悉一线作战场景，为一线作战提供好支撑，不能坐而论道，不能利用职能权力设置"障碍"，同时具备专业能力，专业与作战场景结合，发挥最大价值。

在干部选拔中，重点关注从"0到1"、从"-1到1"有成功实践经验的干部，这两类业务最能体现干部的战略洞察能力、战斗意志和自我牺牲精神。从"1到N"的干部也很重要，但难度不一样，他们的评价一般也不会差，因为业务结果比较好。

（3）实施要点。

①建立主官、职员和专家标准：作为公司人力资源部，要提供专业支撑，用专业的方法尽快支撑建立主官、职员、专家的标准。标准的形成需要通过到一线去，通过发现华为自己的"满广志、向坤山"，并从他们身上找到共性特征，并形成"华为标准"。

②优化干部选拔机制：根据岗位特点和干部标准，让熟悉业务、了解干部的管理团队对干部进行提名，充分尊重所在部门管理团队的提名，避免隔层任命带来的水土不服。同时做好监管，但监管不能代替决策。

③差异化考核牵引：梳理当前考核牵引的不合理因素，进行按人群差异化考核，对作战主官考核牵引项目的成功，一切为了胜利；对经营主官考核牵引中长期，增加土地肥力和稳健经营；对职能主管考核能力的提升和资源效率，并对支撑和服务的工作引入一线评价。

④在人力资源体系内部去主动寻找"满广志、向坤山"：给予其更多的机会，让他们发挥更大的潜能，为公司做出更大的贡献，并以此向人力资源体系传递正确的导向和正能量。

第三节　烧不死的鸟是凤凰

在干部管理过程中，培养重于选拔，否则选拔将是无源之水。"公司在发展的过程中到处都缺干部，干部培养不起来，那我们就可能守不住阵地，可能要败退。我们的后备干部培养、提拔不起来，第一是提拔时心态有问题，第二是培养方法有问题。这一系列的问题使我们青黄不接，跟不上茬，那我们可能发展快，但还可能要战败。一旦败的时候我们也会很惨的，实际上我们在局部地区已经有很多失败。"⊖

一、猛将必发于卒伍，宰相必取于州郡

猛将必发于卒伍，宰相必取于州（部）郡⊜，既是华为干部的选拔原则，也是干部培养和使用的方法。华为的干部队伍非常庞大，不管是基层干部，还是高级干部，都必须到基层一线去实践，到艰苦地区工作。华为甚至不允许干部长时间待在机关，因为不了解基层具体的操作，很容易脱离实际。

"宰相必取于州郡，关键在'取'字，要大胆地选拔有成功实践经验且品行兼优的得力干部，加强干部的考核与弹劾，干部要能上能下，能下又能上。以成功的实践来度量干部，公平地对待事与人。"⊜

"你要想当机关部门的一把手，至少在大代表处的系统部当过主任，至少在中等办事处要当个代表，否则你在机关部门不能当一把手，在下面当副职的人，回到机关不能当正职。当正职和副职之间的区别是非常大的，正职多苦啊，面对这么多不确定性，他非常难决策啊，所以他到机关才会去简化管理。没有实战经验的人回到机关担任要职，碰到问题就开

⊖ 《任正非在地区部向 EMT 进行 2008 年年中述职会议上的讲话 》，2008 年 7 月 21 日。

⊜ 宰相必起于州部，猛将必发于卒伍，出自战国时期《韩非子·显学》，这是韩非选拔官员的名言。原讲话稿为 "宰相必起于州郡"，其想表达的意思是一样的。

⊜ 《"以客户为中心，以奋斗者为本，长期坚持艰苦奋斗"是我们胜利之本——任正非在 2010 年年度市场工作会议上的讲话 》，2010 年 1 月 20 日。

会，解决不了再开会，把大家都折磨得半死不活。"⊖

"对于我们的机关管理，我曾经提议过，没有基层实践经验的人能不能把薪酬冻结了，把饱和配股冻结了，你没有去补这一课，就不给你涨了。我说这个话是不是太极端呢？人力资源委员会可能不执行，不执行就不执行，但是还是要考虑这个方向。我们要通过贯彻执行这个原则选拔和发现优秀的干部，也淘汰一些不太合适的干部。"⊜

华为在《致新员工书》中也说："公司永远不会提拔一个没有基层经验的人做高级领导工作。遵循循序渐进的原则，每一个环节对您的人生都有巨大的意义。"

实践改造了，也造就了一代华为人。

二、干部循环流动

一个干部在自己的领域里一直往上走，是烟囱式的发展，华为不提倡这样的发展道路。华为对基层干部，可以允许在比较小的一个面上有弹性的流动和晋升，但到一定级别的干部，三年之内都必须进行岗位调整，这就是华为称之为"之字形"的发展道路，比如：研发的干部去市场，去供应链，再到采购，经过多个业务领域的历练，对业务内容以及端到端流程的理解才会深刻。这种模式可以培养出更多优秀的、有视野的、意志坚强的、品格好的管理干部。

干部流动有利于加快形成有力的作战群，选拔优秀人才上战场。"要加强干部流动，只有流动才能全面提高自己的综合能力和管理能力。不流动，就吸收不了别人的优点；不锻炼，你就没有综合能力和管理能力。市场部

⊖ 《任正非和广州代表处座谈纪要》，2013 年 2 月 19 日。
⊜ 《成功不是未来前进的可靠向导——任正非在公司市场大会上的讲话》，2011 年 1 月 17 日。

的人要尽快把前方的老员工召回来进行正规训练，同时也要把市场部的干部分流到机关、各个部门去，把市场部的昂扬精神状态带到整个机关建设中去。机关中有些干部也可能要上前线，亲自到实战中去锻炼提高。"⊖

　　干部的循环流动，还有一个作用就是可以避免干部板结，避免山头主义。针对此，华为一是坚决不允许干部只在某个部门或者系统里面循环；二是对于中高级干部，华为在集团层面统一进行管理。

　　2016 年 12 月 11 日，华为董事会常务委员会对干部流动机制提出指导性意见，意见要求：公司一层业务与职能部门主管的任期原则上应不超过10 年；公司产品线 / 子产品线及地区（大区）主管的任期原则上不应超过5 年；公司各 SPDT⊜和代表处主管原则上在同一岗位上的任期不应超过 5年，但首次担任 SPDT 和代表处主管的应至少任职满 3 年。

　　2018 年，华为开始建立如下"三类循环流动机制"。

　　基层员工"认知型"周边流动：知晓工作场景、掌握岗位必备技能，熟悉周边岗位技能。

　　中层骨干员工开展"赋能型"前后流动：专家按需到一线作战、中基层干部按需在一线与机关间轮岗，以了解一线作业，积累专业能力。

　　高层领导开展"领导力发展型"流动：以任期及继任计划为牵引，进行跨业务、区域、职能流动，或通过阶段性承担重大项目的方式，促使高层领导了解一线，拓展业务视野、积累复合型领导经验。

　　通过研发—销售或服务—产品—其他岗位的锻造循环，形成大批懂技术，经过商业实战历练，具有战略洞察能力的人才队伍和干部队伍。

　　⊖ 《胜负无定数，敢博成七分——任正非在市场部内部竞聘现场答辩会上的讲话》，1996 年 8月 11 日。

　　⊜ SPDT（Super Product Development Team），超级产品开发团队。

三、干部淘汰率 10%

"烧不死的鸟是凤凰",是华为干部对待委屈和挫折的态度与自我培养的准则。

1995 年,任正非发现很多干部进入城市市场之后,思想观念、工作能力跟不上形势变化,急需引入竞争淘汰机制。1996 年 1 月,当时分管市场的副总裁孙亚芳带领市场部所有高管向公司提交了两份报告:一份是辞职报告,辞去正职,让更有能力的人接替自己的工作;另一份是述职报告,坦然接受公司的评审和挑选。

1996 年 1 月 28 日,任正非在市场部全体正职集体辞职仪式上说:"为了适应公司大市场、大科研、大结构、大系统的发展需要,这次市场部全体正职在递交述职报告的同时,将全部递交辞职报告,接受组织的评审,表现了大无畏的英雄气概。在中国通信市场如此错综复杂、艰难困苦的发展时期,此举措,真是惊天地泣鬼神,将会震动整个中国。'一将功成万骨枯',我衷心感谢那些在华为发展史上,强渡过大渡河,爬过雪山草地,至今还默默无闻的英雄儿女。"

这次集体大辞职,对管理尚不成熟的华为来说,是一次壮举!在这次集体辞职事件中最典型的案例是市场部的代总裁毛生江。

毛生江 1992 年加入华为,先后负责过研发、生产、市场等方面的工作。1993 年 11 月,毛生江任生产总部总经理;1995 年 11 月,调任市场部代总裁。没想到的是,毛生江才当了两个月的代总裁就被撤职,于 1996 年 5 月被调至新成立的终端事业部任总经理;1998 年 7 月又被降职调至山东代表处任代表。毛生江没有自暴自弃,而是沉下心来对办事处实施改革,加大市场开拓力度。仅用短短一年时间,山东办事处就扭转原来的被动局面,销售额同比增长 50%,回款率接近 90%。由于业绩非常突出,

2000 年，毛生江升任为华为的执行副总裁。

毛生江事后回忆说："说不在乎是不真实的。我想，不会有人心甘情愿去为自己制造磨难，我在乎的是华为的兴旺和发展；在乎的是一代华为人付出的青春、热血和汗水；在乎的是我能够继续为华为做些什么；在乎的是战友们的期望和嘱托。面子、位置，这些虚的东西，我真的不在乎。"毛生江这段传奇经历，被内部人总结为"烧不死的鸟是凤凰"。

"烧不死的鸟是凤凰"，也从此成为华为干部"能上能下"的一种精神符号。

任正非在市场部集体大辞职四周年颁奖典礼上，说："毛生江从山东回来，不是给我们带来一只烧鸡，也不是给我们带来一只凤凰，因为虽说烧不死的鸟是凤凰，但凤凰也只是一个个体，凤凰是生物，生物是有时限的。我认为他给我们带来的是一种精神，这种精神是可以永存的。……在市场部集体大辞职中毛生江是受挫折最大的一个人，经历的时间也最长，但是他在这四年中得到了很好的锻炼，也获得了很大的成长。"

华为每年都会对干部进行末位淘汰，每个层级不合格干部的末位淘汰率为 10%。淘汰或降职并不是辞退，"烧不死的鸟是凤凰"，"泥坑里爬起来的是圣人"，经过降职或异地使用后，华为仍然会提供东山再起的机会。

《辞职书》

尊敬的总裁：

1996 年是市场大决战的一年，市场的发展势不可挡。随着公司产品结构的多元化，产品档次的提高，随着市场竞争的日益白热化，市场对产品、对公司、对市场人员的要求也越来越高。

作为一名在市场上战斗多年的市场人员，为公司市场的发展做出了努力，奉献了我的青春。但在市场前线上工作的几年中，自己的技术水平、业务能力可能已跟不上公司发展的速度，落后了。另外，公司也涌现了大批有冲劲、技术高、有策划能力和管理水平的优秀市场人员。长江后浪推前浪，公司的发展需要补充大量的新人。如果公司通过考评选拔出更适合承担市场工作的人员，我将诚心诚意辞去我现在的职务。

说自己不难过，说自己很坦然，这是不真实的。中国几千年的文化，使得"能上能下"对每一个将下的人来说，不能不说是一次心理承受力的挑战。但是，作为华为的一名市场人员，为了公司能发展壮大，我可以离开心爱的岗位、熟悉的市场、亲密的战友，接受公司对我的选择。

最后我想说的是：我绝不气馁，将更加努力地学习，适应新的工作岗位，为公司的发展做出我的贡献。

市场人员：（签名）

1996 年 1 月 28 日

四、监管是对干部最大的爱护

对于管理干部，既要有培养和使用，也要有监管，华为坚持"监管是对干部最大的爱护"的原则，查处分离，宽严有度，让干部既能大胆行权又不逾矩。

为此，华为建立了非常严格的"点、线、面"监管体系，即道德遵从委员会关注"面"的问题，通过持续建立良好的道德遵从环境，实现"场"的监管；财务监控关注"线"的问题，与业务一同端到端地管理，揭示并改进端到端的风险；审计部门是司法部队，关注"点"的问题，通过对个案的处理建立威慑力量。

但是，华为又同时基于宽严相济、治病救人的前提，采用自我申报和查处分离政策，对干部予以适当保护。任正非认为，监管工作不能非友即敌，要以挽救干部为出发点，不是以整人为目的，而是让其停止犯错；要把威慑建在前面，尽量让干部不要做违反内部政策的事情，但如果因自己警惕心不够或一时贪婪，可以主动自我申报，公司给予改正的机会。

宽严相济的监管原则，在干部审计的操作规则中有明确体现：一是不能随便侦查干部，但一旦立项就不能撤项，一定要有结果；二是不能让调查成为工具去整异己分子，宁可右一点，不可犯左；三是坚持查处分离的原则，严格调查，宽大处理；四是退赔系数逐年提升，增加犯罪成本。

第四节　惰怠是最有害的腐败

华为要求高级干部要有使命感，中层干部要有危机感，除了建立在成功实践中选拔干部、在关键事件中考察干部、在业务实战中磨砺干部的管理机制之外，还用非常刚性的评价方法来赋予干部压力。

使命感和危机感在一定程度上都是激发出来的，华为用一些危机触发的方式推动干部担责冲锋，主要规定有：

中高层管理者年底目标完成率低于80%的，正职要降为副职或给予免职；年度各级主管PBC完成差的最后10%要被降职或者调整，不能提拔副职为正职；业绩不好的团队原则上不能提拔干部；对犯过重大过失的管理者就地免职；被处分的干部一年内不得提拔，更不能跨部门提拔；关键事件过程评价不合格的干部也不得提拔。

在华为，没有哪个位置是可以坐享其成的。

一、惶者生存

华为的干部不是终身制，如临深渊，如履薄冰，惶者生存，时刻保持危机感，对内不断警醒，才能得以存活下来。在华为，干部的压力很大，低绩效的员工不一定被清理，但低绩效的干部一定会被免职。

"三十年河西、三十年河东，我们三十年大限快到了。华为公司想不死就得新生，我们的组织、结构、人才……所有一切都要变化。如果不变化，肯定不行。如果我们抛弃这代人，重新找一代人，这是断层，历史证明不可能成功，那么只有把有经验的人改造成新新人。我们通过变化，赋予新能量，承前启后，传帮带，使新的东西成长起来。"⊖

在华为的任何角落看不到华为过去的历史，没有一张图片是任正非的形象，全球各地的办公场所看不到哪个中央领导视察华为的照片。华为一位高管说，华为是一个没有功臣也不承认功臣的公司！老板也是，他退休以后，也不会被供在华为的殿堂里。

华为不需要历史，也不需要功臣。华为对管理干部的评价是持续有效增长、战略成长和交叉贡献，在成功的过程中发现和培养各级管理干部，在失败的项目中，认真总结，以防错杀干部，避免评价绝对化的形而上学。

同时要警惕出现制度性的胜利。美国管理学家劳伦斯·彼得（Laurence J. Peter）在"彼得反转定律"中说，在大多数组织中，一个人胜任与否，是由组织中的上司而不是外界人士来判定的。如果上司自己不能胜任，他或许会以制度来评判下属。例如，他会注重员工是否遵守规范、仪式等之类的事，那些缺乏独立判断只是服从而不做决定的员工，往往容易得到晋升，一旦升到必须做决策的职务时，组织才发现他们根本不具备胜任能力。而从客户或其他深受其害的人看来，他们本来就不胜任。

为了应对这种现实情况，华为采用了三个应对方法：

- 一是建立干部轮岗和能上能下的管理机制。1996 年的市场部大辞职就是典型案例。

⊖ 《公司必须持续不断地、永恒地促进组织血液流动，增强优秀干部、专家的循环赋能——任正非在战略预备队建设汇报的讲话》，2016 年 8 月 15 日。

- 二是给干部挑战和试错的机会，尤其是敢于用新干部。对准备提升的干部，华为将其临时安排到一个项目上作为储备人才，在实战环境中观察和考验其是否能胜任未来更高职位。如发现不能胜任，以原岗位更需要为由再调回去，既达到考察干部的目的，也让干部有尊严地进退。

- 三是用后备队和战略预备队对干部队伍进行整体冲刷。华为2004年第一次提出干部后备队，通过后备队第一次系统清理不胜任干部。最后面20%的干部属于后进干部，后进干部队伍是优先裁员的对象，后进的人希望摆脱自己后进，就拼命往中间挤，中间的队伍受不了，也就往前跑。[⊖]

　　2016年10月，华为从研发集结2000名高级专家及干部，奔赴一线，这一举措一方面可以激活过于稳定的组织；另一方面也会淘汰一部分已不能胜任的干部。"华大高研班进行过一场辩论，2000个英雄上前线，是炮灰还是炮弹？公司有9万人跟着辩论，到底是炮灰还是炮弹？一定有人是炮灰，有人是炮弹，不是所有人都成灰了。"[⊜]

二、作风八条

　　华为始终强调干部要聚焦工作，敢于担责，深入实际，实事求是，摒弃浮躁和形式主义；要有闻过则喜的工作态度，和用五湖四海的人的心胸；要纠正"跟人"和"站队"现象。

　　2005年，华为高层警觉到公司最大的风险来自内部，必须保持干部队

⊖ 《华为公司的核心价值观——任正非在"广东学习论坛"第十六期报告会上的讲话》，2004年4月28日。

⊜ 《任正非与合同场景师座谈会上的讲话》，2016年11月21日。

伍的廉洁自律。2005 年 12 月在一次 EMT 民主生活会上，华为讨论通过《EMT 自律宣言》，并以集体宣誓方式层层覆盖所有干部，接受全体员工的监督。后来，自律宣言逐步演化为现在的"干部八条"。

华为公司改进工作作风的八条要求（2018 年版）：

（1）我绝不搞迎来送往，不给上级送礼，不当面赞扬上级，把精力放在为客户服务上。

（2）我绝不动用公司资源，也不能占用工作时间，为上级或其家属办私事。遇非办不可的特殊情况，应申报并由受益人支付相关费用。

（3）我绝不说假话，不捂盖子，不评价不了解的情况，不传播不实之词，有意见直接与当事人沟通或报告上级，更不能侵犯他人隐私。

（4）我们认真阅读文件、理解指令。主官的责任是胜利，不是简单的服从。

（5）我们反对官僚主义，反对不作为，反对发牢骚、讲怪话。对矛盾不回避，对困难不躲闪，积极探索，努力作为，勇于担当。

（6）我们反对文山会海，反对繁文缛节。学会复杂问题简单化，六百字以内说清一个重大问题。

（7）我绝不偷窃，绝不私费公报，绝不贪污受贿，绝不造假，我们也绝不允许我们当中任何人这样做，要爱护自身人格。

（8）我们绝不允许跟人、站队的不良行为在华为形成风气。个人应通过努力工作、创造价值去争取机会。

非常简单的八条要求，但真理往往隐藏在最朴实的信条中。2017 年 1 月 11 日任正非在市场工作大会上说："对于今天的干部改进工作作风八条宣誓，我既感到荣耀，也很感慨。外界社会很浮躁，我们内部小小的地盘能讲实话，不容易。"

2017 年 9 月 4 日，华为以总裁办邮件的方式向全体员工发布了一个文件《要坚持真实，华为才能更充实》，全文如下：

我们要鼓励员工及各级干部讲真话，真话有正确的、不正确的，各级组织采纳不采纳，并没什么问题，而是风气要改变。真话有利于改进管理，假话只有使管理变得复杂、成本更高。因此，公司决定对梁山广（工号00379880），晋升两级，到16A。即日生效。这并不影响其正常考核与晋升。其可以自愿选择工作岗位及地点，可以去上研所工作，由邓泰华保护不受打击报复。

华为对一个因为讲真话而被打击报复的员工连升两级，虽然看似小题大做，但说明一个问题：即便在华为，营造说真话的氛围也不是那么容易，仍然有干部在扛着红旗反红旗。

三、惰怠十八条

任正非说："要杜绝腐败，惰怠就是一种最广泛、最有害的腐败，人人皆有可能为之，不要以为与己无关。置公司于死地就是这种成功以后的惰怠。""我们像双翼的神马，飞驰在草原上，没有什么能阻挡我们前进的步伐，唯有我们内部的惰怠与腐败。"

2011年5月10日，华为轮值CEO徐直军在《谈管理者的惰怠行为》的演讲中，列举了18种惰怠行为：

（1）安于现状，不思进取。

（2）明哲保身，怕得罪人。

（3）唯上，以领导为核心，不以客户为中心。

（4）推卸责任，遇到问题不找自己的原因，只找周边的原因。

（5）发现问题不找根源（因），头痛医头脚痛医脚。

（6）只顾部门局部利益，没有整体利益。

（7）不敢淘汰惰怠员工，不敢拉开差距，搞"平均主义"。

（8）经常抱怨流程有问题，从来不推动流程改进。

（9）不敢接受新挑战，不愿意离开舒适区。

（10）不敢为被冤枉的员工说话。

（11）只做二传手，不做过滤器。

（12）热衷于讨论存在的问题，从不去解决问题。

（13）只顾指标不顾目标。

（14）把成绩透支在本任期，把问题留给下一任。

（15）只报喜不报忧，不敢暴露问题。

（16）不开放进取，不主动学习，业务能力下降。

（17）不敢决策，不当责，把责任推给公司。

（18）只对过程负责，不对结果负责。

柯达、诺基亚等企业之所以倒下去，并不是败于竞争对手，而是被自己的成功所打垮。成功之后的企业，除了路径依赖之外，还有很重要的一点就是傲慢、自满和懈怠。

华为将惰怠定义为"一种最广泛、最有害的腐败"！通过如此清晰的定义来反腐，对企业来说，是不是具有了更为普遍的意义和价值呢？！

《关于优先保障艰苦地区人员配备、有效促进艰苦地区干部成长的管理规定》

为确保艰苦地区人员的配备，落实公司加快艰苦地区一线工作岗位上干部成长的导向，在有效落实华为 EMT 决议〔2006〕015 号《关于加快从艰苦地区培养优秀干部若干措施的决议》的基础上，特制定以下补充措施：

一、关于艰苦地区的人员配备保障

（一）工作原则

1.应优先保障艰苦地区的人员配备。

干部以及作为后备干部的优秀员工，在首次外派海外时应根据业务需求优先派遣到艰苦地区工作。

2. 向艰苦地区派遣员工以及地区部内部进行人员调整时，应结合岗位需求，优先确保艰苦地区人员结构的合理性，避免出现艰苦地区低职级员工派遣比例过大的情形。

（二）工作措施

1. 确保艰苦地区人员配备需建立流程和机制予以保障：

　　1.1 涉及艰苦地区的地区部人力资源部在每年年初，应根据业务规划、人力预算和人员配备现状，制定年度员工派遣需求。

　　1.2 机关各行业线人力资源部应根据艰苦地区中方员工的派遣需求，组织制定艰苦地区派遣计划（包括派遣节奏和人员层级结构），并指定责任人予以组织落实。

　　1.3 机关各行业线/各 BG 国内组织应例行审视本部门符合外派要求的人员情况，形成可供外派的人员名单，以备派遣。

2. 根据 HRC 确定的区域薪酬包管控目标，在业务基线改进达标的情况下，经片联 AT 审批，艰苦地区的管控比例可以给予一定的浮动。

3. 艰苦地区中方外派岗位出现人员空缺时，在公司内部调配无法满足的情况下，可在国内开展定向社会招聘。

4. 有意愿到艰苦地区工作的员工，可直接向艰苦地区人力资源部或片联人力资源部提出申请。经艰苦地区面试合格者，员工所属部门应对调动予以同意。

5. 艰苦地区人员派遣情况应进行专项任务管理，由各层级 HRBP 负责跟踪落实，并由各 BG/SBG/ 职能部门的人力资源部予以监控执行。

二、关于加快艰苦地区干部的成长

（一）工作原则

1. 对自愿去艰苦地区工作的干部和员工应给予更多的成长机会。

2. 应加快从艰苦地区的优秀员工中选拔各层级干部。

3. 应加快艰苦地区干部的提拔晋升速度。

4. 艰苦地区的不合格干部调整比例可适当放宽。

（二）工作措施

1. 凡自愿申请去艰苦地区工作的人员，在派驻艰苦地区工作时，若符合岗位要求，即可升级任命。

2. 艰苦地区的管理岗位不能虚位以待，对已在岗并做出成绩的优秀员工，可破格提拔到空缺管理岗位上。

3. 艰苦地区的优秀员工可以跨级提拔和任用，非艰苦地区的人员原则上不允许跨级提拔和任用。

4. 为观察和培养干部需要，艰苦地区可在短板业务、关键岗位上特设副职岗位。艰苦地区副职岗位的总量比非艰苦地区多 20%～30%；对该部分岗位，应进行清单管理，年度例行审视并更新。

5. 对于不服从到艰苦地区工作安排的干部，鉴于其不能践行公司长期艰苦奋斗的核心价值观，应按不合格干部进行调整，并易岗易薪。

6. 片联人力资源部和地区部人力资源部应给予艰苦地区更多的培训资源和政策支持。

7. 经片联 AT 审批，可适度减少艰苦地区个人绩效考核 C/D 的比例要求，以及不合格干部调整比例要求。

三、定期轮换和任期制

（一）工作原则

1. 应建立例行的艰苦地区人员流动和置换机制。艰苦地区的优秀干部和员工，任期满后，根据业务要求，可优先输送至条件较好的地区工作。

2. 非艰苦地区出现岗位空缺时，应优先选拔艰苦地区符合岗位要求的人员。

（二）工作措施

1. 任期制。

1.1 对在艰苦地区工作满三年、绩效良好但未在本地提拔为管理者的优秀员工，如果符合业务要求，可优先输送至条件较好的地区工作。对艰苦地区当地提拔或艰苦地区之间调配 / 提拔的干部，原则上任期两年。

1.2 对从非艰苦地区选派到艰苦地区工作的干部，原则上任期三年。

1.3 干部任期以最新岗位任命时间计算。原则上，干部任期满后，应充分考虑员工的意愿，优先给予安排，员工所在部门原则上应予以同意，并提前做好接任安排。

1.4 对本文件发布时，已外派的艰苦地区员工流动根据业务实际情况分步骤操作。

2. 艰苦地区人员轮换情况应作为专项任务进行管理，由片联人力资源部及地区部人力资源部牵头，各 BG/SBG/ 职能部门人力资源部予以跟踪落实。

地区部人力资源部需季度例行向地区部 AT 汇报艰苦地区连续工作满三年且绩效良好人员的轮换计划，并抄送片联及各 BG/SBG/ 职能部门人力资源部。各 BG/SBG/ 职能部门人力资源部例行跟踪此类人员的流动情况，并发布月报，同时季度例行向本部门 AT 进行汇报。

四、执行保障措施

艰苦地区的人员满足率、干部配置满足率、干部流动完成率等评估要素应列入相关主管的 PBC 予以考核。

各人力资源部应将本规定的各项政策落实到日常工作中，并定期向部门行政管理团队和人力资源管理委员会汇报落实情况。

五、本文件先应用于西非地区部试点

其他地区部可参照本试点方案，制定本地区部内艰苦区域的管理办法，经片联 AT 审批后，在地区部内部试行。

人力资源管理部

2012 年 10 月 26 日

第七章

人才：奋斗者

上篇的价值管理部分已阐述企业的假设权，假设权不仅仅体现在业务战略和产品方向上，还体现在对人的看待上，即我们要不要对人做"人性本善"，还是"人性本恶"的假设。阿米巴的经营之道在一定程度上是假设"人性本善"的，而大部分企业的管理是基于"人性本恶"的，对员工严防死守。

而华为提供了另一个视角，从"不信任"和"信任"两个角度来看待员工的管理问题。前30年，华为基于"不信任"的假设，建立各类流程和规则来管理员工，整个管理是一套不信任体系，而现在华为开始着力打造员工管理的信任体系，尽最大可能地去掉一些监控、审批环节，增加员工更多的自主权。

这个跟人性善恶没有关系，而更多的判断在于内部信用积累是否足够，违法成本是否高昂。这个相比人性善恶标签式的假设，应该算是一大进步。

第一节　普通劳动者和奋斗者

任正非曾与外部顾问有这么一小段对话：

问：任总最担心的问题是什么？
答：华为的员工这么年轻，这么有钱。
问：他们如果懈怠了怎么办？
答：淘汰出去。
问：大多数员工都懈怠了怎么办？
答：再招一群胸怀大志、身无分文的人重新创业。

华为早期招的几乎是"胸怀大志、一贫如洗"的寒门学子，大部分也不是985、211的大学毕业生，仅属于任正非说的"三四流人才"，但这些人天生有着改变自己命运的强烈欲望，而华为提供了非常好的平台，只要在这个平台上付出艰苦卓绝的努力，终可获得巨大的回报。

"胸怀大志"是华为奋斗者的基因保障！虽然兼具"胸怀大志""一贫如洗"两个特点的人越来越少，但华为用有效的识别方法基本保证了这种基因的延续性。

首先，华为对普通劳动者、一般的奋斗者和有成效的奋斗者分别做了定义：

"第一类为普通劳动者，暂时定义为12级及以下为普通劳动者。对于这些人，应该按法律相关的报酬条款，保护他们的利益，并根据公司经营情况，给他们稍微好一点的报酬。这是对普通劳动者的关怀。

"第二类为一般的奋斗者，我们要允许一部分人不是积极的奋斗者，他们想小家庭多温暖啊，想每天按时回家点上蜡烛吃饭，对这种人可以给予理解，这也是人的正常需要。刚好我们就有一个小岗位在这个地方，那他可以坐上这个位置，踏踏实实做好小职员。对于这一部分人，我们有适合他的岗位可以给他安排，如果没有适合的岗位，他可以到社会上去寻求。只要他们输出贡献，大于支付给他们的成本，他们就可以在公司存在。或许他的报酬甚至比社会稍微高一点。

"第三类为有成效的奋斗者，他们要分享公司的剩余价值，我们需要这些人。分享剩余价值的方式，就是奖金与股票。这些人是我们事业的中坚，我们渴望越来越多的人走进这个队伍。"⊖

怎么区分普通劳动者和奋斗者呢？

做奋斗者需要提交一份申请书，大意是："我自愿申请加入公司的奋斗者之列，自愿放弃所有带薪年休假，自愿进行非指令性加班及放弃加班费，自愿放弃产假（陪产假）和婚假。"

这看似一个简单的协议，却是对人性的极大考验，要放弃加班费，放弃带薪年假，并不是所有人都乐意的。不愿意签署协议的，就只能做 12级及以下的基础类工作。当然也不是一次定终生，没签的人改天想明白了也还可以再签，签过的人哪天不想做奋斗者了也可以解除退出。

华为的奋斗者协议，在社会上曾引起很大争议，对于这些争议，任正非的态度是"华为不与当今世风论短长"。因为"我们处在一个竞争很激烈的市场，又没有什么特殊的资源与权利，不奋斗就会衰落，衰落后连一般的劳动者也保护不了"。

接下来的一个问题是，员工提交奋斗者申请，并不意味着他就是奋斗者，华为又如何把优秀的奋斗者与普通的奋斗者区分开来呢？这一点关键要看其在工作中的表现，责任结果如何，是否做出了战略贡献，等等。经过绩效评估和关键事件考量，有成效的奋斗者会得以识别出来，并被给予比一般奋斗者高很多的薪酬和配股。

⊖ 《华为关于如何与奋斗者分享利益的座谈会纪要》，2011 年 4 月 14 日。

视频链接

工程师的荣耀和骄傲

华为崇尚工程师文化，并自称为"工程商人"。视频主角为华为海思总裁何庭波。其毕业于北京邮电大学，1996 年加入华为，21 年来一直从事半导体芯片设计。芯片的快速崛起，为华为的发展，特别是为华为手机进入世界前三，发挥了极其重要的作用。何庭波说："工程师文化为什么重要？这个文化的凝聚就是一个为客户创造价值的过程，也是一个提出创造性解决方案并使问题得以解决的过程，最终改善我们的生活，让世界一点点地变得不一样。这是工程师这一职业的荣誉！"

华为用的概念是"奋斗者"，为什么不用"以人为本"中的"人"呢？

任正非说："别的公司是'以人为本'，我们是'以奋斗者为本'。我们不通过垄断，扩大市场是靠战斗抢回来的，所以我们分给的是奋斗者。我们的政策是开放的，只有团结越来越多的人，才会做越来越大的饼。只要你努力，分到的饼只会增大不会减小，不会因为别人进来两个月，就把你的饼抢走了。""我们和西方为什么不一样呢？西方以人为本结果垮光了；我们以奋斗者为本，越来越厉害了。"

一位长期在华为做顾问的专家是这么解释的：奋斗者是人的一部分，但又不混同于一般的人，奋斗者是人里面一个特殊的群体，即高绩效者。以人为本，是无差别地关注普罗大众，否定人在天赋、能力、经历、资历及价值创造能力等的差异，是建立在人都是"天使"而无"魔鬼"一面的 Y 理论假设之上的，但在现实中，这一观点及其假设很难被验证。"以奋斗者为本"，打破了各种人性假设的魔咒，是基于商业的本质提出的假设系统。

人应该是有分类属性的，有奋斗者，有守成者，有观望者，也有破坏者。对企业来说，必须寻找到支持其发展的主要力量，并不断培育、强化这种力量。"以奋斗者为本"是对"以人为本"的细化和升华。相比"人"的维度，"奋斗者"传递的信号也更为简单明了，更具导向性。

第二节　蓬生麻中，不扶自直

"蓬生麻中，不扶自直"，出自先秦荀况的《荀子·劝学》："蓬生麻中，不扶而直；白沙在涅，与之俱黑"，大意是：蓬草生长在麻地里，不用扶持，也能像麻一样直挺。这与"近朱者赤，近墨者黑"意思相近，但表达的意义更为积极。

田涛教授援引这句话写过一篇文章就叫《蓬生麻中，不扶自直》，文章结合华为在南非奋斗的先驱们筚路蓝缕、薪火相传开拓"新大陆"的历史，以华为为案例，提出一个组织中的代际管理问题：华为是以一种什么样的力量持续30年凝聚成一个非血缘共同体？面对80后、90后的新生代，又应该用什么样的方法来进行管理？

任正非说："我个人谈不上伟大，我是个普通人，我自己什么都不懂，也什么都不会。我就懂一桶糨糊，将这种糨糊倒在华为人身上，将十几万人黏在一起，朝着一个大的方向拼死命努力。"

蓬者，不同年代的人，有着不同的时代背景，有着不同的个性爱好，80后、90后更加追求自由、自主、平衡，但他们正在成为组织的中坚力量。

麻者，即企业的管理哲学、核心价值观、管理平台、激励机制、行为方式等，这些要素构成人才的成长环境，也就是任正非所说的"糨糊"。

社会上有人担心华为不具有多元化的价值观，艰苦奋斗缺乏包容性，跟90后自我管理的要求差距很大。

任正非针对这个问题阐述了自己的观点，他说："80后、90后也是有追求的一代人，他们不甘心平庸地度过一生，他们的观念和行为具有很强的可塑性，他们个性张扬并具有不盲从权威的批判精神，只要引导得好、管理得好，将更富创新性。这恰恰是华为在互联网时代持续有效成长所需要的。……华为现实奋战在一线的骨干都是80后、90后，特别是非洲疫情地区、中东战乱地区以及阿富汗、也门，在活跃的奋斗华为人中，80%～90%是80后、90后，有些已成为国家代表、地区部总裁。"

任正非同时认为，美国是最自由化的国家，却有最守纪律、最自强不息的军队。中国先哲孔子说人生的最高境界是"从心所欲而不逾矩"，说明纪律和自由是可以并存的，没有纪律的自由是无政府主义，没有自由的纪律是盲从和奴性，因此，华为对员工（即便是80后、90后）的要求，仍然是有理想、守纪律、努力奋斗，对他们来说这也并不过时。

当然，在人才成长方法（麻）上，如何"用最优秀的人去培养更优秀的人（蓬）"？在成长环境营造（麻）上，又如何兼顾人才队形与个体活力（蓬）？华为有以下三个问题有待突破：

（1）面对业务动态变化加剧的趋势，缺乏冗余人员快速疏导、转换上岗的机制，导致收缩部门资源送不出、调整慢，扩张部门资源却来不了、供不上；缺乏多元和合理的员工退出机制，不利于开展员工群体主动的新陈代谢工作，保持队伍活力。

（2）专业通道天花板效应仍未彻底打破，不利于队伍专业能力提升。专家发展通道仍待打通，成就感需要激发，队伍中专业、技术领军人物的占比浓度与公司的发展抱负、业务追求严重不相匹配；职员队伍与工匠队伍的建设需要系统性机制支撑。

（3）"平台＋业务团队式"的敏捷组织仍然没有成形。85后开始成为职场的主力军，华为的人员结构更趋多元元，一方面是员工队伍现有的知识与技能结构总体上相对单一、趋向老化，需要主动升级与转换；另一方面是"互联网一代"渴求更宽松的创造环境、更多样的创造技能、更自主的创造过程、更激动人心的创造意义。

第三节　人力资本大于财务资本

华为在1998年颁发的《华为基本法》第九条中说："我们强调人力资本不断增值的目标优先于财务资本增值的目标"。华为"人力资本增值大于财务增值"的人才管理理念，把每一个愿意奋斗的干部和员工当作企业中最重要的资产，想尽一切办法来实现这些人才"资产"的最佳产出与持续增值。20年后的今天，这一理念在业界仍然是非常超前的。

股东利益最大化、财务利润最大化，依然是很多企业发展的最大逻辑。在这种逻辑的背后，企业很难从心底里把人才当资本来看待和建设。一些企业平常说以客户为中心，关键时刻仍然视客户为猎物，就是这个道理，没有虔诚的信仰和机制的保障，不管是人才还是客户，无非都是一个谋利的工具，最多是一种即用即弃的资源。

基于这一管理理念，华为一是建立了尊重人才但不迁就人才的管理机制，建设了一支努力创造、专业精深、支撑公司业务发展与技术进步的专业力量。

二是将人才的管理更聚焦到人的能力管理上。任正非说："人才是企业的财富，技术是企业的财富，市场资源是企业的财富……而最大的财富是对人的能力的管理，这才是真正的财富。"

三是华为十分重视对员工的培训，每年支付大量的培训费用。有一次原国务委员宋健访问华为时问任正非"做华为的最大感受是什么"，任正非回答说："我们浪费较大，包括几个亿用于培训，几个亿报废了，但我们培养了一大批人，这一大批人在什么时候发挥作用呢？下一个世纪。社会上，包括一些世界著名公司，说华为浪费太大，但我们认为正是浪费造就了华为。"

四是人力资本所得三倍于财务资本所得。人力资本所得包括员工获得的工资性薪酬、年度奖金和 TUP 等累计的总收益；财务资本所得主要是虚拟股分红。

第四节　最佳时间、最佳角色、最佳贡献

人的生理生命很短，知识生命更短，任正非强调要让优秀人才早一些感知市场、服务、生产、交付、财务……让人才的成长速度更快一些。让优秀人才在最佳时间以最佳角色，产生最佳贡献，同时也被给予最佳的回报。"组织一定要在他冲上甘岭时，多给他一包方便面。"

人才的使用，也要只争朝夕。对此，华为设立了三个机制予以保障：

- 一是给予已经在岗位上做出突出贡献、有使命感、有思想、有冲劲、有闯劲的员工冲锋的机会，优先把他们投入到公司战略性、挑战性岗位上去；给予在岗位上责任结果持续优良、有责任感、技能精深的人才担责的机会，压担子，给权力。
- 二是用机会的牵引和挑战来发现、考察优秀人才。人的知识生命是短暂的，华为每年破格提拔四五千人，通过破格提拔，打破普适规则，对一些存在缺点但在业务领域具有独特贡献的"歪瓜裂枣"大胆给予担当重任的机会。

- 三是形成"众筹、快闪"和"传帮带"机制，并将专家能力工具化、云化、微服务化，让专家在三五年的时间内，产生最大价值，不强求一个专家在华为待十年八年，但同样给予奖金和股票。

什么是最佳时间、最佳角色呢？华为人力资源委员会委员、人力资源副总裁李山林曾分析说：

华为从成立以来，研发人员的平均年龄是 27 岁左右，20 多年一直是这样的，因为在不断吸收新鲜血液。但在 2009 年推演时发现，如果不对人员结构进行有效的管理，这个平衡就会很快被打破，并且不可逆，5 年之后研发人员的平均年龄会达到 30 岁，再过 8 年平均年龄达到 35 岁。但一般来讲，软件工程师编码的黄金时期是二三十岁（这并不表示 40 岁以上就不编码，依然需要经验丰富的人员编写核心代码），只是那个时期创造力是最佳的。如果不改变招聘政策，合理管理研发人员的结构，华为公司可能越来越"老化"、越来越没有活力，研发成本也将急剧上升。我们就建议公司调整招聘策略，就软件工程师而言，加大对应届生的招聘，特别是优秀本科生的招聘。华为不仅要对人员的数量和质量进行管理，还要对人员的结构和成本进行有效管理。"⊖

据此，华为根据业务发展实际，不断审视各类人员在价值创造中的作用变化，调整人才分层分类，并对各类人才最佳贡献的方向和重点做出明确定义：

- 主官的主要责任是聚焦业务、夺取胜利，对不确定性环境变化下的业务决策负责。
- 专家的主要责任是解决问题、致力于专业创造，对于不确定性环境

⊖ 李山林，《让 HR 真正成为业务的伙伴》，搜狐科技，网址：http://www.sohu.com/a/148960213_163538。

变化下的业务开展提供专业能力。对于主官与专家的管理，要重在发挥其决断力和创造性。

- 职员的主要责任是认真执行、高效支撑，负责确定性工作准确、及时和高效运作。

- 操作类人员的主要责任是保质保量、精心操作，负责按确定的规则完成基础操作工作。对于职员与操作类人员的管理，重在强调责任心和经验积累。

- 外部合作人才的主要价值是公司业务能力的无边界扩展与弹性补充，帮助公司快速汇聚业务能力，增强面向业务周期的组织规模弹性。

第五节　不完美的英雄也是英雄

华为的企业形象广告，2014 年是穿布鞋的李小文院士，2015 年是沧桑的芭蕾脚，展示的都是奋斗者的形象。2016 年华为的形象广告推出的是四次获得金牌的"女飞人"——短跑冠军乔伊娜，社会公众对此极其不解，华为内部也一片哗然，因为乔伊娜是一个有争议的人物，包括被怀疑服用兴奋剂、个性张扬。

但任正非说：不完美的英雄，也是英雄！"我们要改变公司对人要完美的要求和评价，这抑制了很多干部的成长和发展。我们现在看，什么是英雄？在那一段时间做出了贡献的人，就是英雄。不要求在孩童时代就有远大理想，也不要在以后背负着这个荣誉包袱而要求任何时候不能玷污了我们这个队伍。不这么过度地要求，我们千军万马就能上来。你不能要求英雄是一个完人、圣人，我们的媒体不断抨击某明星的缺点，但他就是一个演员嘛。我们对人有完美的要求，就抑制了英雄的产生。"〇

〇 《巴塞罗那通信展小型恳谈会纪要》，2016 年 2 月 23 日。

电影《血战钢锯岭》里的主角上等兵戴斯蒙德·道斯，是一个不用武器而战胜了敌人的战争英雄。他在训练中从不碰枪，在别人眼中是一个极其不合格的军人，是一个异端，他长时间受到长官和战友们的辱骂与排斥，还一度被审判和监禁，被要求离开军队，但这些都没有影响他救人的信仰，他最终成为一名救人无数、令人敬仰的英雄。

每一个生命都值得期待！不以成败论英雄，也不对英雄求全责备，要容得下有缺点的优秀人才。"从失败中提取成功的因子，总结，肯定，表扬，使探索持续不断。对未来的探索本来就没有'失败'这个名词。'失败'的人才、经验继续留在我们的队伍里，我们会更成熟。我们要理解歪瓜裂枣，允许黑天鹅在我们的咖啡杯中飞起来。创新本来就有可能成功，也有可能失败。我们也要敢于拥抱颠覆。"⊖

歪瓜裂枣，不是歪瓜劣枣，枣是裂的甜，瓜是歪的香，要宽容"歪瓜裂枣"的奇思异想，虽然他们暂时不被大家看好，但是要从战略眼光看待这些人。华为俄罗斯数学研究所有一位科学家，一直默默无闻，10 年后他终于发明了一个数学算法，成功突破移动网络的几个特殊瓶颈，打通 2G、3G 和 4G 网络，使华为成为全球第一家实现 GSM 多载波合并的公司。这种人才是没办法用工卡和 A、B、C 考核出来的。

任正非提醒内部，不要像审视内衣模特一样来看待这些"歪瓜裂枣"，爱因斯坦在华为能活下来吗？华为能接受贝多芬的应聘吗？在科学的道路上，不要压制不同见解和不合群的人，要多路径，允许他们的思想在公司发酵，只有这样，才会有"一代将星闪耀"。

⊖《以创新为核心竞争力，为祖国百年科技振兴而奋斗——任正非在全国科技创新大会上的讲话》，2016 年 5 月 30 日。

第八章

文化：云雨沟

　　多年来华为一直强调：资源是会枯竭的，唯有文化才会生生不息。华为没有可以依存的自然资源，唯有在人的头脑中挖掘出大油田、大森林、大煤矿……这里的文化，不仅包含了知识、技术、管理、情操……也包含了一切促进生产力发展的无形因素。华为文化承载了华为的核心价值观，使得华为的客户需求导向的战略能够层层分解并融到所有员工的每项工作之中。不断强化"为客户服务是华为生存的唯一理由"，提升了员工的客户服务意识，并深入人心。

　　华为对企业文化的管理绝非只是口号式的宣传，也非单纯的老板战斗檄文。不可否认，任正非是一个非常了不起的文化宣导员，他在各类场合的讲话都具有极强的文化影响力，但这一点我们其实学不会。

　　以客户为中心，以奋斗者为本，看似具有非常强的普适性，可以照单全收，但如果不明白其发展逻辑，建立不起自己的土壤生态，不能导入自己的管理系统，这样的文化借鉴完全没有意义，也是很容易失败的。

　　任正非对企业文化的理解是："我们的企业文化，绝不是让各级干部又凶又恶,文化给大家提供了一个精髓,提供了一个合作的向心力,提供了一种人际相处的价值观,这种价值观需要人们心悦诚服。我们强调奋斗,并不是逼迫员工,员工只需要在法律的框架下,尽职尽责工作就行。"学华为的"末位淘汰"并不能解决企业文化缺失的问题。

"20 年来,我们在研发、市场、服务、供应、财经管理、监控审计、员工的思想教育等方面均取得了较大的成绩。我们已在全球化竞争中奠定了基础,我们正在走向提高科学管理能力,提高运行效率,合理降低内部成本,适度改善报酬与考核机制,促进新生的优秀干部快速成长的道路上。但以什么为我们工作的纲,以什么为我们战略调整的方向呢?我们在经历长期艰难曲折的历程中,悟出了'以客户为中心,以奋斗者为本'的文化,这是我们一切工作的魂。"⊖因此,企业文化也绝不是挂在墙上的那几行苍白的文字。

任正非很少去回顾华为的历史,即使提到也更多是说说从前的苦难和教训。内部曾有人提议建一座历史博物馆,任正非坚定反对说:"华为不需要历史,华为要忘掉历史。"因此,在华为几乎看不到华为过去的历史,也几乎看不到任正非的形象照片,恰恰相反,墙上挂的是做出特殊贡献的员工照片。试想,对于一个到处挂着企业老板和政府领导人照片的企业,"以奋斗者为本"的逻辑在哪里呢?

同时,企业文化需要用一定的方法导入管理系统中。华为的文化管理借用了一个自然法则,即"云、雨、沟、汽"的水循环系统,分层解读,分层落地。

云,即核心价值观。华为文化的核心表述是:以客户为中心,以奋斗者为本,长期坚持艰苦奋斗,坚持自我批判。

⊖ 《逐步加深理解"以客户为中心,以奋斗者为本"的企业文化——任正非在市场部年中大会上的讲话纪要》,2008 年 7 月 15 日。

雨，华为文化通过战略制定、重大变革、项目运作等管理动作进行链接。

沟，通过流程、规则、制度等组织建设进行固化，实现有序流转。

汽，最后以故事、总结等方式，通过水汽蒸发再回到云端，将华为文化进一步升华。

第一节　以客户为中心

什么叫"以客户为中心"？任正非的解释是客户是华为存在的唯一理由。他说："天底下唯一给华为钱的，只有客户。我们不为客户服务，还能为谁服务？客户是我们生存的唯一理由！既然决定企业生死存亡的是客户，提供企业生存价值的是客户，企业就必须为客户服务。因为，只有帮助客户实现他们的利益，华为才能在利益链条上找到自己的位置。只有真正了解客户需求，了解客户的压力与挑战，并为其提供满意的服务，提升其竞争力，客户才能与你的企业长期共同成长与合作，你才能活得更久。所以需要聚焦客户关注的挑战和压力，提供有竞争力的通信解决方案及服务。"

华为如何理解"以客户为中心"呢？这里面包括四个内涵：

- 以宗教般的虔诚对待客户需求，重视普遍客户关系，构筑战略伙伴关系；
- 质量好、服务好、运作成本低、优先满足客户需求；
- 以客户满意度作为衡量公司内一切工作的基础准绳；
- "深淘滩、低作堰"，通过产业共赢建立公司发展的良好环境。

"以客户为中心"的理念源于华为早期任正非朴素的思想和行为。据原华为人张利华在其著作《华为研发》一书中回忆的一个历史片断：

1988 年，陈康宁[⊖]陪同客户一起到深圳考察华为公司和订货，到深圳才发现华为只有几个人，在其他地方也还没有办事处。谈好合同后刚好下班，任正非叫了华为公司唯一的一辆小车，安排客户和公司陪同人员去南头的南蓉酒家用餐。车开了，陈康宁坐在车上，看到任正非沿着路边一步一步地走回家。客户和陪同客户的员工坐车，华为总经理走路，这一幕令陈康宁终生难忘。

1989 年，陈康宁陪同四川一位地区局的局长及几名科长到深圳去华为考察，住在深圳华强北附近的格兰云天大酒店。任正非白天在酒店向客人介绍情况并谈到晚上十一点多，当时从任正非住的深圳南头到华强北，还没有今天深南大道这样的直通大路，只有一条两车道弯弯曲曲的土路，路边还是荔枝林和农田，开车要一个多小时。大家原以为任正非第二天会晚点到，结果第二天早上七点多，任正非就已到了酒店大堂，陪客人下楼吃早茶了。这意味着任正非早上五点多就得出发，晚上最多只休息了四个小时。任正非对客户如此热情和诚挚，令所有在场的客户都非常感动。

陈康宁装了几台华为公司发过来的机器后，越发觉得华为公司处处为代理商着想，是个与众不同的公司。华为公司一心为代理商着想，也保证了客户的售后服务质量，这些都是当时销售同类产品的其他公司做不到的。虽然华为在当时的通信领域还是一个不知名的小公司，但华为的诚信和优质服务，让陈康宁成了华为的铁杆代理商。[⊜]

一、战略以客户为中心

经过多年的摸索，华为逐步认识到，"以客户为中心"才是一条通往世界的道路。这里面其实包含一个辩证关系：成就客户的成功，才会成就企业的成功。2017 年 6 月 2 日任正非在战略务虚会上说："一个公司取得

⊖ 陈康宁，曾任职于重庆电信局，1988 年成为华为在重庆的代理商，1990 年受任正非的影响索性加入华为，后在华为担任过市场部、生产部、企业文化部等多个部门的负责人。

⊜ 张利华，《华为研发》(第 3 版)，机械工业出版社，2017 年，第 10 页。

成功有两个关键: 方向要大致正确, 组织要充满活力。这里的大致正确的'方向'是指满足客户长远需求的产业和技术。"华为作为商业组织, 如果不能聚焦客户需求, 把握商业趋势, 任正非认为, 方向就可能是错的。

因此, 华为从战略上高度关注客户价值的创造, 从员工角色上, 时刻提醒大家做工程商人。

基于这个指导原则, 华为没有沉迷于"以技术为中心", 在自主创新上倡导"开放、合作、实现共赢"。华为从来就不是"原装的革命者", 在部分自主研发的同时, 把更多的技术探索对外开放, 与伙伴共享。

"深淘滩, 低作堰", 是基于"以客户为中心"思维上的、非常有战略高度的利益分享机制, 不做"黑寡妇"[⊖], 把利益让给客户和合作伙伴, 这样才能团结更多的人往前走。

在管理上, 华为认为, "以客户为中心"是管理优劣的衡量标准, 对客户价值创造有贡献的管理才是好的管理, 尽量简化多余的动作, 减少管理费用, 不然会加大客户的支出负担。

任正非甚至认为, 通过烧钱获取客户的商业模式, 是一种敲诈客户的行为, "为什么不能像互联网公司一样烧钱呢? 因为我们没钱烧。OPPO、VIVO 为什么是我们的朋友? 它是靠商品挣钱的, 我们也是靠商品挣钱的。我们的对手是谁? 烧钱的公司, 因为它不是以客户为中心的, 想通过烧钱垄断市场, 然后敲诈客户。我们目的不是敲诈客户, 而是合理赚取利益, 帮助客户也共同成长。所以在这个价值体系上, 我们要确立三星、苹果、OPPO、VIVO 其实都是一个商业模式的朋友。"[⊜]

⊖ 黑寡妇, 是拉丁美洲的一种蜘蛛, 这种蜘蛛在交配后, 母蜘蛛就会吃掉公蜘蛛, 作为自己孵化幼蜘蛛需要的营养。

⊜ 《任正非在消费者 BG 年度大会上的讲话》, 2017 年 1 月 17 日。

2017 年华为全联接大会

二、产品和服务以客户为中心

华为产品发展的路标是以满足客户需求为导向，客户需求优先于技术创新，采用贴近客户需求与技术创造"拧麻花"的方式，开发出质量好、性价比高的产品。当然华为并不主张产品卖低价，低价不能保障企业持续发展，也间接地损害了客户的利益。

任正非说，这个世界上百分之九十几都是穷人，不要轻视他们，因此，华为并没有放弃低端客户。这在手机领域表现特别明显，华为做了一系列面向低端市场的手机，但华为走的不是低价格、低成本、低质量的道路，其低端手机并不代表是廉价产品，它的要求是高质量、标准化、终生不坏、软件升级容易，在价格较低的情况下，也能保证高品质。

华为还特别强调为客户服务，因为只有服务才能换来商业利益。服务，不仅仅包括售后服务，从产品的研究、生产到产品生命终结前的优化升级，也包括员工的思想意识，要用优良的服务去争取客户。客户的信任才是企业谋求发展的最好资源。

三、组织和流程以客户为中心

华为建立的是"以客户为中心、以生存为底线"的管理体系。不能为客户创造价值的部门是多余部门，不能为客户创造价值的流程是多余流程，不能为客户创造价值的人是多余的人，多余的都要被精简。

但是在一线，华为用"铁三角"的方式来做厚客户界面，通过多种角色的一致行动，加强与客户的关系，提升客户满意度。

在流程建设上，华为强调的是端到端流程，即从产生客户需求的这一端到满足客户需求的那一端的全面贯通，提升响应客户需求的速度，强化组织整体的执行力。

四、文化以客户为中心

强调"以客户为中心"的目的，是不要以领导为中心，任正非在一次会上说："在华为，坚决提拔那些眼睛盯着客户，屁股对着老板的员工，坚决淘汰那些眼睛盯着老板，屁股对着客户的干部。前者是公司价值的创造者，后者是牟取个人私利的奴才。各级干部要有境界，下属屁股对着你，自己可能不舒服，但必须善待他们。"⊖

⊖ 田涛、吴春波，《下一个倒下的会不会是华为》，中信出版社，2015 年。

　　企业也不要以员工为中心，2017年美联航发生一起严重的伤害旅客事件⊖，任正非认为根本原因在于不以客户为中心，而以员工为中心，才导致如此恶劣的经营作风。任正非借此事对内部敲起警钟："华为会不会是下一个美联航？我们认为最宝贵的财富是客户，一定要尊重客户。对于以客户为中心的文化，我们要坚持下去，越富越要不忘初心。"⊜

　　"比如说洗煤炭，你把煤炭洗白了，你确实劳动态度很好，任劳任怨，不怕脏、不怕苦、不怕累，可是洗煤炭不具有任何价值和意义。"只有明确了"以客户为中心"的目标导向，努力才显得有意义。

　　华为西欧地区部总裁彭博在《风雨兼程的砺行》一文中描述了这么一个片断："沃达丰（Vodafone）的两个客人到了后，非常敬业，没有休息，直接来公司参观。其中一个客户随身拎了一个很重的包。我看他很不方便，便主动上前介绍自己，并好意地提出，是否可以帮他拿包，客户很客气地婉拒了。第二次我又上前问，客户又拒绝了。第三次，客户用非常疑惑的眼神看着我，问了句'Are you sure'。我非常快地接了句：'SURE'。这样拎了这个包一天。很多年后，我和这个客户聊天，谈起当时的场景，客户大笑，说：'我们德国人没有让人帮着拎包的习惯，无论年龄大小，更何况我的包里有很多资料，我也不放心别人拿，但看你一再问，我怕这是中国文化，拒绝不礼貌，最后才不情愿地给了你。'"

　　华为原战略与Marketing无线市场总监汪瀛曾提到一个案例："我曾经带过一批法国的客户，有一个四五十岁的女士，我带她来中国拜访上海移动和江苏移动的老大。我们所乘坐的飞机大概是早上5点钟左右起飞，落

　⊖　2017年4月9日下午5时40分，一班由芝加哥飞往肯塔基州最大城市路易斯维尔、编号为UA3411的美国国内航班，因超额订票而将一名不愿意下机的美籍越南裔乘客强行拖走。美联航被起诉，后达成庭外和解，赔偿金额高达1.4亿美元。

　⊜　《任正非在战略预备队座谈会上的讲话》，2017年4月18日。

地后，这位法国女士跟我说：很不好意思，我没有带名片。如果见华为的人也没什么，但她是见上海移动和江苏移动的老大，没有名片是蛮失礼的。我说没有关系，我尽快帮您解决这个问题。大概到下午 3 点钟左右，我们的客户部门带来一盒精美的名片，送到这个法国女士的手中，名片上有法文也有英文，当时那位女士就震惊了。"

这些细节，都入微地反映了华为人"以客户为中心"的思想基础和文化底蕴。

第二节　以奋斗者为本

为什么是以奋斗者为本？"我们奋斗的目的，主观上是为自己，客观上是为国家、为人民。但主、客观的统一确实是通过为客户服务来实现的。没有为客户服务，主、客观都是空的。当然奋斗者包含了投资者及工作者。"

什么叫奋斗？华为的理解是："为客户创造价值的任何微小活动，以及在劳动的准备过程中，为充实提高自己而做的努力，均叫奋斗，否则，再苦再累也不叫奋斗。企业的目的十分明确，是使自己具有竞争力，能赢得客户的信任，在市场上能存活下来。要为客户服务好，就要选拔优秀的员工，而且这些优秀员工必须要奋斗。要使奋斗可以持续发展，必须使奋斗者得到合理的回报，并保持长期的健康。但是，无限制地拔高奋斗者的利益，就会使内部运作出现高成本，就会被客户抛弃，就会在竞争中落败，最后反而会使奋斗者无家可归。"⊖

"以奋斗者为本"和"以客户为中心"，包含了一种深刻的辩证关系，

⊖ 《逐步加深理解"以客户为中心，以奋斗者为本"的企业文化——任正非在市场部年中大会上的讲话纪要》，2008 年 7 月 15 日。

以奋斗者为本，其实也是以客户为中心，看似对立，但"以奋斗者为本"是实现"以客户为中心"目标的基础条件，而目标的实现又反过来能给予奋斗者更多的回报，两者之间构建了一个立足长远的统一和平衡关系。

天上不会掉馅饼，这是最朴实的一个道理。华为为普通人提供了改变命运的机会，不看背景，不看关系，不看学历，只要做一名奋斗者，一是努力奋斗，二是做出价值贡献，就能得到认可，得到可观的回报。

一、胜则举杯相庆，败则拼死相救

任正非曾描述过这么一个令人难忘的场景："在北京寒冬的夜晚，我们的销售人员等候了八个小时，终于等到了客户，但仅仅说了半句话：'我是华为的……'就眼睁睁地看着客户被某个著名公司接走了。望着客户远去的背影，我们的小伙子只能在深夜的寒风中默默地咀嚼着屡试屡败的沮丧和屡败屡战的苦涩。"

这是 1994 年华为数字程控交换机刚刚研发出来，在没有品牌、没有关系的情况下，只能靠奋斗者用血泪和汗水慢慢蹚出一条路来。

华为西欧地区部总裁彭博曾记录了一段攻打德国市场的艰难历程：

2005 年的春天，时间对我们来说就像凝固了一样，德国实验局没有阳光普照、春暖花开，因为竞争对手以 IPR [⊖] 授权协议问题阻止我们，实验局进入了一个冰冻状态，原来充满希望的德国实验局就像德国的冬天一样，漫长而寒冷。带着这样的心情，2005 年，我们去了戛纳，参加 3GSM 展。我正在展馆内徜徉，突然接到电话，说有个沃达丰（Vodafone）的重要客户到了我们展台，希望我们接待。我马上赶回到展馆，见到了客户，提到了我们正在准备的集团测试，提到了我们的计划，并详细和客户介绍了我们的设备。客户

⊖ IPR（Intellectual Property Rights），知识产权。

最后走的时候讲到当时对我们犹如天籁般的总结："Vincent（彭博的英文名），我理解所谓的 IPR 问题，都是为了阻拦你们，德国不愿意，我们愿意在西班牙和你们测试实验，我会和集团进行沟通，会积极去争取你们来西班牙进行测试实验局。"这个客户，正是当时 Vodafone 西班牙的 CTO。5 月，集团正式通知我们，测试实验局挪到了西班牙，我们整个团队都沸腾了。搬家，整个队伍搬去西班牙，Edward 和罗刚，刚到欧洲报到一周，家人和孩子还没有到德国，就紧急转去西班牙，说是临时支持，这一去，就是两年。

2007 年，我们在德国迎来了第二个机会窗，诺基亚（Nokia）和西门子（Siemens）合并了。Vodafone 德国当时有 12000 个 Siemens 的基站，是把网络交给 Nokia 来演进还是给其他公司？于是他们发出了一个报价请求（RFQ）。在 9 个月的时间里，华为投入了 100 多人参与这个项目。宣布结果的那天，Vodafone 德国 CTO 哈特穆特（Hartmut）给我来了电话："Vincent，我知道你们为这个项目付出了巨大的努力，但我们已经和 Siemens 团队合作了 20 年，我们对他们很了解，也很信任，即使他们合并到 Nokia-Siemens 了，但还是那个团队。华为已经非常接近赢得这个项目了，但非常抱歉，谢谢你们的参与。"我当时在电话里和他说："Hartmut，您知道吗？中国人有个优秀的品质，就是耐心。不管您今天是否选择我们，我们都会紧密地继续和 Vodafone 德国合作，任何时候您有需求或者问题，请随时打我们的电话，我们将继续扎根德国。"

2009 年，Vodafone 德国获得了 LTE 牌照，准备启动测试，我又接到了客户的电话。他非常高兴地说："Vincent，你们必须抓住这次机会，这是华为成为我们伙伴的绝佳机会。"于是华为成了独家 LTE 测试的公司，客户在之后的 9 个月内迅速启动了项目招标和商务谈判。2010 年 7 月 14 日，这一天是法国国庆日，我正在巴黎参加客户的活动，接到了这位 CTO 的电话，他非常兴奋地说："Vincent，祝贺你们，你们赢了！华为将成为我们 Vodafone 德国未来 5 ～ 10 年最主要的伙伴，我们给予你们未来 2G/3G/4G 的主要份额。"⊖

⊖　彭博，《风雨兼程的砺行》，网址：http://xinsheng.huawei.com/cn/index.php?app=forum&mod=Detail&act=index&id=3797251&search_result=1。

"胜则举杯相庆，败则拼死相救"，这句话感召了很多华为人奔赴战场。这既是华为的市场原则，体现一种不折不扣的集体奋斗精神；也是价值创造的导向，激励华为人发挥集体智慧赢得胜利。

二、不让雷锋吃亏

如果说"胜则举杯相庆，败则拼死相救"是与"奋斗者"合作上的牵引，那么"不让雷锋吃亏"就是"奋斗者"利益上的保障。一是价值分配体系向奋斗者倾斜，给火车头加满油；二是发展机会的分配向奋斗者倾斜，为奋斗者的成长创造良好的环境和条件。

干部提拔也向奋斗者倾斜，对于突出贡献者进行超级提拔。

同时，华为不容忍懒人。"因为这样就是对奋斗者、贡献者的不公平，这样对奋斗者和贡献者就不是激励而是抑制。幸福不会从天而降，只能靠劳动来创造，唯有艰苦奋斗才可能让我们的未来有希望，除此之外，别无他途。从来就没有什么救世主，也不靠神仙皇帝，要创造幸福的生活，全靠我们自己。"

另外，不让雷锋吃亏还表现在对奋斗者的呵护上，华为供应链一名员工上夜班途中被飞车党抢夺，身体多处擦伤，左肩锁骨骨折，一名主管因处理不当而被撤职，任正非还亲自对这一突发事件做出如下批示：

一个主管接到员工危难报告时，不仅仅是上报了，就没有责任了。我们要确定第一受信主管的责任制。尽管你不一定是他的直接主管，但"受难者"找到了你，你就是第一责任者。你一定要跟踪落实，直到受害员工得到了及时、负责任的救助为止，否则应承担责任。我们各级主管不应对员工有冷漠感，不仅仅是对员工，即使路见"受难人"，也应力尽所能地帮助，至少帮助把求救电话拨出。此事要引起各级干部的自我反思，各级主管都不应麻木不仁。我们已经全球化了，我们的中高级主管的手机要保持每周七天，每天二

华为松山湖基地一角

十四小时开机。我们不仅应帮助自己的员工，对于竞争对手，那些与我们展开激烈竞争的对手的员工，在危难之时，也应伸出援助之手。公司之间是市场关系、竞争关系，员工之间是人性关系。高山、冰原、沙漠……遇难时，都应及时帮一把。"

三、思想上艰苦奋斗

艰苦奋斗，对于中国人来说，带有很强的时代烙印，从历史意义的角度理解主要侧重于对物质匮乏的克服。

而立足于华为发展角度来说，随着企业规模的扩大和利润的创造，员工的生活水平在不断改善，但可能带来的后果是，富裕起来后的惰怠、贪婪与腐败，因此，华为强调在思想上要艰苦奋斗。

"我们要求大家要艰苦奋斗，是指思想上要艰苦奋斗，而在生活上能不艰苦的就不要艰苦。军队里面的训练是很苦的，是从难，从严，从实战出发来训练部队。你们看到过海军陆战队的训练吗？在海南岛的沙滩上，炎炎烈日之下，他们盘腿一坐，就是几个小时，他们的肩膀，第一层皮被晒脱了，第二层皮也脱了，接着第三层、第四层，……直到露出了血丝。他们被空投到荒岛上，不给火，不给吃的，一个星期以后才被接回来，自己想办法生活，抓蛇、抓鱼、抓虫子来吃。这种就是从难，从严，从实战出发，为战争做好准备。但战争真正打起来的时候，一切都是尽可能地创造好一些的条件，尽可能除了克服敌人这个困难外，不应有任何困难。我们现在的要求是思想上艰苦奋斗，而不是在身体和生活上艰苦奋斗，能解决的困难一定要解决。当然，只有保持思想上艰苦奋斗，才可能在意想不到的困难面前，临危不乱。"⊖

从管理角度来说，思想上的艰苦奋斗就是多动脑筋。"脑子动得越多，工作方法和流程就可以经常得到修正，流程不断丰富，不断简化，然后再丰富、再简化，这种螺旋式上升的过程构成了非常先进且实用的管理。每一次的丰富，每一次的简化，都不是简单的机械增加和简化，而是产生了质的飞跃。"⊜

华为一名法务人员曾这样描述自己的工作场景："前一刻还在站点大院被房东大爷叉腰训斥拖欠付款，下一刻就因突如其来的争端坐在警察对面接受讯问。上午被挎着 AK47 的大汉护送处理案件，紧张燥热的空气里似乎散发出硝烟味，下午便西装革履地同某银行主席探讨金融行业大势，顺

⊖ 《上甘岭是不会自然产生将军的，但将军都曾经是英雄——任正非在苏丹、刚果、贝宁代表处员工座谈会上的讲话》，2006 年。

⊜ 《坚定不移地推行 ISO9000——任正非在市场部干部培训的讲话》，1997 年 2 月 26 日。

带化解纠纷与隔阂，敲定诉讼中的数百万美元保函回款。"[一]没有思想上的艰苦奋斗，以及永不言败的精神，在这么复杂的工作场景下很难坚持下来。

而外部将华为的艰苦奋斗经常等同于"床垫文化"，意思是华为随时在强迫员工加班，这是一种误读，即便在华为创立初期，任正非也非常注重物质条件的改善，甚至经常亲自给员工煮夜宵。之所以在办公室给员工准备一些床垫，任正非的动机很简单："你们开发人员搞累了，随时可以躺在地上休息一会。"这其实表达的是一份关怀。如果艰苦奋斗仅仅表现在一个床垫上，理解未免太肤浅。

第三节　长期坚持艰苦奋斗

繁荣之后不再艰苦奋斗，就必然会丢失繁荣！

如果说艰苦奋斗是一种精神和文化追求，那么长期坚持艰苦奋斗，则可以理解为一种机制保障。

长期艰苦奋斗，也是以客户为中心，在不断改善工作和生活物质条件的基础上，思想上始终保持艰苦奋斗的精神，行动上一切以客户为中心，竭尽全力持续为客户创造价值。

2011年3月，日本东北部突然发生9级大地震，并引发严重的核泄漏危机，在危机时刻，基于"保证客户的基础通信网络正常"的使命，华为员工没有撤离。有一些员工家属要求与任正非对话，呼吁公司调整政策，把员工从危险区域撤回来。任正非是这样回复的：

《板凳甘坐十年冷》合唱场景

　　我司已为全人类的20%提供了通信服务，网络要求任何时候、任何情况下不间断，在这么宽广的地域范围内，随时都会有瘟疫、战争、地震、海啸……发生，因此，员工在选择工作岗位时应与家人一同商量好，做好风险的控制与管理，不要有侥幸心理。华为并不意味着高工资，高工资意味着高责任。我们的职业操守是维护网络的稳定，这是与其他行业所不同的，豆腐、油条店可以随时关掉，我们永远不能。……任何时候都会有动乱发生，我们在任何地方、任何时候只对网络的基本稳定承担责任，任何地方、任何时候，我们绝不会介入任何国家的政治。放弃网络的稳定，会有更多的人牺牲。日本的50名死士不牺牲，事故扩大，就会有成千上万的人牺牲。

　　任正非列举当年安哥拉发生战争的例子，当地市场负责人在没有请示的情况下私自撤离，抛弃了运营商及合作伙伴，事后很多年安哥拉政府坚决拒绝华为进入该国市场。任正非说，因为我们这个行业的特殊性，在关键时候，我们必须扛得住，这是必须坚守的价值观，你必须有斗士的精神，越是艰苦的地方，越需要你。

任正非最后说："作为老板，不守住这个原则，我对不起企业。作为家人，你们这样要求也是合情合理的。你们可以去要求你们的亲人从危险地区撤回来，但是，你们不能要求公司为此而改变政策。公司应该把危险时刻坚守岗位的人提到更重要的位置，给他们涨薪、升职。这就是华为公司的价值观，这是我们必须坚守的原则。"

任正非向员工和家属坦言，客户给钱终究是有限度的，我们只有艰苦一点，好好干活，才能长期得到客户的认可；同时，华为也没有想象中那么好的激励机制。"第一类，华为最聪明、最优秀的人，认为自己的个体价值很高，可以投身到另外的领域。第二类，还有一种员工很聪明，能力也很强，认为外面的公司能够有更大的平台，他们发挥更大的作用，我们也挡不住流失。第三类，华为早期留下的员工都是'傻瓜'，不'傻'怎么会留下来，慢慢爬到这么高位置？因为相信我们，跟着傻乎乎走到现在。"⊖

华为靠着一群"傻瓜"，傻傻地艰苦奋斗了30年，为客户，为企业，为自己。一个企业一旦失去艰苦奋斗，就会被客户所抛弃，必然走向灭亡。"艰苦奋斗是华为文化的魂，是华为文化的主旋律，我们任何时候都不能因为外界的误解或质疑动摇我们的奋斗文化，我们任何时候都不能因为华为的发展壮大而丢掉了我们的根本——艰苦奋斗。"

一切胜利都是价值观的胜利！华为没有自己的企业之歌，而是用波澜壮阔年代爱国青年为救亡图存所传唱的《中国男儿》，鼓舞员工艰苦奋斗，只手撑天，热血殷红。

⊖ 《为什么我们今天还要向"蓝血十杰"学习——任正非在"蓝血十杰"表彰会上的讲话》，2014年6月16日。

视频链接

2013 年华为干部大会合唱《中国男儿》

《中国男儿》是学堂乐歌的代表作之一，1953 年出版的《五四运动史》记载："悲壮高昂的《中国男儿》曾在那个波澜壮阔的时代为广大爱国青年所传唱。"《中国男儿》长 48 小节，基本旋律只有两段：第一段是缓急相济的进行曲节奏，表现奋发向上、阔步前进的豪迈气概；第二段由一拍二音、蜿蜒不绝的短音符组成，旋律盘旋而上，又盘旋而下，如长江大河，一泻千里。2011 年 1 月播出的电视剧《五星红旗迎风飘扬》将其作为片尾曲。华为没有自己的企业之歌，任正非看过《五星红旗迎风飘扬》之后，并将传唱《中国男儿》作为华为文化建设的一部分，激励员工滚滚向前。

《中国男儿》

中国男儿，中国男儿，要将只手撑天空。

睡狮千年，睡狮千年，一夫振臂万夫雄。

长江大河，亚洲之东，

峨峨昆仑，翼翼长城，

天府之国，取多用宏，

黄帝之胄神明种。

风虎云龙，万国来同，

天之骄子吾纵横。

中国男儿，中国男儿，要将只手撑天空。

睡狮千年，睡狮千年，一夫振臂万夫雄。

我有宝刀，慷慨从戎，

击楫中流，泱泱大风，

决胜疆场，气贯长虹，

古今多少奇丈夫。

碎首黄尘，燕然勒功，

至今热血犹殷红。

中国男儿，中国男儿，要将只手撑天空。

睡狮千年，睡狮千年，一夫振臂万夫雄。

长江大河，亚洲之东，

峨峨昆仑，翼翼长城，

天府之国，取多用宏，

黄帝之胄神明种。

风虎云龙，万国来同，

天之骄子吾纵横。

第四节　自我批判

一、自我批判是一种纠偏机制

华为为什么强调自我批判，而不是批判？

任正非把自我批判比喻为"鸡毛掸子"，打自己是会手下留情的，多打几次也终归会有作用。如果批判别人，一是很难掌握轻重；二是容易伤人或激发矛盾。

研发体系反思交流大会

　　自我批判是员工自我纠偏的机制。华为典型的案例是"从泥坑里爬起来的人就是圣人"。2000年9月1日，华为研发体系组织几千人参加"中研部将呆死料作为奖金、奖品发给研发骨干"的自我批判大会，在大会上把研发中由于工作不认真、测试不严格、盲目创新等产生的呆死料单板器件，以及因此而救火产生的机票，用镜框装裱起来，作为"奖品"发给研发系统的几百名骨干。对于研发人员来说，只有不沉迷于自我，不断反思，才能不断超越。

　　自我批判也是组织的自我纠偏机制。任正非经常强调"过去的成功不是未来的可靠向导"。成功是成功者的魔咒！很多企业不是被竞争对手打败的，而是被自己的成功打败的，因为成功很容易导致路径依赖，导致经验主义，最终成为一个让企业万劫不复的陷阱。自我批判可以掘松企业的管理土壤，再次产生创新的氛围，也能使企业多一些危机意识，少一些骄傲自满，形成主动革新、适应未来的能力。

二、自我批判是一种能力

华为把自我批判当成一种能力来建设。

华为任何一个职位的传承，都强调文化、制度、流程的交接，而不是简单地把一个职位从一个人交接给另一个人。没有自我批判能力的员工，不能被提拔；没有自我批判能力的干部，一律要被免职。任正非说："一个人再伟大，如果没有自我批判能力，我相信你就无法进步，也就不会是一个成功者。"

在接班问题上，华为要求接班人必须要有自我批判能力，没有自我批判能力，就不能接班，因为这样的人不可能带领公司很好地前进。

任正非对干部坚持"两个否决"：没有自我批判能力的，一票否决；品德有问题的，一票否决。

三、从思想批判走向组织批判

自我批判，对华为来说，仍然是拿来主义，不过华为形成了自己的独特认知和操作方法，一是前面提到的，将自我批判当作能力来建设；二是从思想批判走向组织批判。

- 没有自我批判，我们就不会认真倾听客户的需求，就不会密切关注并学习同行的优点，就会陷入以自我为中心，必将被快速多变、竞争激烈的市场环境所淘汰。
- 没有自我批判，我们面对一次次生存危机，就不能深刻自我反省、自我激励，用生命的微光点燃团队的士气，照亮前进的方向。

视频链接

呼唤炮火

任正非曾比喻说："攻占城墙需要多少发炮弹，现在还需要后方机关审批。前方说我要九发炮，后方说六发够啦，最后六发炮弹打过去，城墙只塌掉一半，冲锋的部队要爬这半截城墙，血流成河。"让一线听得见炮声的人呼唤炮火，是一个组织的管理目标，但实现起来很难。该视频以诙谐的方式对此进行了自我批判。

- 没有自我批判，就会故步自封，不能虚心吸收外来的先进东西，就不能打破游击队、土八路的局限和习性，把自己提升到全球化大公司的管理境界。

- 没有自我批判，我们就不能保持内敛务实的文化作风，就会因为取得的一些成绩而少年得志、忘乎所以，掉入前进道路上遍布的泥坑陷阱。

- 没有自我批判，就不能剔除组织、流程中的无效成分，建立起一个优质的管理体系，降低运作成本。[⊖]

以上都是组织批判的思维。通过组织批判，华为可以从战略、客户关系、管理流程等多方面实现组织的自我优化，而不仅停留在员工思想意识的提高上。

华为的组织批判有多种形式，包括：民主生活会、MFP、心声社区、

⊖　《从泥坑里爬起来的人就是圣人——任正非在核心网产品线表彰大会上的讲话》，2008 年 9 月 2 日。

集体宣誓。

民主生活会是华为坚持多年的自我批判方式，主要在中高管理层，频度是三个月或半年，不管任何人，包括任正非都必须参加民主生活会。

在华为一个典型的事例就是在第一章第二节描述的"一次付款的艰难旅程"事件，事件发生后，财经管理团队随即召开民主生活会进行反思，明确提出"一切为了作战，一切为了服务业务，一切为了胜利"的口号，并对授权下沉、简化审批、及时准确提供服务等方面进行整改。轮值 CEO 郭平还为此发表署名文章《记住插在硫磺岛[⊖]上的那面旗帜》，做了如下评价：

"今天当我看到财经团队能以开阔的胸怀，不是解释推诿，而是聚焦未来的改进，从授权下沉、简化审批、及时准确地提供高质量的解决方案上发力，思考如何提升自己的专业能力服务一线作战的时候，我看到的是一个氛围积极向上的团体、'一切为了作战，一切为了服务业务，一切为了胜利'也许会成为一个时代的口号。我也坚信财经管理团队会是世界一流的财务管理团队，能支撑公司未来 1000 多亿美元的收入。公司的目标只有一个，就是要聚全体员工的努力，'力出一孔，利出一孔'，这种民主生活会的制度化，标志着公司纠偏机制的建立成型，它就像第二次世界大

⊖ 硫磺岛战役，是第二次世界大战太平洋战争中最为激烈的战役之一，从 1945 年 2 月 19 日持续到 3 月 26 日。硫磺岛是美军直接攻击日本冲绳及日本本土的战略要地。日军在岛上集结陆军 1.5 万人、海军 7000 余人、飞机 30 余架，日军凭借其险要地势近距离大量杀伤美军的有生力量，美军推进一度受阻。1945 年 2 月 23 日，美军陆战 4 师以 2 号机场为目标再次发起总攻，经过 4 天血战，陆战 5 师 28 团由哈罗得·希勒中尉率领的 44 人组成的小分队，终于攻上折钵山山顶，升起一面美国国旗；4 小时后，希勒的 6 名士兵又插起了一面更大的星条旗，美联社记者乔·罗森塔尔将插旗时的情景拍摄下来。硫磺岛上的全体美军将士在国旗的鼓舞下，士气大振，浴血奋战，最终取得了硫磺岛战役的胜利。这次战役，美军牺牲 6821 名士兵，日本除 1083 人被俘外，其余 22703 人全部阵亡。这一幅插国旗的照片也因此成为美国民族的象征，成为胜利的象征。时任美国海军部长的福雷斯特说："折钵山升起的国旗意味着海军陆战队从此后 500 年的荣誉！"美国首都华盛顿广场上，依此照片建了一个巨型雕像，6 名海军陆战队的士兵正奋力插起一面美国国旗。

战中插上硫磺岛的那面战旗，财经部门当了旗手！我衷心希望他们勇于坚持原则，善于坚持原则，做世界最优秀的团队！"

不仅如此，郭平于 2015 年 11 月 27 日组织召开 EMT 会议，就数据分层收敛做出决议：通信费用、行政费用、差旅费用在国家维度进行审结，不再向上级团队报告；同时提出由"中央管控"向"一线驱动"的财经变革思路，以达到"前后方协同、担责、对准目标"的效果。

MFP（Manager Feedback Program，经理人反馈计划）既是领导力的一个管理工具，也是开展组织批判的一个方法。MFP 为下属评价其经理的"人员管理有效性"提供反馈途径，通过征集下属对上级主管在管理方面的意见和建议，推动管理者全面认识自我，思考改进，制订计划，实施改进。MFP 分为三个主要的阶段，即在线问卷调查（匿名进行）、团队反馈会议、改进计划与行动。除帮助管理者照镜子、提高管理水平之外，MFP 还有利于导向奋斗、冲锋、诚信的组织氛围建设，上下一心，聚焦客户，聚焦业务，多打粮食。

心声社区是华为的内部网站，任正非称之为"罗马广场"。在这里，华为将很多的内部文件都予以公开，任何员工都可以对公司的各项政策和举措、部门的管理方法、管理干部的言行举止等提出批评，或展开辩论。

"心声社区允许员工批评公司，这些帖子我都会看，看看他们批评的是哪一点，找些领导来看看这点是否真正有问题。如果真有问题，我们做出改进。你们看到，现在总裁办邮件发文经常附上心声社区跟帖，这些跟帖就是'一代将星在闪耀'"。[⊖]

集体宣誓开始于 2007 年，从部门，到片区，到高层，都有集体宣誓活动，主要是针对"干部八条"。

⊖ 《IPD 的本质是从机会到商业变现——任总在华为公司 IPD 建设蓝血十杰暨优秀 XDT 颁奖大会的讲话》，2016 年 8 月 13 日。

华为通过发挥员工的集体智慧，还总结出带着强烈自我批判意识的"16 条军规[⊖]"：

（1）商业模式永远在变，唯一不变的是以真心换真金。

（2）如果你的声音没人重视，那是因为你离客户不够近。

（3）只要作战需要，造炮弹的也可以成为一个好炮手。

（4）永远不要低估比你努力的人，因为你很快就需要追赶他（她）了。

（5）胶片文化让你浮在半空，深入现场才是脚踏实地。

（6）那个反对你的声音可能说出了成败的关键。

（7）如果你觉得主管错了，请告诉他（她）。

（8）讨好领导的最好方式，就是把工作做好。

（9）逢迎上级 1 小时，不如服务客户 1 分钟。

（10）如果你想跟人站队，请站在客户那队。

（11）忙着站队的结果只能是掉队。

（12）不要因为小圈子，而失去了大家庭！

（13）简单粗暴就像一堵无形的墙把你和他人隔开，你永远看不到墙那边的真实情况。

（14）大喊大叫的人只适合当啦啦队，真正有本事的人都在场上呢。

（15）最简单的是讲真话，最难的也是。

（16）你越试图掩盖问题，就越暴露你是问题。

（17）造假比诚实更辛苦，你永远需要用新的造假来掩盖上一个造假。

（18）公司机密跟你的灵魂永远是打包出卖的。

（19）从事第二职业的，请加倍努力，因为它将很快成为你唯一的职业。

（20）在大数据时代，任何以权谋私、贪污腐败都会留下痕迹。

（21）所有想要一夜暴富的人，最终都一贫如洗。

近年来，华为在行业内从跟随到领先取得巨大的成功之后，"以客户

⊖ 刚开始是 16 条，后扩展到 21 条，但名称一直使用"16 条军规"。

为中心，以奋斗者为本，长期坚持艰苦奋斗，自我批判"的核心价值观也面临新的挑战：

一是以客户为中心的意识逐渐淡化。在传统业务领域中，面对持续的商业成功及竞争态势的减弱，部分组织、干部与员工群体以客户为中心的意识、对客户的敬畏之心、宗教般虔诚地服务客户的作风在快速淡化与消失。AT 权力较为集中、部分主管个人行权强势、考核结果应用过强等因素，导致了以领导为中心、唯上不唯实、唯 KPI 论英雄的现象在组织中较大程度地存在。

二是组织使命感及岗位敬畏感正在下降。华为在取得阶段性商业成功后，组织氛围却逐渐出现了两极化的负向作用：一部分干部与员工出现因循守成心态，组织中怕犯错、不求进取现象开始滋生，鼓励开拓、容错探索的勇气不足；另一部分干部与员工出现急于求成心态，过度包装价值呈现、浮夸晾晒业绩结果屡见不鲜，业务造假和乱作为现象屡禁不止。

三是组织发展的愿景激励呈现结构性缺失。近年来，华为各级组织对"一贫如洗"的物质驱动因素关注多，对"胸怀大志"的精神驱动因素关注少。部分组织缺乏发展愿景、没有树立更高追求，未在业务发展目标与员工个体努力间形成使命链接，无法激发员工奋发拼搏的精神动力。

对此，华为将通过人力资源管理 2.0 的升级进行探索和改良。

下 篇

体 系 管 理

　　人力资源管理，遵循的依然是"以客户为中心"的原则。HR 的直接客户，是公司的管理层、骨干、员工等，通过服务这些客户来支撑业务的发展，满足市场客户的需求。

　　因此，人力资源管理既来源于业务，又服务于业务，华为认为，人力资源管理体系的基本使命是"以业务为中心、以结果为导向，贴近作战一线，使能业务发展"。

　　华为人力资源体系的建设，借助了一些全球著名咨询公司的智慧，如：Hay Group、IBM、BCG、AON、PWC 等，通过学习业界最佳实践的各种人力资源管理方法，按照"先僵化、后优化、再固化"的顺序，建立起适用于华为的人力资源体系和专业能力。

　　华为人力资源体系结构简图如图Ⅲ-1 所示。[⊖]

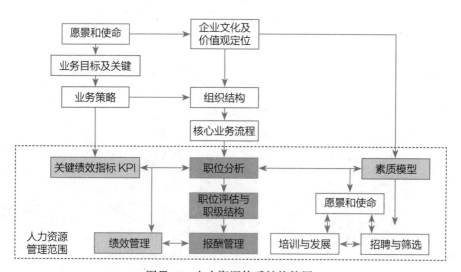

图Ⅲ-1　人力资源体系结构简图

　　华为董事会设有四个专业委员会，其中一个就是人力资源管理委员会，其负责战略人力资源管理。集团设有人力资源管理部和干部部、HR 质量与运营部三个职能机构，一个管理委员会与三个职能机构构成华为独特的人力资

　　⊖　唐继跃，《业务驱动的人力资源管理》。

源管理系统。人力资源管理部相当于人力资源共享中心，细化管理传统人力资源的六大模块；干部部相当于 HRBP（业务伙伴），负责将总部人力资源政策与制度与本部门的业务特点相结合，保证落地实施。

华为全球人力资源组织架构如图Ⅲ -2 所示。[一]

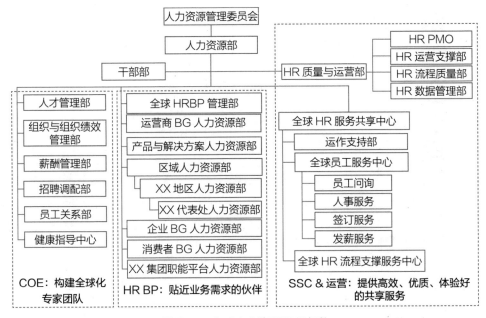

图Ⅲ -2　全球人力资源组织架构

华为人力资源建立了相对完整的流程体系，架构如图Ⅲ -3 所示。[二]

[一] 唐继跃，《业务驱动的人力资源管理》。
[二] 蒋小燕，《人力资源如何成为优秀的业务伙伴》。

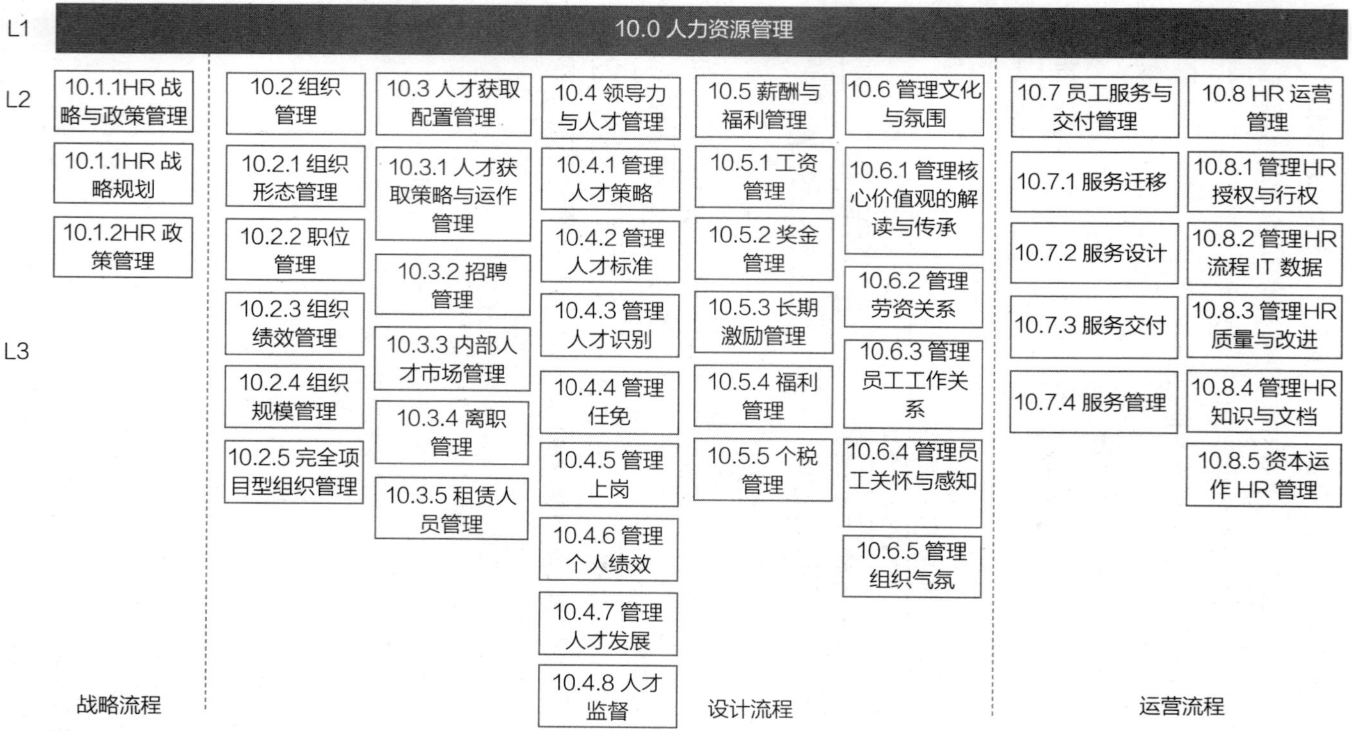

10.0 人力资源管理

L1　10.0 人力资源管理

L2

- 10.1 HR战略与政策管理
- 10.2 组织管理
- 10.3 人才获取配置管理
- 10.4 领导力与人才管理
- 10.5 薪酬与福利管理
- 10.6 管理文化与氛围
- 10.7 员工服务与支付管理
- 10.8 HR运营管理

L3

10.1 HR战略与政策管理
- 10.1.1 HR战略规划
- 10.1.2 HR政策管理

10.2 组织管理
- 10.2.1 组织形态管理
- 10.2.2 职位管理
- 10.2.3 组织绩效管理
- 10.2.4 组织规模管理
- 10.2.5 完全项目型组织管理

10.3 人才获取配置管理
- 10.3.1 人才获取策略与运作管理
- 10.3.2 招聘管理
- 10.3.3 内部人才市场管理
- 10.3.4 离职管理
- 10.3.5 租赁人员管理

10.4 领导力与人才管理
- 10.4.1 管理人才策略
- 10.4.2 管理人才标准
- 10.4.3 管理人才识别
- 10.4.4 管理任免
- 10.4.5 管理上岗
- 10.4.6 管理个人绩效
- 10.4.7 管理人才发展
- 10.4.8 人才监督

10.5 薪酬与福利管理
- 10.5.1 工资管理
- 10.5.2 奖金管理
- 10.5.3 长期激励管理
- 10.5.4 福利管理
- 10.5.5 个税管理

10.6 管理文化与氛围
- 10.6.1 管理核心价值观的解读与传承
- 10.6.2 管理劳资关系
- 10.6.3 管理员工工作关系
- 10.6.4 管理员工关怀与感知
- 10.6.5 管理组织气氛

10.7 员工服务与支付管理
- 10.7.1 服务迁移
- 10.7.2 服务设计
- 10.7.3 服务交付
- 10.7.4 服务管理

10.8 HR运营管理
- 10.8.1 管理HR授权与行权
- 10.8.2 管理HR流程IT数据
- 10.8.3 管理HR质量与改进
- 10.8.4 管理HR知识与文档
- 10.8.5 资本运作HR管理

战略流程　　设计流程　　运营流程

图Ⅲ-3　人力资源流程体系

华为从 2006 年开始探索 HRBP 模式，2011 年正式上线 HRSSC（人事共享服务中心），2012 年逐步完善 HRCOE（领域专家），华为三支柱成形用了 6～7 年，基本实现将 HR 的贡献转换成对业务的贡献。华为对三支柱的目标定义如下：

（1）业务导向的 HRBP，聚焦业务战略，向体系及片 / 地区客户提供高价值的 HR 服务。

（2）资深的 HRCOE 确保本地的业务设计与全球目标相匹配，并参考全球领先实践标杆，提升竞争力。

（3）高效的 HRSSC 能够支撑和服务全球员工。

第 9～11 章主要围绕人力资源价值创造的 HRBP（业务伙伴）、HRCOE（领域专家）、HRSSC（人事共享服务中心）等三支柱，对华为的人力资源体系建设稍做介绍和分析。体系建设不是本书的重点，所以我们对此不做完全展开。

第九章

HRBP：业务伙伴

　　HRBP 模式的建立和队伍的打造，是实现人力资源与业务结合的有效途径。针对此，从 2006 年开始，华为进行了一系列的人力资源改革。

　　2006 年，华为开始建立 HRBP 运作模式，推行"以岗定级、以级定薪、人岗匹配、易岗易薪"的工资制度改革，实行基于岗位责任和贡献的报酬体系，希望借此建立一支宏大的、能英勇奋斗、不畏艰难困苦、能创造成功的干部员工队伍。

　　2008 年，为加强对业务的支撑，华为各产品线在超过 200 人的团队设置专职 HR 代表（BUHR），负责根据业务需求提供客户化的人力资源解决方案并加以实施，推动绩效管理，提升干部的人员管理能力。各产品线干部部设立 BUHR 管理部，负责管理 BUHR，实现 BUHR 经验与资源共享，确保人力资源战略与业务战略对齐。[⊖]

　　2009 年 2 月，BUHR 正式改名为 HRBP，并在研发体系中全面推行，2009 年年底 HRBP 在全球推行，从单点的人力资源服务演进为面向业务

　　⊖　华为 PSAT 决议〔2008〕05 号，《2008 年 9 月 PSAT 会议决议》。

的完整的人力资源解决方案服务。

HRBP需要从业务中来，又到业务中去，不只是做一个"二传手"。HRBP也是一个"把指导员建到连队去"的过程。

第一节　业务转身HRBP

人力资源管理的目的是导向业务，导向冲锋。

人力资源和财务管理是企业管理的两个核心堡垒，但这两个体系的人员往往科班出身的居多，对业务不仅不了解，甚至心里有排斥。任正非亲自在毛里求斯和新加坡做过一个测试，现场要求财务人员画出华为代表性产品的基本外形，但没有一个人画出来，任正非由此提出批评："你们作为财务人员对业务如此不了解，然后就去指责人家不支持你、不配合你，我觉得你们是不是太无聊了。所以我认为，财务人员15级以上的干部，如果对公司的业务产品考核不合格，你们的薪酬调整、所有的利益调整包括职务调整全部都冻结、不准动。高中级干部首先要考过关，否则怎么叫你的部下去考，如果你的部下考过关你没过关，由你的部下来管你。你得听懂业务讲什么话呀，你什么都听不懂，就指责人家这个数据不对，那个数据不对，你怎么指责呀？你怎么服务呀？你是为业务服务的，不是业务来为你服务的，一定要搞清楚。我们公司是业务为主导、会计为监督的公司。业务为主导就是业务抢粮食的时候，我们后方平台要支撑得上，后方平台不知道抢的是什么粮食，也不知道带什么袋子，别人抢的是小米，拿这个孔这么大的袋子去装，那不是完全漏光了嘛。"

人力资源管理同样存在这么一个境况。HR要由"伙计"转为"伙伴"，一个最大的难题是专业HR不懂业务，无法针对业务需求为各部门提供有针对性的人力资源解决方案。任正非曾在一次内部会议上批评说："我调查了一些基层 HR，基本上不主动学主航道业务，工作时间、业余时间也不下战场，用主观意识管控、行使权力，而不是服务。不懂业务怎么服务呢？你不懂什么人是人才，怎么用好他呢？每年流走许多人，流走的会不会是'油'呢？那么人力资源专业人员应该怎样为业务服务呢？首先自己要深刻明白人力资源管理的模板、方法，帮助业务主管识别员工、评价员工。怎么帮助，你不懂作战，如何对选拔的干部、专家、职员做客观的评价呢？如果主管一对照模板，觉得画得挺像，就照着模板自己画，也学会了用模板去看干部，这样你的作用就发挥了。"○

因此，建设 HRBP 的首要问题是，懂业务的 HR 从哪里来？

据华为人力资源委员会委员、当时负责 HRBP 体系建设的李山林回忆："当时我们从干部部抽调一批 HR 到一线做 HRBP，另外从业务部门转一些管理者做 HRBP。虽然这样会导致业务人员减少，现在回头看，这在当时是比较艰难，但很有远见的决策。另外我们也'妥协'了一下，转过来的干部，继续支撑本产品线，只在本产品线内交叉到另外一个部门做 HRBP，就是说网络产品线 A 部门的管理者，继续在网络产品线，但是到网络产品线 B 部门做 HRBP，这样业务部门就有动力输出优秀的管理者做 HRBP。"

怎么解决业务主管不愿意转做 HRBP 的问题呢？

华为在内部达成一种机制，即优先选拔有人员管理经验的优秀管理者做 HRBP，同时承诺在 HRBP 岗位工作约两年时间，可以选择回业务部门，以此解除他们的后顾之忧，吸引更多的优秀人才加入。示范效应慢慢开始起作用，华为用一年时间基本把全部 HRBP 配齐了。

华为又如何解决业务主管转做 HRBP 担心"做不好"的问题呢？

○ 《关于人力资源组织运作优化的讲话——任正非与总干部部及人力资源部相关主管的沟通纪要》，2018 年 4 月 20 日。

毕竟以前做业务，对 HR 不了解，业务主管转做 HR，担心万一干不好反而"阵亡"，这是一个非常普遍的现象。"为了解决这个问题，我们首先确保业务主管来了之后能力确实能提高，无论是人力资源战略（BLM 项目）、教练式辅导，还是 TSP（干部继任计划）、MFP（经理人反馈项目）、PLDP/PMDP[⊖]、关键岗位的角色认知等项目，通过很多专业工作来提升 HRBP 的人员管理、团队建设、组织发展等水平，提倡每打一仗就总结一次，在实战中提升能力（第一次跟着别人做，第二次在别人的辅导下做，第三次自己独立做），尽快提升 HRBP 的能力。我们提出来，要让大家感受到 HRBP 工作经历对自己的能力是一种提高，同时也认同 HR 工作的价值。理解了业务部门的想法和各方利益诉求后，整个变革就比较顺利，属于和平'演进'。"[⊜]

业务主管懂业务，了解业务需求，再通过赋能，掌握人力资源的政策、工具和方法，就能与业务做好连接，从而解决 HR 和业务两张皮的问题。HRBP 由于在业务一线，也能及时了解需求，有针对性地提出解决方案，使业务部门可以充分体验到 HR 的价值。

第二节　HRBP 角色定位

华为在 HR 向 HRBP 转型的实践过程中，提炼出一个 HRBP 的角色模型——V-CROSS。这一模型将 HRBP 定义为六大角色，如图 9-1 所示。[⊜]

⊖ PLDP（Project Leader Development Program），项目经理发展计划；PMDP（Project Management Development Program），项目管理发展计划。
⊜ 《让 HR 真正成为业务的伙伴 ——访人力资源领域"蓝血十杰"李山林》，2014 年 9 月 1 日。
⊜ 华为公司，《V-CROSS 华为的 HRBP 模型》。

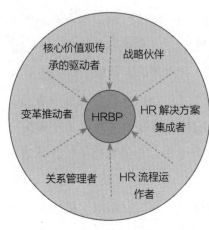

1. 战略伙伴：Strategic Partner

2. HR 解决方案集成者：HR Solution Integrator

3. HR 流程运作者：HR Rrocess Operator

4. 关系管理者：Relationship Manager

5. 变革推动者：Change Agent

6. 核心价值观传承的驱动者：Core Value

图 9-1　HRBP 的六大角色

- **战略伙伴**：基于战略目标设计有力的支撑措施，并辅助实施。
- **HR 解决方案集成者**：打破模块的界限，针对业务问题提供完整的解决方案。
- **HR 流程运作者**：设计 HR 流程并保持高效运转。
- **关系管理者**：与内外部利益相关者保持紧密的沟通，建立良好的关系。
- **变革推动者**：面向未来，辅助管理层推动必要的组织变革。
- **核心价值观传承的驱动者**：驱动华为"以客户为中心、以奋斗者为本"的文化落地。

具体角色定义及关键任务如表 9-1 所示。

2012 年 1 月 13 日，华为轮值 CEO 胡厚崑在"HRBP 部长角色认知和赋能座谈会"上提出，HRBP 要比业务领袖更早发现因业务变化组织所面临的挑战。

表 9-1　角色定义及关键任务

角色	角色描述	关键任务
战略伙伴	理解业务战略，参与战略规划，连接业务战略与HR战略，并组织落地	• 战略理解：参与 SP/BP • Outside-in：理解客户需求 • 战略连接：组织制定人力资源战略 • 执行落地：制定 HR 年度工作计划，纳入 AT 议题
HR 解决方案集成者	理解业务需求和问题痛点，整合人力资源专家智慧，制定人力资源解决方案，连接业务诉求与人力资源解决方案，组织落地实施	• 理解业务需求：准确把握业务需求和痛点 • 制定解决方案：集成 COE 的专业化工具和方法 • 组织执行落地：发挥业务主管、COE、SSC 的作用 • 总结和回顾：总结固化经验
HR 流程运作者	合理规划并有效运作人力资源工作，提升人力资源工作质量与效率	• 制定 HR 工作日历：保证 HR 工作规范化和可视化 • 制定方案与实施：结合业务需求制定针对性方案 • 运作 AT：规划议题沙盘，提高决策质量 • 赋能主管：借助教练式辅导、90 天转身等工具
变革推动者	理解变革需求，有效识别风险和沟通利益相关人，推动变革成功实施	• 变革风险识别：识别变革中组织、人才氛围方面存在的阻力和风险，提供应对方案 • 利益相关人沟通：制定沟通计划并实施 • 变革实施：负责组织、人才、氛围方面的变革实施 • 评估与固化：评估变革效果，固化变革成果
关系管理者	有效管理员工关系，提升员工敬业度，合法合规用工，营造和谐积极的组织氛围与工作环境	• 敬业度管理：组织气氛测评，组织改进 • 矛盾调停：建立例行沟通渠道 • 员工健康与安全：压力测试，3+1 活动 • 突发事件和危机处理 • 雇主品牌建设

（续）

角色	角色描述	关键任务
核心价值观传承者	通过绩效管理、干部管理、激励管理和持续沟通等措施，强化和传承公司价值观	• 干部身体力行：通过干部选拔、辅导和管理，让干部践行核心价值观 • 员工理解实践：通过绩效管理、激励分配、树立标杆等方式 • 建立沟通渠道 • 跨文化传承：尊重不同文化背景的员工，制定针对性方案

胡厚崑说："HRBP 应该是'眼高手低'的人，所谓的'眼高'，你要能够站在领导的位置，或者他旁边，能够看到业务昨天发生的、今天发生的和未来将要发生的事情，从你的业务战略、业务环境中，解读出作为 HR 所关注的组织能力方面，要解决的问题是什么。我们甚至要比业务领袖更早发现因为业务的变化，组织能力将要面临的挑战。'手低'就是你要扎扎实实地拿出解决问题的方法，这个靠的是专业能力。HRBP 如果没有 HR 专业能力，那就会变成另外一种'眼高手低'，你什么都敢想，什么都做不出来。"

第三节　HRBP 角色履行

HRBP 是业务部门的合作伙伴，相对独立于 HR 各职能模块（招聘、培训、绩效等），侧重于为所在业务部门提供创造价值的端到端的人力资源管理解决方案。HRBP 的绩效与业务部门的绩效强相关。

前面介绍过的 BLM 模型，其左半部分是基于价值驱动的战略洞察和业务设计，右半部分则是战略执行的工具，即如何通过组织、人才、氛围来支撑战略的成功，这些内容都与人力资源密切相关。要保证战略执行，如果从 HRBP 的角度思考，就是组织是否有效匹配战略？人才的数量和质量是否匹配未来的业务需求？文化和氛围方面是否支撑业务落地？激励机制是否能够有效促进战略的有效实施？

HRBP需要前瞻性地考虑业务战略对人力资源管理的需求，主动和业务需求对接，主动思考如何保证战略有效实施。从业务战略的制定，到业务需求的挖掘，到制定解决方案，以及如何有效落地，HRBP都需要扮演很重要的角色，且越到后面参与度越高，起的作用越大（见图9-2）。[⊖]

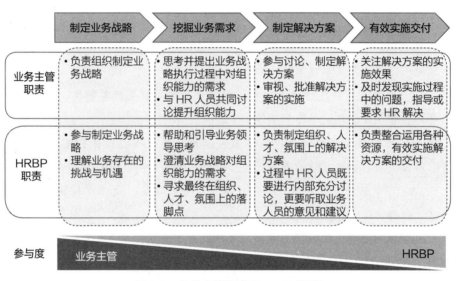

图 9-2　业务主管职责和 HRBP 职责

虽然业务部门的人力资源工作是由业务主管和HRBP协同完成，且业务主管是部门人力资源的第一责任人，但HRBP通过对业务战略的理解，需要帮助业务主管定义与业务战略匹配的人力资源战略，形成人力资源综合解决方案，继而从组织能力建设、人才的招聘与培养、文化氛围的营造等方面，支持业务战略逐步实施，在实施过程中不断评估人力资源方案的有效性，及时对方案和策略予以调整。

　　⊖　唐继跃，《业务驱动的人力资源管理》。

HRBP 的价值创造过程主要包括：HRBP 作为管理团队的成员，参加管理团队会议，协助核心团队运作；为 PL/PM（项目主管／项目经理）提供绩效管理辅导，帮助项目管理者提升绩效管理能力；进行周期性组织诊断，发现问题并向管理团队提供咨询和建议；作为员工沟通和信息反馈的一个客观渠道。

华为项目 HRBP 的岗位职责说明书列示如下：

（1）制定并执行人才供应集成解决方案，含项目人力资源需求预测、内部人才获取、外部人才招聘、员工培训、资源分配与资源调配机制、资源释放机制、人力资源成本核算等。

（2）组织运作规则设计与执行，如会议制度、财务权签制度、差旅管理及费用报销制度、签证管理制度等。

（3）目标绩效管理与考评方案制定及执行，如核心成员 PBC 制定及签署、考核关系树建立、绩效考评赋能、组织半年度／年度 PBC 考核等。

（4）即时激励方案设计与执行，如项目里程碑奖、项目冲刺奖、优秀团队奖、优秀员工奖等。

（5）薪酬管理，结合项目组需求设计调薪方案，组织年度／半年度及特殊调薪。

（6）学习发展与员工关系管理，如宣传任职资格标准及 HR 政策、组织专场任职资格答辩、合同续签／终止管理、提拔晋升、人岗匹配、员工投诉处理、重大事项保障等；考勤管理、行政后勤支撑、组织筹备项目组大会，积极宣传项目组先进事迹。

第四节　HRBP 赋能

HRBP 是一种能力，是一种将业务战略和组织能力实现有效连接的能力，因此，既要会业务语言，也要会 HR 专业语言，从业务角度能够识别成功背后的关键要素，从 HR 角度，能够判断组织、人才、文化等现状与业务期望之间的差距。

在华为的 V-CROSS 模型中，HRBP 的能力由绩效管理、招聘、薪酬、学习与发展等传统的人力资源技能，发展到更为深入、全面的人力资源解决方案技能，包括战略管理、诊断辅导、人才管理等。华为项目 HRBP 的岗位能力表现为如表 9-2 所示的四条。⊖

表 9-2　HRBP 的岗位能力表现

维度	子项	行为描述
业务能力	业务战略解读能力	理解公司所处的商业环境及对公司业务的影响，并能正确解读业务战略
	HR 战略思维能力与连接能力	根据业务战略制定有针对性的 HR 战略，并将业务问题与 HR 实践紧密结合，推动实现业务战略和年度业务计划
HR 专业能力	人力资源政策理解能力	理解公司的人力资源政策、理念
	人力资源管理技能	具备人才管理（人才的选、用、育、留）和组织管理（组织设计、组织有效性提升）等方面的 HR 专业技能
管理能力	项目管理能力	定义项目目标，协调项目团队资源，有效分配任务，协助监控项目进度、质量和预算，确保项目目标的达成
	团队管理能力	激励与发展团队，激发团队斗志，发挥成员优势，形成团队合力
文化能力	核心价值观传递能力	保证公司核心价值观向项目团队成员的有效宣传与传递

2013 年 11 月，任正非在内部讲话中明确提出未来的管理战略重点转向项目一线，"以项目管理为基础，输出能担当并愿意担当的人才"。基于此，华为大学 2014 年先后推出 C8 项目管理资源池培训班和 HRBP 赋能

⊖　葛明磊，《华为项目 HRBP 培养方案》。

班。华为前学习发展专员葛明磊先生曾撰文《华为项目 HRBP 培养方案》披露过华为 HRBP 的赋能步骤和方法，对此我们做简要概述。

华为 HRBP 赋能主要分为自主学习、赋能培训和在岗实战等三个阶段。

自主学习阶段，主要针对新上岗项目 HRBP 的 HR 基础知识薄弱、角色认知不清等，解决"应知应会"的问题，包括如表 9-3 所示的四方面内容。[⊖]

表 9-3 自主学习阶段

维度	概述
HRBP 的岗位要求	学员需要学习《胡总与 HRBP 部长座谈》等与 HRBP 有关的内部讲话纪要；自学《HRBP 工作手册》中角色认知部分，理解华为公司 HRBP 角色模型，6 种角色均有典型案例供学员参考、学习
华为 HRM 理念与政策	学习人力资源各项发文与政策规定；自行研读华为高级干部研讨班的教材《人力资源管理理念》，领悟华为人力资源哲学智慧
HR 专业基础知识	学习由公司内部专家主讲的各模块基础知识网课，了解公司 HR 流程架构，参加公司 HRBP 基础知识考试
常用工具方法与优秀实践案例	学习成为业务部门战略伙伴所需的 BLM（Business Leadership Model）方法论；学习 HR 解决方案的信息资料；学习优秀 HRBP 实践案例

赋能培训阶段，主要了解 HRBP 在项目中的定位和角色，掌握项目 HRBP 的基础知识，明确项目 HRBP 的关键动作和关键技能。为保证培训效果，华为邀请来自公司项目一线具有成功经验的资深 HRBP 专家用 8 天时间，围绕 HRBP 在项目中的角色职责和关键动作，选取项目一线典型案例进行研讨，还原实战场景。研讨主题具体包括：HRBP 角色认知、项目组组建与运作、项目人才供应管理、项目成员绩效评价、项目奖金生成与

⊖ 葛明磊，《华为项目 HRBP 培养方案》。

分配、非物质激励、项目人力资源管理诊断和解决方案等。

　　然后加入 C8 项目资源池培训，使培训参与者真正进入模拟项目团队，担任项目 HRBP 角色，参与端到端的整个交付项目管理全过程，与项目团队其他角色并肩作战。培训内容依据交付项目流程，划分为分析规划阶段、建立项目阶段、实施阶段和移交关闭阶段。

　　在岗实战阶段，在完成前面三项赋能培训之后，HRBP 奔赴一线，开始为期 6 个月的在岗实战，在实践中不断持续提升自身能力，真正为项目创造价值。

第十章

HRCOE：领域专家

对 HRBP 有一定的认识后，我们在此顺便厘清 HRBP、HRCOE 和 HRSSC 的角色关系。

从图 10-1 可以看出来，HRBP 是一线主管的 HR 业务伙伴，扮演顾问和 HR 客户经理的角色；HRCOE（center of expertise）直译为专家中心，是指企业内部 HR 领域资深专家组成的部门，这些领域专家，就相当于 HR 的技术专家；HRSSC 是指共享服务中心，主要处理 HR 的行政事务。打个比方说，HRBP 是海豹突击队，HRCOE 是海陆空的专业部队，HRSSC 则是后勤部队。[⊖]

我们对于这三者的角色区分具体描述如下。

HRBP：理解企业战略和业务需求，确认 HR 解决方案的初步需求；集成并验证 COE 的技术输出，形成定制化的人力资源解决方案，并获得业务部门认可；执行并管理业务领域对人才管理、人力规划、变革管理等方面的需求。

⊖ 《IBM HR 研究成果》。

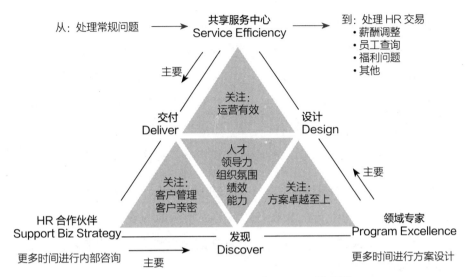

图 10-1　HRBP、HRCOE 和 HRSSC 关系图

　　HRCOE：基于人力资源管理导向制定人力资源政策和管理需求；基于人力资源最佳实践建立适用于企业整体的人力资源管理模式、制度、流程、方法、工具等；给各业务领域的 HRBP 提供专业咨询和技术支持。

　　HRSSC：共享服务中心，支撑组织对 HR 管理的战略落地，执行组织发起的 HR 管理流程事务工作，提供高效、优质、良好体验的员工服务，帮助 HRBP 和 HRCOE 从行政事务中解脱出来。

　　回到本章的重点——HRCOE。既然 HRCOE 是领域专家，那么其使命就是在人力资源规划、人才招聘与配置、任职资格、绩效管理、薪酬与福利培训与人才发展等各大领域建立专业能力，以此为基础来构建人力资源政策、流程和方案，所以 HRCOE 就是设计者、管控者、技术专家。

　　华为定义 HRCOE 的核心能力如下。

- 组织管理能力：组织形态管理、组织规模管理、组织绩效管理。
- 薪酬与福利管理能力：薪酬、福利、奖金、个税、长期激励。

- 领导力管理能力：干部标准管理、继任与任用管理、干部资源池管理。
- 任职资格与学习管理能力：任职资格管理、学习设计与开放、学习技术与平台、学习引导。
- 人才获取与配置管理能力：人才获取规划、招聘管理、调配派遣。
- 绩效管理能力：绩效目标管理、绩效工具与程序。
- 文化与氛围管理能力：核心价值观、员工关系管理。

由于中国企业整体对人力资源的重视不足，专业程度还比较低，HRCOE 需要通过专业分工，在各领域建立精深的专业技能，形成丰富的专业经验，总结最佳实践，密切与 HRBP 的沟通与合作，才能真正为企业的业务发展创造价值。

第一节　人力资源规划

人力资源规划（WFP）主要内容包括：组织规划、人才规划、政策制定和人力预算等。不同的企业发展战略，不同的发展阶段，人力资源规划将呈现各异的形态，但其核心价值体现为四点：深度参与战略规划，制定匹配总体战略的人力资源战略与人力资源规划；建立匹配战略的组织形态，形成弹性可控的组织规模；打造匹配战略和业务需求、能打胜仗的人才队伍；激发组织活力，持续提升组织绩效。

华为总干部部部长李杰将人力资源管理分为如下四个发展阶段。

第一阶段：满足领导的管理要求，人力资源在企业里扮演着"大坝"的角色。

第二阶段：HR 不能光服务于领导以及制定政策，而是要支撑业务创造价值，成为业务的坚强伙伴，比如怎么找到并吸引优秀人才，持续提升员工的能力等。

第三阶段：要能够随着公司的发展提供有价值的解决方案，建立一个帮助员工持续发展的平台，牵引业务的发展。

第四阶段：人才管理驱动业务发展。

李杰认为，目前华为正处在第二到第三阶段。不管在哪个阶段中，人力资源规划，首先是业务问题，然后是管理问题，最后才是数学问题。

在组织规划方面，华为的组织规划理念是"客户与战略决定组织"，经过长期的演进，逐步形成了客户、产品、区域三维度协同作战的组织架构，近年来又明确了"一线呼唤炮火、机关支撑服务"的管理要求，提出"班长的战争"的运作构想，加强一线项目型组织运作，使机关作战权力逐步下沉，公司经营的重心进行前移。

"班长的战争"这一组织规划，可以让组织更轻、更灵活，这是任正非特别寄予厚望的，"美国还在变革，未来的方向是，作战单位有可能从'旅'直管'营'，去除'团'一级，还要缩小成'排''班'……班长可能真就是'少将'或'少校'，因为一个班的火力配置很强（巡航导弹、飞机、航母……），就没有必要大部队作战。'班长的战争'这个理念应该这么来看，大规模人员作战很笨重，缩小作战单位，更加灵活，综合作战能力提升了，机关要更具综合性，决策人不能更多。将来华为的作战方式也应该是综合性的，我们讲'班长的战争'，强调授权以后，精化前方作战组织，缩小后方机构，加强战略机动部队的建设。划小作战单位，不是指分工很细，而是通过配备先进武器和提供重型火力支持，使小团队的作战实力大大增强。当然，授权不是一两天能完成的。目前，管理上的问题没有落地，所以3～5年内把LTC、账实相符、'五个一'作为重点，一定要实现端到端贯通。五年以后，坚定不移地逐步实现让前方来呼唤炮火，多余的机构要关掉，这样机关逐渐不会那么官僚化。"○

○《任正非在人力资源工作汇报会上的讲话》，2014年6月24日。

华为正在探索和构建分灶吃饭、自我约束的组织规模弹性管控机制，通过人力资源规划将财务预算与战略目标进行衔接。华为组织规模管控机制的形成和发展大致如图 10-2 所示。⊖

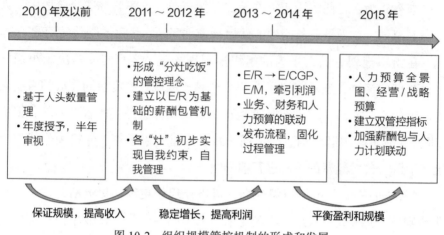

图 10-2　组织规模管控机制的形成和发展

在人力预算方面，华为建立了以过往实际为基线、持续自我改进的资源投入管理原则，总体上实现了人力规模增长低于业务规模增长的目标。华为人力预算管控思路如图 10-3 所示。

在人才规划方面，华为始终坚持"人力资本不断增值的目标优先于财务资本增值的目标"理念，一方面根据业务发展的不同阶段进行人才规划。以创新优势获胜的业务，侧重构建领军人才加精兵式的队伍；以规模成本获胜的业务，侧重构建蚂蚁雄兵式的低运作成本队伍，并积极、有序地采用自动化、数字化、智能化技术对部分岗位上人才队伍进行替代。

另一方面，根据不同责任贡献的团队特点进行人才规划。面向不确定性业务的团队，侧重规划"主官＋专家＋职员"的人才阵型，构建打赢战争的能力；面向确定性业务的团队，侧重规划"主管＋专家＋职员＋操作

⊖　蒋小燕，《人力资源如何成为优秀的业务伙伴》。

类员工"的人才阵型，确保提供优质的职能服务与流程支持。[⊖]

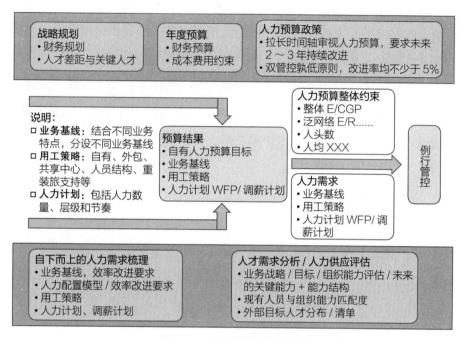

图 10-3　人力预算管控思路

华为人力资源 2.0 的升级，将基于企业战略确定的以下三个业务框架内做进一步的思考和调整：

一是面向成熟业务，如何简化人力资源管理，提高运作效率、改善经营效益、解决关键问题？

二是面向成长业务与新发展业务，如何差异化人力资源管理，促进发展？

三是面向未来的多业务管理，如何搭好管理架构，既保证集团的中央管控有效，又让各业务自主生长；既充分发挥大平台的优势，又保持小团队的活力？

⊖　蒋小燕，《人力资源如何成为优秀的业务伙伴》。

第二节　人才供应与配置

人才供应是人才从发现到评估，再到使用决策的一个过程。人才供应有两个维度，一是外部招聘；二是内部人才识别并重新调配。

人才招聘服从于企业的人力资源规划和人才需求计划，因此，人才招聘要纳入人才供应的整个过程中来看待，即要关注人才发现、人才获取、人才融入三个过程，因为人才招聘进来，如果存活率低，反而会浪费很多资源，影响企业的战略实现。

一、外部人才招聘

企业通过对业务目标和现有组织能力进行评估，在对未来的关键能力和能力结构做出分析后，确定人才需求的类型和要求，然后与现有组织能力进行盘点对比，明确人才质量与数量的差距，形成年度人才需求计划，以此作为人才招聘的重要依据。

招聘到合格的人才，不仅可以满足业务部门的需求，还可以大大降低后续人员管理、培养和停留的管理成本。因此，招聘是企业人才供应非常重要的一个环节，需要有很好的角色保障、流程保障和机制保障。

Facebook 创始人马克·扎克伯格曾发表观点说："我认为过分强调个体的作用有点儿夸大其词，Facebook 的成功实际上和我们组建的团队息息相关，这一点适用于任何公司，我们致力于使公司保持尽可能小的规模……怎样才能做到呢？首先你得确保你所雇的每一个员工都是真正优秀的人。"为此，Facebook 的领导团队会经常站在斯坦福大学门口寻找工程师。

视频链接

华为董事副总裁陈黎芳在北京大学招聘现场

陈黎芳，1995 年加入华为，历任华为北京代表处首席代表、国际营销部副总裁、国内营销管理办公室副主任、公共及政府事务部总裁、董事兼高级副总裁等。该视频是 2015 年 10 月 11 日陈黎芳在北京大学现场招聘的演讲，其说出的一句"除了牛人，我们一无所有"，在网络上轰动一时。

华为轮值 CEO 郭平也有类似的观点，他说："'明白人'不是指功成名就的人，功成名就的人未必能够面向未来。迄今获得过诺贝尔奖的人数超过 650 人，而获得过两次诺贝尔奖的只有居里夫人等 4 人。也就是说我们招一个诺贝尔奖获得者，他继续做出重大成就的可能性还不到 1%。华为要进入'无人区'，应对不确定性，主要靠的是大批朝气蓬勃、思想开放的青年才俊来一起创造未来。"

2016 年 8 月，华为西欧地区部总裁彭博撰写《找人，找最懂本地业务的人，找最优秀的人》一文，引起华为内部关注，并以总裁办电子邮件的方式发送给华为全体员工学习。轮值 CEO 郭平做按语说："找对的人，不能靠看简历。主管，尤其是高级主管要有求贤若渴的意愿，主动投入时间精力去找人，更要有识别人才的能力。如果看简历就能评估人，那电脑就能当面试官了。"

这里说的是人才招聘中最核心的一部分——角色保障。

在华为的招聘过程中，不仅是人力资源部门和业务主管在实施招聘，还会经常看到集团 CFO 孟晚舟、总干部部长李杰、终端总裁余承东、企业网总裁阎力大、云 BU 总裁郑叶来、2012 实验室副总裁何庭波……等各类高级干部出现在大学院校的招聘现场，甚至还会邀请首席管理科学家黄卫伟、管理顾问田涛等出席演讲。

人才招聘大体分为岗位需求分析、面试考核、审核录用等三个环节。

（1）**岗位需求分析**。

包括人才规划的基本信息和岗位说明。每个企业对应不同的岗位都会有一份职位说明书，里面会对职责做出清晰描述，明确岗位要求，如基本条件、专业知识、关键技术等。

（2）**面试考核**。

面试考核在华为又分为资格审核、业务面试、综合面试等三个环节，过程有严格的评议规则和角色分工。

资格审核，包括教育背景、工作经历、职业经验、语言掌握、第三方专业认证……这一环节由 HR 来执行。

业务面试，从过往承担的工作责任与取得的成绩、专业知识、关键技能等任职资格要求来评估其岗位匹配度。这一环节的负责人是业务专家团队。

综合面试，考核内容包括：文化适应性、综合能力（洞察力、影响力、学习力、合作性、开放性、成就导向……）、价值观、情绪倾向等，判断其组织的匹配度。这一环节的责任人是各层的 AT 成员。

（3）**审核录用**。

面试通过后，由 HR 从流程规范、政策遵从，以及定级、起薪是否符合政策框架等方面进行录用审核。

最后，由批准人或授权人，观察是否符合业务战略对人才的诉求，人才对公司的价值如何，定级定薪是否合适等，然后做出录用与否的决策。

当然，人才招聘并不是按照流程规范和面试技巧就能做好的事情，在任正非看来，僵化的操作使得人才招聘像选内衣模特一样追求完美，但招来的却是苍蝇。"下一步人力资源的改革，欢迎懂业务的人员上来，因为人力资源如果不懂业务，就不会识别哪些是优秀干部，也不会判断谁好谁坏，就只会通过增加流程节点来追求完美。我们现在录用一个员工，像选一个内衣模特一样，挑啊挑，可结果不会打仗。我们要的是战士，而不是完美的苍蝇。"⊖

这里又回归一个本质问题，招聘人员要能深刻理解业务。在不能合二为一的情况下，需要业务部门和 HR 协同作战，业务领导对招聘质量责无旁贷，更不能认为招聘完全是 HR 的事。

二、内部人才调配

内部人才调配也是企业解决人力需求的重要途径，合理的内部人才流动不仅是解决人力需求的重要手段，更是提升组织活力与能力的重要举措。做好这一点，除了各级主管需要有宽广的胸怀之外，还要有比较好的机制保障。

华为的内部人才调配分为三类：一是指令性调配，即采用行政手段强制完成的调配，主要基于战略导向、业务需要、培养人才、激活队伍、避免腐败等考虑；二是非指令性调配，是指输入、输出部门和员工协调一致且符合政策导向的合理流动；三是内部人才市场。

华为内部人才市场，是一个内部人力资源有序流动的平台，鼓励在岗员工自由选择适合自身发展意愿和能力匹配的工作岗位，只要符合一定条件，员工即可不受现在岗部门的约束进入内部人才市场竞聘上岗。

⊖ 《关于人力资源组织运作优化的讲话——任正非与总干部部及人力资源部相关主管的沟通纪要》，2018 年 4 月 20 日。

其目的，一方面是充分盘活资源。从而通过内部人才市场机制，让人力资源在不同部门、岗位间得到合理的配置，解放内部生产力，充分调动员工的积极性和主动性，最大限度地发挥员工个人的贡献与价值；另一方面是推动管理改善。通过内部人才市场机制，结合人力资源管理信息公开，促进各级主管切实提高自身管理水平，更加客观公正地评价员工、激励和保留优秀员工。

华为内部人才市场运作流程如图 10-4 所示。[⊖]

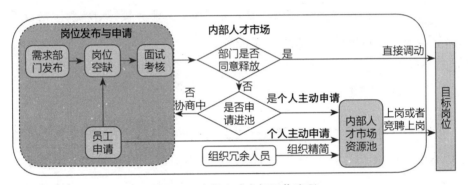

图 10-4　内部人才市场运作流程

通过内部人才市场，员工在公司内部能够通过一个公开透明的信息平台看到空缺岗位的招聘信息，包括需求岗位的职位名称、工作职责描述、招聘岗位的专业技能和经验要求、任职资格类别和级别要求、招聘人数、招聘接口人等，对于符合一定条件的员工，可以自由地在公司内部进行工作选择。既可以在不离开原岗的情况下，联系目标岗位去应聘，也可以在没有找新的工作前先离开原工作岗位，只要符合一定条件就能主动申请进入内部人才市场的资源池，在一个月内可以带薪应聘到新岗位（如果一个月后未上岗，按法律规定最低工资标准发薪；六个月后未上岗，协商终止劳动合同）。但不管是在内部人才市场里一个月的带薪应聘，还是在原岗

⊖　蒋小燕，《人力资源如何成为优秀的业务伙伴》。

位上应聘，一旦员工到了新岗位，就必须按照新的岗位确定岗位职责、个人职级、工资待遇。

华为内部人才市场最大的一个特点是自由流动。但考虑地域差异、业务差异，以及主管能力成熟度的差异等综合因素，还没有做到百分之百的放开，表现在：一是对员工流动的地域做了一定的限制，比如员工只能在一个大的区域内流动（地区部内部和中国区内部）；二是对于绩效特别差的员工（绩效为 D 或者连续为 C）也没有给予自由流动的机会，并且限制了员工利用自由市场的机会次数，如两年内只能进一次，等等。这些方面的限定，在自由流动的前提下，同时保证了员工管理具有一定的稳定性和有序性。

华为同时给予组织精减富余人员重新选择岗位的机会，这些人被精减后，自动进入人才市场资源池，给予 3～6 个月再选择的机会。3 个月保持原薪酬不变；3 个月后未上岗，按法律规定最低工资标准发薪；6 个月后未上岗，再协商终止劳动合同。

华为个别部门另有制定一些特别的人才流动保护政策，如 2008 年 6 月 18 日某产品线就曾发布一个《关于调整员工辞职申请和调动申请相关流程的通知》的文件，其中明确规定了两条：

（1）员工拟辞职时，先向所在产品线干部部 / 研究所干部处提交辞职申请，而非向直接主管申请，经产品线干部部 / 研究所干部处与员工沟通、了解情况后可做出相关处理。未经所在干部部 / 干部处同意，直接主管不能做出同意员工辞职的决定。

（2）绩效良好的员工，可以向所在干部部提出在同一产品线内同类岗位的调动申请。员工第一次提出申请时，其主管可以挽留。如果 3 个月以后，该员工仍提出同一申请，经干部部同意后，其主管必须无条件放行，不得以任何理由阻止。对于涉及跨地域的调动申请，由所在干部部综合考虑业务布局和需要做出决定。同时，调动员工须根据公司相关规定和部门要求，做好工作交接，确保业务的连续。

提供给内部员工更多的选择机会，以防人才流失，显然是非常有必要的。在华为，曾有人算过一笔招聘账，招聘录用一个员工大致要经过2个综合面试、5个集体面试、10个技术面试、100份简历筛选。平均阅读一份简历需要5分钟，技术面试1人时，集体面试3人时，综合面试半人时，另外还需要在资格面试、网络测评、外语面试、简历搜索等环节花费大量的精力和成本。

与其花那么大代价从外面招聘人才，还不如重新激活内部员工，特别是曾经优秀而如今沉沦的员工。为什么沉沦？对现岗位不满意而转部门又无望是其中很重要的原因。这样，一方面可以极大降低招聘的难度和成本，另一方面可以以四两拨千斤的方式激励曾经优秀的员工持续奋斗。

有人担心会不会引发一些部门因为人员流失，严重影响业务正常运行呢？

第一，如果作为几乎没有价值的部门，员工缺乏成就感，这样的部门本来就该关停并转，这其实是对组织设置合理性的一个检验；第二，汇报密集型的部门，员工花大量时间和精力在内部汇报上，同样缺乏成就感，输出人员也是合理的；第三，主管管理水平低下或者不公正，组织气氛压抑，人员流动大，让下属选择上司，对主管能力是一个检验，比360度评价会更有效，比绩效考核结果公示对主管的约束力更强，副作用也更小。

当然，华为内部人才市场的运作经验，也不是什么企业都可以拿来用的，企业在内部人才严重不足、各级主管管理能力普遍偏低的情况下，更需要谨慎借鉴。

三、组织规模控制

企业的人员规模是基于业务需求和成本控制设定的，但这是企业最高管理者的思维角度，而用人是在业务部门，用人部门往往更侧重业务需求，对成本并不注重，因此如何合理、弹性地管理好组织的人员规模，成为企业最高管理者难以回避的难题。

华为从 2011 年开始，逐步形成了"分灶吃饭"的管理理论，建立了以收入薪酬比为基础的薪酬包管控机制，从 E/R（收入薪酬比）到 E/CGP（贡献利润薪酬比）、E/M（毛利薪酬比），从而牵引收入、利润、财务核算和人力预算实现联动。

人员规模管控存在两个维度：一是人力刚性成本管理，即工资性薪酬包（E）；二是人均效益和效率的提升（华为一般要求每年改进或提升至少 5%），其核心在于各类投入 / 产出比。

工资性薪酬包（E），包括工资、津贴补贴、加班费、社会保障、商业保险、离职补偿、工资附加等。

产出包括 R（收入）、M（毛利）、CGP（贡献利润）、P（利润）。

成长期的产品对收入比较敏感，抢占市场更为重要，比较适合用 E/R；收入规模达到一定程度后，同时关注收入和利润，比较适合用 E/M；华为一线经常采用的是 E/CGP。CGP（贡献利润）不同于 P（利润），贡献利润（CGP）是对部门价值贡献的衡量，其包含吃水线（平台费用分摊）的核算，每个代表处的吃水线不完全一样；利润（P）更侧重于财务核算，主要是对企业盈利能力的考量。

中小企业管理能力有限，操作可以相对简单一点，一是建立部门人均产出基线进行组织规模控制。根据企业的历史数据和经验，加上一定的增幅，销售部门以人均销售合同为标准，生产或交付部门以人均生产 / 交付量为标准。当发现有些部门难以达到人均产出要求时，先适当限制外部招聘的数量，而是引导用人部门采用置换的方式优化内部人员结构，既能控制人数总量，又能吸收外部的优秀人才，淘汰内部的低效员工。二是对用人部门进行一定的倒逼控制。用人部门招人理应对新人负责，要有明确的培养计划，包括导师的落实、资料开发、案例开发等，这些都可以倒逼用人部门更有效地提高新人的存活率。

四、新员工导入

许多企业的新员工离职率居高不下，据统计，离职高峰常常出现在入职后 6 个月到 1 年这个时间段，这对企业来说，不仅浪费了前面的招人成本和培养成本，还严重影响既有的工作节奏。

新员工到企业报到，很多企业只对新员工做一下简单培训，或再象征性地安排一个导师带带，过 2 ～ 3 个月就结束了。这里面有一个误区，新员工的导入，不能等同于新员工培训，导入的过程是综合性的，比培训要复杂得多。

华为对新员工设置的导入期长达 6 ～ 12 个月，分为两个阶段：一是在华为大学的入职引导培训（NEO）；二是部门实习期（见图 10-5）。

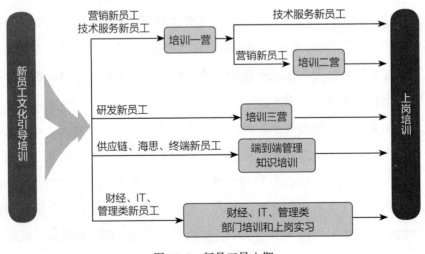

图 10-5　新员工导入期

华为的新员工入职培训，以营销类为例，又分为三个步骤：第一步是大队培训，主要内容是文化介绍，需要新员工学习，如：《致新员工书》《天道酬勤》《把信送给加西亚》《华为核心价值观》《商业行为准则》《公司介绍》等内容；高层领导／金牌员工交流；观看主题电影，如：《那山那人那狗》《放牛班的春天》《光辉岁月》《阿甘正传》等；团队合作模拟演练（户外活动体验）。早上还要晨跑和早操。

第二步是一营培训，包括运作及服务流程规范培训和产品知识培训，时间 1～2 个月不等，每周有 1～3 次考试。然后分配到全国各地办事处技术服务部实习，实习内容包括：一线督导基站搬迁、扩容项目的实施、网络整改及优化等工作，实习周期为 2 个月左右。实习结束会安排答辩和考核。

第三步是二营培训，一营实习结束后，一般会到深圳总部参加 50 个工作日的二营培训，主要培训内容为：展厅宣讲考核、客工部实习、PPT 制作及宣讲能力培训、投标及商务培训。

入职引导培训结束后，经过双向沟通，新员工确定入职部门和岗位，在岗位上的实习期为 6 个月。这个阶段对新员工的培养方法是，以战代训，训战结合。又大体分为以下八个阶段：

第一阶段，新人入职，让他知道来干什么（3～7 天）。HR 和所在部门需要做好七件事：给新人安排好座位及办公的桌子，拥有自己的地方，并介绍位置周围的同事相互认识；开一个欢迎会介绍认识部门里的每一人；HR 主管帮助新员工分析其工作职责、发展空间及工作价值；直接上司单独沟通，让其了解公司文化、发展战略等，并了解新人专业能力、家庭背景、职业规划与兴趣爱好；直接上司明确安排第一周的工作任务；对于日常工作中的问题及时发现及时纠正（不作批评），并给予及时肯定和表扬（反馈原则）；检查每天的工作量及工作难点在哪里；让老同事（工作 1 年以上）尽可能多地和新人接触，消除新人的陌生感，让其尽快融入团队。

第二阶段，新人过渡，让他知道如何能做好本职工作（8～30天）。此阶段帮助新员工完成角色过渡，华为定义了五个关键方法：带领新员工熟悉公司环境及周边部门，让他知道怎么写规范的公司邮件，怎么发传真，电脑出现问题找哪个人，如何接内部电话等；尽量将新员工安排在老同事附近，方便观察和指导；及时观察其情绪状态，以便及时做工作调整；适时传授经验，让其在实战中学习；对其成长和进步及时肯定和赞扬，并提出更高的期望。

第三阶段，给予适当的压力，让新员工接受挑战性任务（31～60天）。掌握新员工的长处及掌握的技能，提出明确的工作要求及考核指标；开展团队活动，观察其优点和能力；犯错给予改善的机会，观察其逆境时的心态，观察其行为，判断其培养价值。

第四阶段，表扬与鼓励，建立互信关系（61～90天）。当新员工完成挑战性任务，或者有进步的地方及时给予表扬和奖励。

第五阶段，让新员工融入团队主动完成工作（91～120天）。指导他们如何进行团队合作，如何融入团队。

第六阶段，赋予员工使命，适度授权（121～179天）。度过前3个月后，一般新员工会转正成为正式员工，随之而来的是新的挑战。部门管理者一方面帮助新员工重新定位，重新认识工作的价值、工作的意义、工作的责任、工作的使命、工作的高度，找到自己的目标和方向；另一方面开始适度放权让下属自行完成工作，发现工作的价值与享受成果带来的喜悦。

第七阶段，总结，制定发展计划（180天）。每个季度保证至少1～2次1个小时以上的正式绩效面谈，协助当事人制定目标和措施，监督检查目标的进度，协助达成既定目标，并为其争取发展提升的机会，以及参加培训的机会，引导制定成长计划，探讨未来的发展。

第八阶段，全方位关注新员工成长（每一天）。

这当中，还会给新员工安排思想导师。华为对"思想导师"的选拔有明确要求，第一绩效必须好，第二要充分认可华为文化。同时，一个思想导师名下不能超过两个徒弟，以保证传承的质量。在华为，如果没有当过新员工的思想导师，是不允许晋升的。

任正非对新员工的思想教育非常重视，从1999年开始，陆续从部队聘请退休的老专家，还专门从中国工程物理研究院、中国科技大学、华东科技大学等聘请退休教授来到华为，让这些老专家，通过自己的人生阅历与思想经验来影响教育华为的新员工。

任正非亲自写的《致新员工书》更为大家所熟悉。《致新员工书》首版写于1994年年底，发表于当年的第110期《华为人报》，那年华为销售收入8亿元，员工1000余人；第二版修订于2005年5月；第三版修订于2007年10月；第四版修订于2014年12月，以2015年版发布。纵观四个版本，结构有调整，内容有修改，但核心思想没变。

第三节　任职资格与能力管理

华为为什么要做任职资格管理，其意义何在？

包括华为在内，很多企业所面临的严峻挑战是，人员众多但人才稀缺，人才成长还特别缓慢。做事和看人凭感觉"拍脑袋"，个人英雄主义盛行，没有明确的专业人才发展通路。就像任正非描述的："华为是一群从青纱帐里出来的土八路，还习惯于埋个地雷，端个炮楼的工作方法，不习惯于职业化、表格化、模板化、规范化的管理。"

在任正非看来，人才不是核心竞争力，管理人才的能力才是核心竞争力，优秀企业能够建立一种人才发展和能力管理的机制，使优秀者能够创造价值，平凡者也能创造非凡。美国 GE 为世界 500 强企业培养了 180 多位 CEO，企业可以挖走 GE 的人才，但是挖不走 GE 的人才培养机制。

任职资格管理，正是能力管理的基本载体和实现方式。

在合益（Hay Group）的帮助下，华为从 1997 年开始建立职位体系、任职资格体系和员工素质模型。任正非对任职资格的期望值是很高的，他认为员工的贡献分为短期贡献和可持续性贡献，短期贡献可以用奖金来解决，而可持续性贡献必须用任职资格的方式来体现。任正非曾憧憬说："如果合益帮我们把任职资格问题理清楚了，我们队伍的建设和前进的步伐就会更有力量。那么我们登陆西西里岛⊖就只是一件很小的事情了。"

任职资格，是在特定工作领域内，按照各职位业绩标准完成工作任务所必须具备的能力。其既体现了组织需要，也体现了任职者的职位胜任能力，同时它是动态的，随着企业战略和业务的发展而发展。

因此，任正非认为，任职资格不是为了发现和选拔完人，而是打造"一支军队，一支战斗力很强的军队"。通过任职资格的导入，"用科学的评价体系，大幅度提升以前感情化的管理"。

推行任职资格管理可以达到三个目的：①企业对员工任职能力的评价与认可，既是组织选拔人才的重要参考，也是员工上岗的前提条件；②激励员工不断提高其职位胜任能力，促进组织绩效和员工个人绩效的持续改进；③树立有效培训和自我学习的标杆，以资格标准不断牵引员工终生学习，不断改进。

这正是任正非想要的："自我批判的目的是不断进步、不断改进，而

⊖ 西西里岛登陆，是第二次世界大战中盟军最大规模登陆行动之一。艾森豪威尔任战役总指挥。1943 年 7 月 9 日深夜，盟军以空降登陆开始西西里战役，8 月 17 日，盟军登陆部队占领整个西西里岛。这次战役盟军不仅在军事上获取直接进攻意大利的跳板，而且在政治上动摇了意大利政府，导致墨索里尼垮台和意大利投降。

不是停留和沉溺于自我否定，所以我们每个人要对照任职资格标准，拼命学习，不断修炼和提升自己。"

一、任职资格的等级及标准

任职资格以支撑企业业务为根本出发点，其管理、评价与提升，以职位责任为依据（促进员工承担职位要求的责任），以绩效为导向（员工的价值贡献作为必要条件），以任职能力为核心（任职资格管理的核心是关注员工任职能力的提升），促进员工实现对组织的持续贡献。

1. 任职资格等级

任职资格类别的划分与职位类别的划分保持一致。各专业技术与管理职位均有相应的任职资格要求，业内形成一个普遍的标准，就是通过任职资格牵引管理和专业 / 技术两条职业发展通道（见图 10-6）。

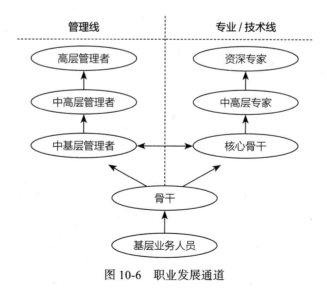

图 10-6　职业发展通道

在华为，专业技术任职资格级别分为一级到六级，管理任职资格级别分为三到五级。分类如下：

技术任职资格分为 6 级：一级～六级

营销任职资格分为 6 级：一级～六级

专业任职资格分为 5 级：一级～五级

管理任职资格分为 3 级：三级～五级

每一级又分为四等：职业等、普通等、基础等、预备等。

2.通用标准

专业技术类任职资格等级的通用标准定义如表 10-1 所示。

表 10-1　专业技术类任职资格等级的通用标准

角色	级别	定义
基层员工	一级	具有本专业的一些基本知识或单一领域的某些知识点；在适当指导下能够完成单项或局部的业务
	二级	具有本专业基础的和必要的知识、技能，这些知识和技能已经在工作中多次得以实践；在适当指导的情况下，能够完成多项的或复杂的业务，在例行情况下能够独立运作
骨干	三级	具有本专业某一领域全面的、良好的知识和技能，在某一方面是精通的；能够独立、成功、熟练地完成本领域一个子系统的工作任务，并能有效指导他人工作
核心骨干	四级	精通本专业某一领域的知识和技能，熟悉其他领域的知识；能够指导本领域内的一个子系统有效地运行，对于本子系统内复杂的、重大的问题，能够通过改革现有的程序 / 方法予以解决，熟悉其他子系统运作
专家	五级	精通本专业多个领域的知识和技能；能够准确把握本领域的发展趋势，指导整个体系的有效运作，能够指导本领域内重大、复杂的问题解决
资深专家	六级	能够洞悉本领域的发展方向，并提出具有战略性的指导思想

管理类任职资格等级标准的定义如表 10-2 所示。

表 10-2　管理类任职资格等级标准

角色	级别	定义
主管	三级	适用于率领一组人员从事某项具体的专业或技术工作的员工，既是监督者，又是执行者之一。该监督者必须达到某专业或技术资格标准二级资格标准以上
经理	四级	适用于公司的中层管理者，对所辖部门的工作质量、时效、成本负完全的责任，并参与所辖工作的战略方向、资源分配、成本及时间要求的制定，下属至少含三级监督者及普通员工数人
总监及副总	五级	适用于公司的高层领导者，对企业某个运作过程或某项职能负完全的责任，参与制定公司长期战略及宏观指导

3. 评价要素

专业技术任职资格的核心评价要素，包括必备知识、行为标准、技能标准和素质标准。其核心模型如表 10-3 所示。

表 10-3　专业技术任职资格的核心模型

核心内容 ＼ 级别		一级	二级	三级	四级	五级
必备知识						
行为						
技能	技能项 1					
	技能项 2					
	……					
	技能项 M					
素质	素质项 1					
	素质项 2					
	……					
	素质项 N					

管理类任职资格的评价要素，以三级管理者为例，包括：任务管理（40%）、团队建设（15%）、流程执行（15%）、资源有效利用（15%）、职业素养与工作态度（15%）（见表 10-4）。

表 10-4　管理类任职资格的评价要素

评价要素	分项标准	关键行为
任务管理（40%）	制定合理的目标与计划	① 根据上级部门的规划或部署，与相关人员共同制定部门工作目标，明确各项工作任务要求和改进方向 ② 根据工作的优先顺序分配资源（包括人、财、物、信息等），充分考虑资源成本，以使其得到有效合理利用 ③ 与相关人员商讨，面向目标，在公司规定范围内确定执行计划的具体工作方法和活动 ④ 根据工作任务的具体要求和特点，深入分析工作中易出现失误或问题的环节，并设计相应的监控点及防范措施
	组织实施工作计划	① 明确本人及下属的工作职责、任务要求和衡量标准，并以承诺的方式加以记录和保存 ② 指导团队成员制定相应的个人工作计划，为下属提供相应的情况分析、资料、信息等，进行事先指导，确保下属具备明确的工作思路 ③ 按工作目标的要求，合理分配工作资源，组织各种资源及时到位，对未到位的原因立即查清，并提出相应的补救措施，必要时上报主管及相关人员 ④ 认真听取员工对工作实施的意见和建议，正确实施正向牵引，激发员工工作热情，提高员工工作参与度，确保员工工作士气
	指导和控制工作计划的实施	① 根据工作计划的监控点及实际的工作需要，及时检查、分析和评估各项工作结果，并及时汇报 ② 根据工作进展及检查、评估结果，对下属工作方法或活动进行有效指导 ③ 找出偏离计划目标的原因和工作中的失误，提出改正措施，必要时上报主管及所影响的接口部门 ④ 在自己的职责范围内立即实施改正措施，必要时，主动协调相关部门并提供协助，促成问题的解决
	绩效改进	① 根据工作目标的实际完成情况及周边部门的反馈，分析工作中存在的问题，确定明确的部门工作改进目标，制定相应的改进计划 ② 结合部门实际情况，与相关人员商议，制定可操作的改进措施并确保执行，不断提高组织效率和工作有效性 ③定期对部门工作改进情况进行评估、检查，对有关的改进措施及时充实调整，以达到所要求的绩效

（续）

评价要素	分项标准	关键行为
团队建设（15%）	氛围营造	① 及时有效传递、正确诠释公司的文化导向，并通过自身言行在管理工作中（特别是对员工的考核、评价及奖励方面）予以强化 ② 在团队中树立正气，敢于承担责任，善于倾听他人意见与批评，相互负责，不捂盖子，不怕揭短；对部门问题敢于陈述己见，并善于引导、听取、整合不同意见，共同推动管理进步 ③ 倡导下属之间建立积极、和谐的关系，公正处理本部门下属之间的矛盾 ④ 当下属工作中有切实需要或遇到困难时，应主动提供相关信息和援助。在商定的时间范围内实现对下属工作上的承诺
	干部培养	① 明确公司选拔和甄别干部的标准，以高度的责任感培养、选拔、推荐干部，干部推荐要不以个人好恶出发，严格按照任职资格标准要求，做好部门内干部梯队建设 ② 营造良好的学习氛围，培育学习型组织，主动推进员工培训；并注意在工作中言传身教、及时辅导，必要时合理授权，在实践中进行锻炼 ③ 根据组织发展需要及下属的绩效、能力特点，与下属一起商定其个人发展目标和培训方法、改进措施 ④ 对下属的改进提高情况进行例行化检查、评估，就改进效果提出建设性的反馈意见，培养下属效果显著
	有效沟通	① 建立例会制度、上下级之间定期沟通，让员工明确自己的任务、目标、责任、职权及考核标准，帮助员工树立完成任务的信心 ② 明确对员工评价的客观标准，主动了解下属，确保对员工工作情况及思想动态的基本了解，对员工的工作成绩予以及时、客观的肯定，对一个阶段的不足提出改进措施，体现对员工工作的正向牵引 ③ 对例外事件的处理要及时沟通，养成非正式的沟通习惯；明确有必要进行沟通的条件要求、熟练掌握各种不同的沟通方法，与各层骨干员工建立非正式的业务朋友关系 ④ 通过耐心细致的工作，帮助员工正确面对挫折和失败，在工作中以积极的心态接受优胜劣汰的事实

（续）

评价要素	分项标准	关键行为
团队建设（15%）	创造、培育和维持良好的外部工作关系	① 主动考虑本部门工作对接口部门的影响，建立例行化的信息通报方式，及时通报工作进展，并与各部门就关注的问题交换意见 ② 打破部门壁垒，从全流程最佳去理解本部门责任，积极主动地了解、理解相关部门的要求，并在自己的权限范围内，迅速、准确、礼貌地予以答复 ③ 积极响应与处理相关部门提出的配合要求和改进建议，及时反馈结果，不断评估服务质量，组织和保证对相关部门的业务支持；必要时向相关人员求助
流程执行（15%）	流程执行	① 与相关人员一同讨论、学习与本部门业务有关的流程，并特别注意与相关部门的接口程序，确保对流程的正确理解 ② 给流程使用者提供准确、清楚、全面的培训和指导 ③ 对与本部门相关的业务流程的运作情况进行及时的监控，确保业务流程得以正确的贯彻实施
	内部优化	① 结合本部门实际工作需要，对大流程运作中未覆盖到的部分与相关人员一同制定相应的补充规定与实施细则 ② 对本部门工作中的成功经验与习惯，及时以规则的形式加以固化；对本部门规则的运作情况及时评估并以合理的方式进行优化 ③ 对大流程中存在的问题及时进行讨论，提出修改和完善的建议，向主管及相关部门及时提供反馈信息
资源有效利用（15%）	建立、保持、维护工作环境	① 根据公司的规定和业务需要，并适当考虑发展，按公司的有关工作程序建立、优化工作环境，使硬件设备的配置与管理工具的开发、使用，有利于工作的开展和工作效率的提高 ② 工作环境的建立与优化要充分考虑成本与预算，确保现有工作环境资源的充分利用 ③ 根据公司的规定和国家的相关法律条例（如：消防、环保等），充分考虑影响工作环境的各种因素，制定工作环境管理制度、检查制度，确保公司资产不受损失并得到有效利用 ④ 经常巡视检查工作场所以保证相应制度的有效实施，按照要求和程序监督下属正确使用和维护办公仪器设备，督促下属准确记录和上报不符合要求的工作环境和不按程序操作的情况，督促相关人员即时改善工作场所

（续）

评价要素	分项标准	关键行为
资源有效利用（15%）	文档管理	① 以制度的形式保证日常工作文档建立的规范性，明确文档种类、规范格式与具体责任，定期检查，确保工作经验的持续积累 ② 对工作中的成功经验与失败教训要及时进行总结，建立案例库并不断予以充实 ③ 鼓励、组织部门员工定期对工作进行总结，重点分析工作失误的原因，适时交流有关信息，以利资源共享与相互启发，促进信息增值
	信息的搜集与提供	① 明确上级主管和相关部门所需的信息及相关要求，在允许的范围内搜集并准确记录 ② 分析、筛选所搜集信息，以使之准确并与规定的需要有关，按要求的格式在商定的时限内向有关部门提供所需信息并归档 ③ 确保信息的安全和保密 ④ 当不能在规定的期限内完成信息搜集工作时，应及时通知相关人员
职业素养与工作态度（15%）	职业素养	① 严格自律，以身作则，严格执行公司的各项政策与流程规定；能身体力行地贯彻公司文化与各项制度要求，以模范的行为表现影响员工，在员工中起模范带头作用，做员工表率 ② 团结同事，以包容心、同理心、平常心和自信心去接受并鼓励他人提出批评和不同意见，善于团结不同意见的人甚至是反对过自己的人，去共同实现公司目标 ③ 以职业化的标准严格规范自己的行为；遵守社会道德和同业的职业道德，不损"公"利己，保守公司机密，不传播不利于公司的言论；生活作风自律，自觉塑造个人形象，维护公司形象
	工作态度	① 有较强的责任意识与服务意识，以结果为导向，脚踏实地、一丝不苟地做好本职工作；坚持原则，勇于承担责任 ② 热爱本职工作，在工作中始终保持积极向上的精神状态，以积极的心态面对压力、困难和挫折 ③ 不断进行自我批判和自我超越，不断进取

二、任职资格的推行和应用

在任正非看来，任职资格的推行是一场管理变革。他认为任职资格不应该是机械唯物主义的、形而上学的推行，而是希望借此实现真正意义上的管理进步。

任正非对管理变革有一个三段论：

（1）触及自己的灵魂是最痛苦的。必须自己批判自己。

（2）别人革自己的命，比自己革自己的命还要困难。要允许别人批评。

（3）面子是无能者维护自己的盾牌。优秀的儿女，追求的是真理，而不是面子。只有不要脸的人，才会成为成功的人。要脱胎换骨成为真人。

这三段论概括起来就是，要自己批判自己，要允许别人批判自己，不能太顾面子。

任职资格，就是一个自己把自己撕碎，或者被别人撕碎，重新拼接的过程，不仅需要"不要脸"的勇气，还要有承受委屈的决心。

任职资格体系推行过程中很重要的一个环节是评价，不管标准怎么清晰，终归会有它的局限性，何况评委也是活生生、有血有肉的人，难以做到每次评价都是准确和公正的。因此，华为对任职资格体系的建设定下的一个基调就是，"先推行，后平冤，再优化"，用 3 ～ 5 年的时间打磨出一个合理的管理体系。"外国的先进管理体系要结合华为公司的具体情况，不能教条主义。在一种制度向另一种制度转换过程中，新鞋总是有些夹脚的。也可能挫伤一部分同志，我们的方法是坚决推行已经策划好的任职资格管理，然后再个案处理个别受冤屈的同志，然后展开全面优化，使发达国家著名公司的先进管理办法与我们的实践结合起来，形成制度。"⊖

⊖ 任正非，《不做昙花一现的英雄》，1998 年。

企业通过任职资格体系的全面梳理和建设，将形成自己非常完整的能力管理系统，人力资源的各大模块都要与任职资格建立连接关系，如图 10-7 所示。

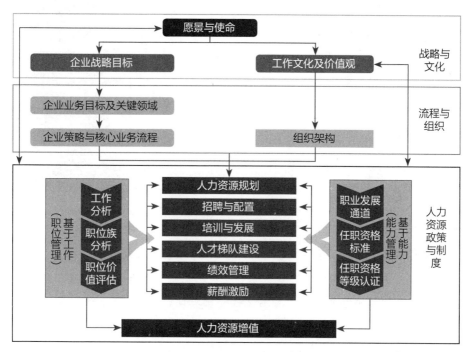

图 10-7 人力资源模块与任职资格之间的关系

我们简单从以下三个角度做些阐述。

1. 牵引学习发展

任职资格体系的等级标准对各职位所需的素质要求、通用能力、工作技能 / 专业技能等都做出了明确定义，以此来构建企业的学习路径图，形成员工的学习成长方案，其作用是不言而喻的（见图 10-8）。

例如，华为软件测试类对专业必备知识制定了非常完整清晰的列表，包括：

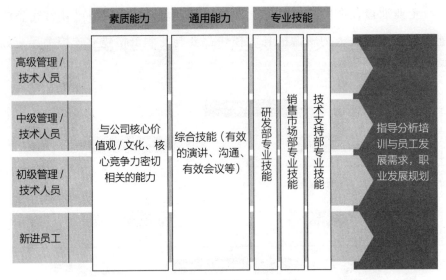

图 10-8　员工的学习成长方案

流程规范方法论：软件测试过程体系、产品缺陷跟踪管理流程、系统测试过程及方法、单元测试过程及方法、集成测试过程及方法、IPD-CMM 流程知识、产品测试策略及流程、可测试性分析与设计方法、产品测试策略及方法……

基本技术知识：软件测试技术、系统测试技术、产品技术工程、软件自动化测试、产品技术评审、单元测试技术、集成测试技术……

专项技术知识：测试方案设计、测试用例设计、测试平台设计、可测试性设计、自动化测试设计、测试工具设计……

并且等级标准对专业知识掌握的熟练程度做出明确要求：

一级：有限的运作能力，仅仅有一般的、概念性的知识。

二级：在有协助情况下的运作能力，实践过的知识。

三级：不需要协助的运作能力，触类旁通的知识，可以成功完成大多数任务。

四级：深入彻底的知识，可以带领和指导其他人有效运作。

五级：可以给出专家级的意见，能领导其他人成功运作，被其他人当作磋商者和领袖。

企业人力资源部完全可以根据专业知识的要求来定义学习和培训课程，根据熟练等级的要求来定义员工的工作方式、关键行为和经验水平，员工的学习和实践地图将变得非常清晰，可极大地牵引员工能力的发展。

2.用于薪酬激励

每个企业在做薪酬和激励考量时，必然会考虑到职位和工作能力这两个维度，企业的薪酬表基本就是一个职位等级表的价值量化。没有工作能力和职位价值的评估，薪酬设计将无从着手，这也是任职资格的价值体现。

企业对员工的价值支付包括工资、奖金、晋升、股权激励等很多方面，当其与任职资格的不同要素结合后，对员工的职业发展将起到不同的牵引作用。示例如表 10-5 所示（非实际）。

表 10-5　价值支付与任职资格的结合

评价要素 分配要素	工作能力	职位价值	绩效贡献	劳动态度	发展潜力
工　资	50%	20%	30%		
奖　金	10%	10%	80%		
股　权	30%	10%	30%		30%
退休计划			20%	80%	
晋　升	40%		40%	20%	
机　会	20%	20%	20%	20%	20%

3.用于招聘和人才梯队建设

企业结合未来的战略规划定义各职位新的能力要求，并对照能力现状，经过人才结构和数量的差距分析后，可分别从外部招聘和内部人才梯队培养两个方面制定出明确计划（见图 10-9）。

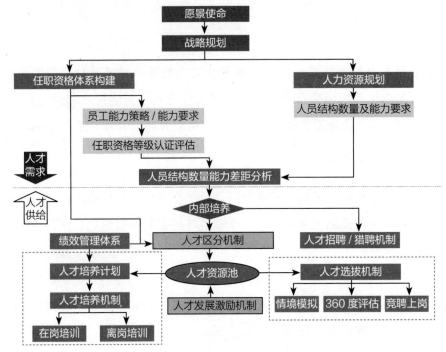

图 10-9 内外部的人力资源规划

在人才梯队建设过程中，可用能力定位表来明确目标员工的培养计划（见表 10-6）。

表 10-6 能力定位表

能力要素 \ 职位		任职者现状	现职位要求	未来职位要求
必备知识				
行为要素				
技能	技能项 1			
	技能项 2			
	……			
素质	素质项 1			
	素质项 2			
	……			

三、任职资格的挑战与变革

随着任职资格的完善和细化，反而容易陷入文牍主义和形式主义，主要表现为：

一是流程越来越长，限制条件越来越多。一个评价流程走下来需要几个月，可能涉及多个部门；资格认证设计的条件繁多，如：参加过什么样的培训，有过什么样的赋能，有过什么样的训战，需要一大堆的证明材料，耗时又耗力。所以，屠呦呦可以拿到诺贝尔奖，但不一定能通过某些任职资格的评审，任正非说的"歪瓜裂枣"也同样难逃此命。

二是主观判断容易造成偏差。虽然任职资格设有专委会、分委会等多级评定机制，华为也设定了"专家评专家"的原则，但基于委员会成员的知识结构和现实认知的局限性，很难从证明材料和简短的答辩中准确判断一个人是否满足任职资格的条件。

三是人岗匹配越来越僵化，缺乏包容性。华为在技术族任职资格，普遍为窄对应关系，各类/子类任职资格每一个层级，都定义了与之对应的岗位责任要求，虽然任职与人岗匹配层级看似一一对应，但员工每次人岗升级，都需要各专委会给出专业意见，再组织AT根据实际情况最终确定是否升级，僵化解读难以避免（见图10-10）。

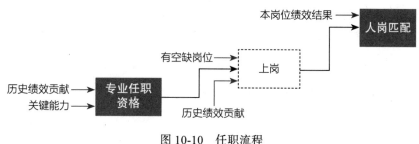

图 10-10　任职流程

企业越大，任职资格运行的时间越长，以上问题反而会越严重。因此，任职资格面临的新挑战是，如何通过变革重回简单和有效。

华为试图参照美军的价值评价体系，用"上没上过战场、开没开过枪、受没受过伤"来简化资格审查的基本标准。但这又引发了另外一个问题，一线员工容易满足基本条件，但不一定能力很强；机关员工能力很强，但又不一定满足审查资格。

任正非在内部指出过这个问题，但带有明显的倾向性，"现在华为公司仍是'学生型'组织，能力还是作为任职资格很重要的评价标准，显然在机关、发达地区的人员永远是能力最强的，在艰苦地区爬冰卧雪的人员永远是能力最弱的，而能力强的人永远都有机会。如果我们不把'上过战场……'资格作为重要因素来称重，大家都不愿意上战场了。当然，也不一定必须强调'受过伤'，万一他给自己'开一枪'，也没有必要。"

一切都还在探索之中。

第四节　绩效管理

绩效主义毁了索尼！

索尼前常务董事天外伺郎发表过一篇文章《绩效主义毁了索尼》，陈述索尼在信奉"绩效主义"当中，"激情消失""挑战精神消失""团队精神消失"，从行业先锋沦为落伍者。

绩效主义是绩效管理结出的恶果，但企业是不是就该抛弃绩效管理了呢？人大教授彭剑锋针对此分析说："无论绩效管理有千宗罪，有一点是确定无疑的真理：创造绩效是企业组织生存的根本，是企业存在的价值所在，企业组织没有绩效就没有生存权，有企业组织就一定有绩效的价值诉求。无论是股东，还是客户与员工都有绩效价值诉求，有绩效价值诉求就会有衡量绩效的表达与管理体系。就像市场经济的法则是价值交易法则、竞争法则，如果你否定掉这些基本法则，那你否定了市场经济。既然组织要生存发展、命根子就是要创造绩效的话，那肯定就会涉及绩效管理。如何来推行绩效管理，是一个企业生存发展的核心命题。绩效只有怎么管理的事儿，没有管不管的事儿。只是管的方式、内涵发生变化了，但是绩效管理本身它是客观存在"。⊖

绩效管理，在本质上是业务管理。但怎么做才有利于业务的发展，每个企业都需要蹚出一条自己的路。

华为的绩效管理体系于 1998 年开始建设，其经历了人事考核和绩效考核两个阶段，从"德勤能绩"粗线条导入，再逐步引入 KPI（关键绩效指标）的概念，针对岗位的具体职责量化目标，将目标阶段化。这一阶段的特点是：强化成果导向，重在考核。

2002 年以后，华为绩效管理以目标为导向，不仅面对当前，也面向未来；不仅面对结果，也面向过程。主要引用 IBM 的绩效管理方式，并推出了自己的 PBC（Personal Business Commitment，个人业绩承诺），PBC 采用 WET（Win、Execute、Team）格式模版。华为不是完全复制 IBM 的方法，华为与 IBM 的绩效管理还是存在很大差异的，主要区别如表 10-7 所示。

到了 2009 年，华为进行绩效管理优化和变革，PBC 模板改为业务目标、组织与人员管理、个人发展计划三个部分，特别强化了对组织能力和员工发展的牵引。华为绩效管理的目的从落地战略，转向组织和个人成长并重，从而激发团队和个人。

根据华为的经验，对绩效管理的理解应该是，引导并激励员工贡献于组织的战略目标，同时实现组织和个人的共同成长，它不是绩效考核，而

⊖　彭剑锋，《别妖魔化绩效管理！创造绩效是企业组织生存的根本》，华夏基石《洞察》。

是一个管理过程。

表 10-7　华为与 IBM 的绩效管理主要区别

	华为	IBM
维度	赢（Win） 执行（Execute） 团队（Team）	业务目标（Business Objectives） 人事管理目标（People Management Objectives） 发展目标（Development Goals）
内容	自下而上，主管要把下属的事汇总成大事	作为员工，没有多少想象和发挥的空间来写自己的业绩承诺书
考核频次	季度	半年
考核关注重点	过程与结果同样重要	结果
企业文化影响	行为规范，在思想上认同华为文化	考核模板对不同部门员工个人需要承诺什么，达标的指标是多少都有明确细致的规定
考核结果运用	末位淘汰	警告，"需改进"
PBC 的影响	PBC 日常的绩效考核——奖金 劳动态度考核——退休计划 个人发展潜力考核——股票	员工升迁 内部调配 年度奖金

一、从客户价值到组织绩效

对企业来说，绩效的主体一般包括组织、流程、岗位 / 角色，因此，绩效管理原则上分为组织绩效管理（考核管理者）、流程绩效管理（考核流程责任人）、岗位 / 角色绩效管理（考核岗位 / 角色）。华为习惯于将组织绩效和流程绩效统称为组织绩效。

HRCOE 是组织绩效规则的管理者，也是组织绩效流程的责任人；HRBP 负责组织绩效业务规则的落实及管理流程的执行。

组织绩效管理，归根结底仍然是客户价值的管理，即通过企业的各种经营要素，承载一定的组织活动，明确各类衡量标准，以推动不同客户价值的实现。

华为对客户价值与经营要素的关系定义如表 10-8 所示。

表 10-8　客户价值与经营要素的关系

客户价值	经营要素
针对客户需求和痛点提出解决方案	机会
解决方案具有比较竞争优势	增长
改善客户未来获取价值的能力和价值体验	投入
增加客户 TVO（总体拥有价值）	回报
降低客户的 TCO（总体拥有成本），提升客户的价值感知	效率
保障客户长期价值	风险

据此，可以依照财务、客户、内部运作、学习与成长等四个维度定义出组织绩效的考核重点。示例如表 10-9 所示。

表 10-9　四个维度的组织绩效考核重点

经营要素 考核维度	机会	增长	投入	回报	效率	风险
财务	销售收入/重大项目收入	增量市场收入（价值区域和价值客户）	创新产品收入	利润	投入产出比	现金流/回款
客户	大客户销售增长率	新客户拓展收入/目标客户准入数量	创新产品大客户可用率	存量市场增值服务	客户服务一线人员比重	关键事件
内部运作	合同及时齐套到货率	市场占有率/行业增长水平	创新产品规模化率	战略投入	工资性薪酬包占比/成本率/损耗率	关键事件
学习与成长	重大项目成功率	价值客户联合创新成果	客户需求转化率	前沿技术研究项目成果转化率	人均效率/人均服务比/末位淘汰率	关键事件

组织绩效的承担者是各层级的管理干部，华为对此的考核方法是，根据当期产粮多少来确定基本评价；根据对土地未来肥沃的改造来确定战略

贡献。两者兼顾，即根据销售收入＋优质交付所产生的共同贡献，拿薪酬包；若没有做出战略贡献，则不能被提拔。

对于战略贡献与当期业绩的关系，任正非曾经做过解释："我们有68个战略制高地、200多个战略机会点，抢占战略高地要靠能力提升、靠策划、靠方法，不完全靠激励。当然，激励也是应该的。虽然做了战略高地，但若利润是负值，乘以任何系数都没用，因此还是至少要实现薄利，不要简单地说'未来如何赚钱'，即使未来赚钱，也是破坏了今天的战略平衡。设定的战略目标，有销售收入浮动的比例。战略机会点攻入进去了，不允许降价作恶性竞争，但是允许多花钱，比如可以派两个少将去。BG重心是销售收入，既想卖东西，又想抢占战略高地，是虚拟考核；区域考核的是盈利和战略，即使薄利，也是盈利。"⊖

任正非非常反对用烧钱的方式来形成市场垄断，然后以垄断来赚取客户的钱，任何战略都是立足于当下，立足于客户价值的实现。

二、从组织绩效到个人绩效

组织绩效的实现最终要落实到个人绩效上，这个落实的过程就是实现个人绩效与组织绩效的对齐，如果将组织的战略目标转化为个体目标，上下对齐，左右握手，从而减少无意义的消耗和浪费，实现战略的落地。

组织绩效和个人绩效的关注点是有明显区别的，任正非认为，组织绩效重点突出核心战略诉求，不求面面俱到；而个人绩效，应该重视的是个人当期业绩和持续贡献。

企业对不同层级人员的价值贡献的期望是不一样的，因此，个人绩效考评的对标方式和考核形式也有差异。差异如表10-10所示。

⊖　《任正非在人力资源工作汇报会上的讲话》，2014年6月24日。

表 10-10　个人绩效考评的对标方式和考核形式的差异

分层对象	组织期望	对标方式	考核形式
高层	聚焦中长期目标、自我超越（使命感），重点关注组织绩效	人和标准比 + 自己和自己比	述职 +PBC
中层及骨干	你追我赶、争当先进（危机感），关注组织绩效和个人绩效	人和标准比 + 人和人比	述职 +PBC
基层	多劳多得、精益求精（责任感），关注个人绩效	人和标准比	KPI 考核表

华为中高层经过述职后，大部分要签署 PBC（个人业绩承诺）。PBC 关注的重点：一是对齐战略和组织目标，起到牵引员工关注组织绩效的作用；二是体现岗位责任和角色要求，强调个人在组织绩效目标达成过程中的价值贡献；三是突显职位价值和关键任务，不是把所有岗位职责全部纳入 PBC。

PBC 主要内容包括：

● **业务目标。**

①个人对组织绩效目标（Win）关键性结果的承接。

②个人关键举措（共 6 ～ 8 项），承接企业战略规划和重点工作。

● **组织能力目标。**

①塑造组织，包括团队、流程等管理目标，形成组织的整体作战能力（3 ～ 4 项）。

②专业贡献（只适用于专家）。

● **个人能力提升目标。**

根据个人能力分析，设置个人能力提升目标（2 ～ 3 项）。

最终考评结果，华为定义为 A、B+、B、C、D 等五个等级：

A：超过挑战值，即超出基本目标值的 120%

B+：接近挑战值

B：基本目标值附近

C：与基本目标值有差距

D：低于底线值，即低于基本目标值的80%

战略和目标的复杂性，决定了个人绩效的实现并不一定能保证组织绩效的达成，因此，需要通过一定的考核比例分布，来牵引部门和员工关注组织绩效（见表10-11）。

表 10-11　部门弹性考核比例

部门组织绩效	部门弹性考核比例		
	A	B+/B	C/D
A	15%	85%	部门自行掌握
B+、B	10%	75%～85%	5%
C、D	≤5%	75%	≥10%

但这种考核的强制分布，是一把双刃剑，一方面可以牵引关注组织绩效；另一方面又有可能扭曲员工的价值贡献，人为地安排一些员工（如即将离职的员工、新员工或跟部门主管关系不好的员工）来背负C和D的指标，制造内部矛盾，不利于绩效的回溯和改进。

个人绩效的好坏将直接影响员工的收入和晋升，每个管理者都应该高度关注下属员工的绩效表现。个人绩效不理想，归纳起来主要有以下四个原因：

（1）主管没有给出明确的目标或者结果定义不清晰，但在绩效考核的时候，又强调责任结果导向。例如：主管认为"该员工主要工作投入和岗位职责要求有偏差，未能完全达到高端专家岗位的要求"，员工则认为"我来公司一年多，没有得到任何明确的工作定位和具体要求，而且成绩出来以后部门没有丝毫沟通，但自己已经根据对职责要求的理解，主动完成工作，并且得到一线认可"。

（2）缺乏工作开展的必要背景信息和相关资源，资源包括人、财、物，以及周边配合和流程支持。绩效目标的实现往往需要大量的背景信息和专业分析，不然，员工难以找到好的实现目标的行动策略和路径。员工的个人影响力也相当有限，既需要多部门和团队的协调配合，也需要必要的费用支持。

（3）工作能力不足，或者专业能力和岗位要求不匹配。有两个维度，一是工作要求和个人专业技能的方向一致，但能力不够；二是专业能力和岗位不匹配，比如招进来一个做软件的，非得要他做硬件。

（4）员工成就意愿不强，或投入不足。如果是暂时出现这种情况，可能是因为员工遇到了什么困难，应该予以一定的帮助；如果长期如此，那员工的内在驱动力已经存在问题。

这四种情况，无论是从组织角度，还是从管理者的角度，都存在很大的帮助员工改善绩效的空间。

三、绩效评估与校准

在第二章第三节"价值评价的方法"中，我们对绩效考核做了一定的阐述，但表述的核心是通过述职对目标和关键任务进行思考和讨论，以更好地推动员工找准价值创造的核心要素，而非绩效结果的考核。

通常，绩效考核包括员工自评、上级评估、绩效校准、绩效面谈和结果应用等几个环节。如果采用的是季度述职，那么绩效考核也建议每季度进行一次，对于目标管理已经做得非常好的企业，考核频率可以每半年一次。不建议每月一次，一是很多工作还没有来得及展开，不好做评估；二是会增加员工的负担，使员工无法聚焦于目标的实现。

员工自评和上级评估能否做好的关键，是对目标和结果的认知是否取得一致。关键任务的确定，以及述职这一流程之所以重要，就在于此。不少企业的员工抱怨在绩效考核过程中，上级一手遮天，或对自己不公，最大的问题就是双方对绩效目标及结果没有统一意见。

当然，绩效考核过程中也很容易发生管理干部徇私舞弊的现象，或袒护部门员工刻意做高绩效的情况，因此，在绩效考核过程中，绩效校准这一程序不可省略或忽视。

绩效校准，是在直接主管给出绩效评估后，由绩效校准团队采用一定的程序和方法，进行集体讨论和决策，最终确定员工绩效等级。主要通过校准会议（Calibration Meeting）来实施，华为称之为集体评议。

绩效校准有两个目的：①绩效等级在企业跨部门取得一致性理解，逐步实现部门之间横向的可对比性；②对主管考核偏心或不公现象进行干预，促使绩效评估更加客观公正。华为绩效校准/评议由行政管理团队（AT）来执行，研发体系由于组织层级较深，基层员工的绩效校准/评议更多由核心团队（CT）来执行。

校准会议不是几个主管坐在一起随意讨论给出结果就算数。有效的绩效校准必须具备相应的程序和规则，并把握四个关键点：

（1）材料事实全面，内容准确。

绩效校准信息通常包括员工绩效事实和主管评估排序，员工绩效事实主要来源于员工的 PBC 自评、关键事件记录、工作阶段成果、工作月报/周报/日志、客户评价、协作部门或流程上下游评价……其中 PBC 目标达成情况、关键事件记录是核心信息，要能够比较全面、准确地反映员工的绩效贡献。如果主管对员工绩效事实了解不够，在校准会议上一问三不知是很容易露馅的，这样可以倒逼主管越来越重视员工的绩效考核。

（2）绩效导向和标准理解一致。

绩效导向和标准，既包括对绩效评价模型（绩效标准、优秀标杆或典型案例）的统一认识，也包括高绩效的判断标准和评议规则。通俗地讲，一个好的绩效标准究竟是什么？虽然在校准会议前就已经明确制定出来，但评议过程也是再次统一思想、统一绩效语言、统一标准理解的过程，最终回到"多打粮食，增加土地肥力"上来，而不是我说责任结果，你说周末加班；我说团队建设，你说客户表扬……

（3）澄清绩效事实，消除认知偏差。

澄清绩效事实，就是要客观地呈现员工绩效事实，最好通过实际数据和具体事例，客观展示员工的行为和产出，而不是模糊描述，或是主管的感觉和印象。例如："张三本季度做出很大贡献"，对这类空洞的描述，需要不断地还原绩效事实。一是他到底做了什么？二是贡献体现在哪些方面？三是产生了什么样的结果？四是这个结果对应哪个绩效标准？

认知偏差最容易反映在如何给出绩效等级，如果你的企业也是和华为一样，绩效等级分为 A、B+、B、C、D 五等，那么可以采用从小比例到大比例排序评议的方法，首先评议绩效 A 的人员，把所有评 A 的人员放在一起，分别展示其绩效事实，陈述给 A 的理由，经过集体讨论确定这一类别的"锚点"，再逐个把员工放在"标准秤"上称重，确定排序和绩效等级，并给出发展建议；然后是 C/D 人员；最后是 B+/B 人员，方法基本一样。对于顶级和末端人员，以及某些特殊人员最好逐个评议，其他人员可根据实际情况决定是否逐一评议。如果员工的绩效等级发生改变，参加校准会议的主管应完全理解其原因所在，便于在绩效面谈时给员工做出清晰的解释。

（4）多维度横向校准，判断是否符合绩效导向和标准。

前面说的绩效校准，更多的是从等级维度做评议，为了保证整个评议客观公正，需要从不同维度审视绩效评估是否符合绩效导向和标准，特别是新员工、不同项目/部门同一角色人员、调整部门人员等人群。例如：

对入职一年以内的新员工进行审视，看看绩效 A/B+ 比例是否偏低（如不低于 30%），C/D 比例是否偏高（如不超过 10%），如有偏差则做出调整；对于调整部门或外派出差的人员，有可能出现原部门已不重视、新部门还不了解的情况，绩效评估结果不能很好地反映真实情况，把这些人员单列出来给予特别审视，可以较好地保证绩效评价结果的客观公正。

基于清晰的绩效评价模型和员工的绩效事实，而做出的绩效校准，既有机制保障，也有程序公正。基于集体评议的方法，既是团队智慧的发挥，也是对主管素质的检验和诚信的约束。

四、绩效面谈与辅导

绩效面谈是绩效管理过程中非常重要的一个环节。对于主管来说，也是非常有挑战性的一个环节，不是因为其有多复杂，而是在面对绩效结果不好的员工时，主管们总感觉别扭甚至存在一定的心理障碍。

绩效面谈，不是告诉员工业绩有多好，或是说服员工接受不好的评价结果。其目的是帮助员工重新审视其岗位价值和工作目标，让员工认识自己的工作存在不足或能力存在缺陷，激发员工改进的意愿以及对未来的期待。随意的或任务式的面谈，反而有可能让员工更困惑，更受打击。

当然，评估的结果也无须回避，因此，绩效面谈首先就要给员工解释清楚绩效评价等级的原因，让其知道为什么是这么一个绩效结果。无非三个角度，一是围绕绩效目标须达成的效果，以及绩效判断的标准和方法，准确地做出反馈；二是基于绩效校准的评议规则，通过具体事例，解释绩效评价等级的思路；三是坚持责任结果导向，引导员工关注有效产出。过程的努力，或者加班、进步、潜力等看似跟绩效有关的内容，不要跟结果沟通混在一起，这一步就是对事不对人，围绕绩效事实进行沟通，准确反馈评价依据、不足及期望。更不能把责任推出去，说一些诸如："你的绩效是集体评议的，我也没办法""绩效是强制分布的，你得担当一下"……这样反而会激发矛盾，对未来的绩效提升无益。

其次，绩效面谈不是给员工下马威，绩效结果给出后，尽量多寻找员工表现出色的绩效行为，鼓励其持续发挥。如果盯住员工的不足和短处不放，只会增加员工的挫败感，降低员工的自信和士气。

绩效面谈最重要的部分是一定要面向未来，让员工感知到公司的期望、机会的给予、能力提升的可能，激发员工对业务目标和行动策略有进一步的思考，并愿意在新的绩效周期承担更大的责任，做出更大的努力。

我们可以将绩效面谈分为两部分：结果沟通和发展沟通。结果沟通部分尽量严谨客观；发展沟通部分重在目标分析和员工内在动力的激发。

绩效管理是一种具有他律性的管理方法，具有一定的强制性和被动性，员工很容易有抵触情绪。因此，单纯指望绩效面谈就产生很大的效果也不现实。主管要有意识地将绩效辅导（Performance Coaching）贯穿于绩效管理的始终，弱化考核概念，强化企业愿景和个人目标的结合，将他律转变为自律。

员工在绩效目标实施过程中，主管要兼具教练和服务双重角色，提醒员工识别目标风险，帮助员工整合资源，带动员工提升能力。经过这样持续的绩效辅导后，主管和员工也相对容易取得绩效评估结果的共识，减少绩效考核的压力，将绩效管理整体带入到对未来的管理。

对此，任正非也是语重心长，"对事的管理上，要做好计划，要合理分配工作，合理规划工作节奏，张弛有度，攻下一个山头后，团队要注意适当休整、认真总结。在对人的管理上，要加强对下属的关心和爱护，多一些沟通和辅导，润物无声，帮助下属提高技能和效率，培养工作中的自

信心、成就感。"[⊖]

第五节　薪酬与福利

华为实行基于岗位责任和价值贡献的分配体系，建立了"以岗定级、以级定薪、人岗匹配、易岗易薪"的薪酬制度，学历、工龄、社会职称等不作为薪酬的考量因素。

一、薪酬等级

工资设计的核心是，解决"配多少人，干多少活"的问题，避免资源配置不足影响业务发展，或人浮于事。因此，华为基于"以级定薪"的理念进行工资结构的设计，示例如表 10-12 所示（非实际）。

表　10-12

职级 等位	11	12	13	14	15	16	17	18	19
C	4100	4700	6100	7600	9600	11600	14100	15800	17500
B	5500	6300	8000	10000	12500	15000	18000	20000	22000
A	7800	8800	11000	13500	16500	19500	22800	30000	32600

这是华为工资结构的一个基本框架，华为机构分布在全球 170 个国家，逐步实现本地化以后，差异化已经非常大。但其基本结构并不复杂，每个职级之间，工资具有很大的相融性，但中位线是明显递增的（见图 10-11）。

华为工资的发放时间是当月 15 日发当月工资，在海外有些地区是当月发下个月工资（因汇率形成的差额在下个月再做调整）。为什么大部分

⊖　任正非，《任正非：天道酬勤》，海天出版社，2018 年。

企业是当月发上个月工资？个中微妙心态值得用心理学来做分析。关于提前发工资的问题，任正非说了这么一句话："所有细胞都被激活，这个人就不会衰落。拿什么激活？血液就是薪酬制度。……因为我们对未来有信心，所以我们敢于先给予，再让他去创造价值。只要我们的激励是导向冲锋，将来一定会越来越厉害。"[⊖]

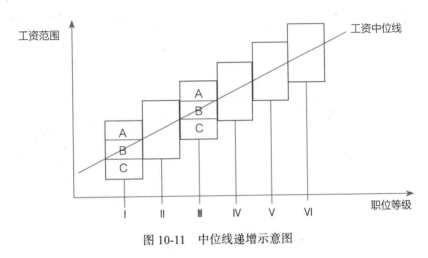

图 10-11　中位线递增示意图

二、分灶吃饭

华为通过"分灶吃饭"的薪酬预算机制来控制人员规模、人均效益以及加薪空间，加薪是以人员编制和人均效益为基础。计算公式如下：

总加薪包＝预算销售额 × 基线比例 － 上一年的薪酬包 － 新增编制的薪酬包

在人员编制不变的情况下，如果销售额增加，加薪空间就会比较大。

在奖金分配上，华为力图打破平衡，向高绩效者倾斜，绩效优秀的员工和一般员工的奖金差距在 4 ～ 6 倍，并强制规定大部门要有 5% 的人员奖金为零，以锁住差距的原点，激活员工，牵引员工不断追求高绩效。

分灶吃饭的管控机制举例如下：

假设总薪酬包（包括工资性薪酬和奖金包）的控制基线为销售收入的 18%，其中，刚性的工资薪酬占销售收入 10%～12%，弹性的奖励占销售收入的 6%～8%。

假如年初制定年度预算销售收入为 30 亿元人民币，先按 10% 预算工资包，并以此为边界做年度人力资源规划与预算、调薪计划和招聘计划。

销售收入实现数据对总薪酬包的影响，举例如表 10-13 所示。

表 10-13 销售收入实现数据的影响

科目名称	金额或占比	说明
预算销售收入（亿元）	30	
薪酬包基线比例	10%	
年度工资包（亿元）	3	30×10%
一、销售目标实现		
如实际完成 100%	30	
实际薪酬包占比 1	10%	
奖金包基线占比 1	8%	
奖金包 1（亿元）	2.4	30×8%
二、销售目标超额实现		
如实际完成销售 110%	33	
实际薪酬包占比 2	9.09%	3/33
奖金包基线占比 2	8.91%	18%－9.09%
奖金包 2（亿元）	2.94	33×8.91%
三、销售目标未实现		
如实际完成销售 90%	27	
实际薪酬包占比 3	11.11%	3/27
奖金包基线占比 3	6.89%	18%－11.11%
奖金包 3（亿元）	1.86	27×6.89%

三、调整机制

华为薪酬调整机制的要点如下：

（1）易岗易薪，能升能降。但华为并不会在易岗的同时即做出相应的薪酬调整，而是设计了一个考察期，尤其是针对干部晋升，经过90天考察合格之后才会调整工资。

（2）华为的任职资格都跟薪酬等级表有相对应的关系，通过任职资格的评定，比如从三级专家升到四级专家，就会触发调薪机制。

（3）华为在更多情况下是不定时调薪，优秀员工一年可能获得数次加薪机会。

（4）当然，华为也有普调。参考因素是公司的经营情况和外部市场薪酬水平。

第六节　培训与人才发展

华为建立培训体系始于1997年，最初建立时以培训新员工与客户管理为导向；2000年，各业务部门设立干部中心，培训体系执行逐步专业化；2003年年初，成立华为培训中心，课程、师资统一规划建设；2005年，正式注册成立华为大学。

华为的培训和人才发展体系，最核心的使命是支持业务发展和人力资本增值，重点通过新型技术人才和国际化管理人才的培养，提升员工素质与业务技术，成为全球化战略实施的助推器；同时，致力于建设统一的企业文化、价值观和行为标准，形成核心向心力，保持华为的整体形象和竞争优势。

华为的培训体系由华为大学和业务培训部门组成，华为大学重在通用

技能、公司知识、企业文化、管理技能、新员工入职引导等的培训；各业
务培训部门重在产品知识和专业技能的培训，如图 10-12 所示。

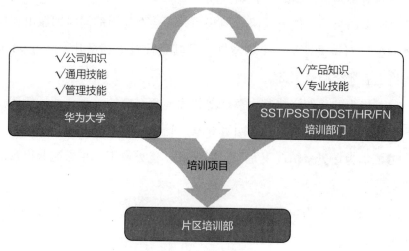

图 10-12　华为培训体系

针对不同的培训对象，形成不同的培训矩阵，如图 10-13 所示。

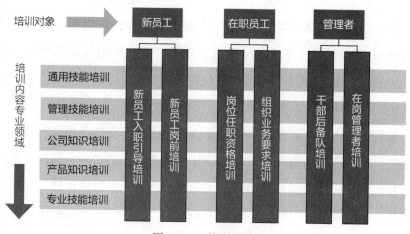

图 10-13　培训矩阵

专业领域的培训课程，是按专业职位任职要求和员工专业发展进行设

计和开发的，为员工业务提高、职业发展提供有计划的系统培训。

一、两大基因与收费模式

任正非认为，华为大学应该具备两个基因，一个是像黄埔和抗大的短训方式，产生人才的基因；另一个是西方职业教育的基因，使大家赋能。"个个热情奔放，但都不知道该怎么干，也不行。我们在这个问题上不偏袒任何一边，要把职业教育和热情奔放结合起来，成为新的教育模式。我们不可能有时间让大家坐下来系统性学完再上战场，如果说我们有这种短期培训，会打枪了，有敢于上战场的精神，再加上短期赋能，一边行军，一边在网上收集干粮，华为有一天会变得很有能力。我们一天比一天进步，但不知道我们的进步能否快过这个时代，还是时代最终有一天抛弃我们？未来世界是信息社会，最终着力点实际还是人工智能，现在美国的中学生都在发明机器人，未来美国将在生物、网络、人工智能等方面都可能突破。我认为美国的教育是可取的，华为大学要去探讨你们的特点在哪儿？到底能担负什么任务？你准备给我们培养什么人？未来下一个世界我们能起什么作用？如何有别于中国其他的学院，对华为产生不可替代的贡献。华为公司就是要热血沸腾，人们都要活泼可爱，但是也要有职业能力。" ⊖

华为的培训不是走全科化的道路，而是尽量专科化。"中国的教育是要孩子一定要全面发展，为什么？因为你将来要当市长、当省长。问题是，到时没有那么多市长、省长给你当，多数人都是做一个普通工作的，怎么办？所以，我只学那一点就行了，不要学那么多。遇到往上走的机会怎么办，到时再补。中国有大量的成人教育机构，我将来要升什么职位

⊖ 《任正非在华为大学教育学院工作汇报会上的讲话》，2013 年 11 月 6 日。

参加培训的全球未来种子学员参观华为总部

了，我就去补什么知识，我没有升何必要去补？小孩子就快乐地学习着，而且个性、天赋发挥了，天才还产生了，所以我认为你们现在这个学习方式还是有问题，你们还是传统大学的学习方式。……你们不要做传统大学，传统大学是把一个人培养成全面人才，没有必要。我们是专科制，你选学一两门课，你学明白了，会举一反三了，就去做你的事。所以，如果你们还是一个全科，办得太像一个大学，那就不是我的目的，要办得不像个大学才是我的目的。"[⊖]

华为的培训体系，还有一个很大的特点是，高收费，高付费！很多培训课程学员必须个人支付学费，比如高研班的学费为 2 万元，目的是为了

⊖ 《任正非在 GTS 客户培训服务座谈会上的讲话》，2013 年 9 月 4 日。

让员工增强自主学习的意识；同时给讲师支付比较高的课酬，每天几千到几万元不等。学员支付了学费必然期望有更高的收获，讲师得到那么多课酬必然有讲好课的义务和责任，这种投入产出的循环，较好地推动了学员和讲师的共同进步。

任正非认为，所有培训都要明码标价，明码标价就是获取分享制，"培训收费是一定要的，桥归桥、路归路。这样培训才能自我成长。无论谁在你的网上学习你都要收钱，包括华为的员工。因为华为员工上班拿着工资还免费学习，这不是休养吗？……当然，你们不要收那么贵，网络课堂要分时段开放。比如在中国晚上 7 点以后可以免费或者低费，上班的时候加十倍二十倍的费用。员工上班时间要干活，你怎么老来学习？这个费是可以调整的，用个服务器对每个国家进行时段管理，原理跟电费分时段收费一样的，这样鼓励大家利用业余时间来学习，而不是用工作时间来学习。……然后一定要给著名教授钱。这样的话你就可以用黏合剂把最优秀的资源粘起来，这就是你办学的价值观。你们是要靠本事去挣的，挣来了钱，扩充服务器，扩充教材文本，扩展经营管理模式。钱要赚得多，还要花得多，平衡了才算水平，剩一大堆钱，说明你还是没有张力。" ⊖

二、培养制转为选拔制

华为和我们很多企业一样，早期的培训都是苦口婆心的培育方式，既不要员工花钱，还求着大家来培训，效果却并不好。最大的问题在哪里？就是跟岗位的任职没有密切挂钩，为培训而培训，培训没有成为员工的一种自我需要。后来，华为终于明白，学习进步应该是自己的责任，而不是组织的责任，于是将培训从培养制转为选拔制，只要你达不到一个岗位

⊖ 《任正非在 GTS 客户培训服务座谈会上的讲话》，2013 年 9 月 4 日。

应知应会的知识和技能，公司就不给你面试的机会，不让你上岗。"你想做这个职务，你就得利用业余或休假时间好好学习，付费考试，网上考试成功了，就给你面试机会。面试也要收费。任职资格评价的时候，我们就不再收费了。像考托福一样，考一次交一次钱，考级考过了就给你一个证明，证明你的任职资格，这样应知应会的问题也解决了。"⊖

同时，将培训的方法转变为启发式的学习，重点不是老师授课，而是案例学习和讨论，学完后各奔前程，在实践中接受选拔。任正非非常坚定地在内部推行选拔制和收费制。"我们要继续推行这种路线，在公司内部，除了收学费，停产学习还要停薪；教材也要卖高价，你想读书你就来，不想读书你就不要来。交学费不吃亏，为什么不吃亏呢？因为学好了能力就提升了，出绩效和被提拔的机会就多了；即使没学好被淘汰了，说不定是现在退一步，而将来能进两步呢？所以投资是值得的。以后收费标准可能会越来越高，交学费、停薪就是要让你有些痛，痛你才会努力。我们这样做是为了增进三个造血功能：一是学习提高了你的能力，就好像你增加了健康血液；二是华为大学有了收入，会办得更好，它的血液循环更厉害，更优秀；三是公司得到了大量的后备干部，增进新鲜的血液。"⊖

三、最优秀的人才培养更优秀的人

任正非认为洛桑国际管理学院是世界上最伟大的学校，因为这个学校到现在为止也就 58 名全职教师，但在全球最佳商业经营管理教育学院排名中，洛桑国际管理学院凭借其雄厚的师资力量和课程质量，名列全球第三、欧洲第一。任正非要求华为大学学习其模式，做教学的组织者，只

⊖　《任正非在华为大学干部高级管理研讨班上的讲话》，2011 年 1 月 4 日。
⊜　同上。

拥有少量的核心讲师，大量吸引使用社会优质资源，建立教师队伍的内部交换和外部交换机制，选拔最优秀的人才来培养更优秀的人。"其实人生精华就那么一点点，就那么两三个小时，我们就买这两三个小时的精华课程。"所以任正非认为花一定代价使用社会资源也是合算的。

这个内部和外部的交换，也包括教学与实践的循环互换，"教师队伍是很重要的，教师不能包打天下一直教下去，每个人可能只在人生最辉煌的某一段时间是适合做教师这个职业的。当培训业务赚的钱多起来，就会有更多兼职教师进来，有兼职教师进来，也就用不了那么多自己的教师了，他们就可以到前线，参加项目，去循环提高。……教师自己都没有搞明白，他最大的问题就是缺少实践，一个人如果没有实践，很多东西绕半天弯子也讲不明白。华为员工做教师会有一个问题：他可能前进几年，就搞不动了，结果学生渐渐超过教师了，那么超过教师的学生就可以作教师。在这种情况下，你应该让教师用三分之一时间在基层参加项目实践，丰富他的知识。"[⊖]

四、从士兵到将军

很多企业说自己的员工要到 30 岁才基本能用，而华为很多员工不到 30 岁就成长为业务领域的专家或是国家总裁，这得益于华为训战结合的培养体系，华为通过青训班、FLMP、高研班等培训过程，快速地让一名士兵成长为将军。

后备干部项目管理与经营短训项目（简称为"青训班"），其针对的是一线干部的后备人才，以拉通端到端项目管理和经营为主要培训目标，通过培训，学员从本职岗位的单一视角扩展到项目管理全过程的整体视角。

⊖　《任正非在 GTS 客户培训服务座谈会上的讲话》，2013 年 9 月 4 日。

青训班是以项目管理为主线来培养后备干部。青训班项目并不仅是课程讲授，而是包括自学、课堂、实战等环节的系统赋能（见表10-14）。

表10-14　青训班项目的系统赋能

赋能环节	培训要求
网课学习	学员通过自学初步掌握项目管理的基本环节和理论知识点
课堂演练	五天实践，模拟组建项目管理团队，采用一线真实案例进行模拟训练，辅以讲师点评，以达到"训练完就能上前线打仗"的效果
项目实践	走上战场，"脱岗"到一线交付项目中实践2个月，承担项目管理过程中的一个关键角色，并尽量安排学员跨岗实践
结业答辩	学员参与答辩评估，结业成绩由人力资源部门备案，为其日后岗位晋升提供参考

一线管理者培训项目（First-Line Manager Leadership Program，FLMLP），旨在帮助学员完成从骨干到管理者的转身，通过团队管理与激励等方面的团队领导力赋能，有效开发学员的人际技能，实现"士兵"到"士官"的角色转变（见表10-15）。

表10-15　一线管理者培训项目的系统赋能

赋能环节	培训要求
自学与考试	学员通过自觉初步了解管理理论及相关知识点
课堂教学	基于公司对基层管理者的要求，培训课程包括基层管理者角色认知、团队管理、绩效管理、有效激励和公司人力资源管理政策，转换学员思想，为学员植入管理意识和观念
实践检验	在岗实践5～6个月，通过具体实践固化行为
述职答辩	思想和业务双重过硬的"班长"可通过考核答辩，成绩作为新任干部未来晋升的依据
持续学习	推送FLMP知识管理平台和学习地图，方便学员在岗学习

干部高级管理研讨项目（简称"高研班"），不仅让学员理解并应用干部管理的政策、制度和管理方法工具，更重要的是组织学员研讨公司核心战略和管理理念，传递公司管理哲学和核心价值观（见表10-16）。这一

过程的重点是概念技能的开发，从组织层面出发，建构战略管理与公司文化管理思维。高研班被喻为华为的"抗大"[⊖]。每年参加此培训的学员在1000人以上。

表 10-16　干部高级管理研讨项目的系统赋能

赋能环节	培训要求
理论自学	"华为公司的核心管理理念及管理方法源于华为的核心价值观，承载了华为20多年管理实践中成功经验和失败教训"，是公司级的管理哲学和文化，学员在入学之前自学其理论内容
课堂研讨	每位参训学员要经历3次研讨，分别围绕《人力资源管理纲要》《业务管理纲要》和《财经管理纲要》三大教材，先组内讨论再全班讨论与"吵架"。课堂没有老师，只有引导员，引导员由公司高层担任，只点评不讲课
论文答辩	撰写至少一篇真实发生的案例作为结业论文，强化对理论学习的现实分析与应用
深度发酵	学员将自己的案例和心得，发布在案例平台"管理视界"上，推送给全公司的管理者进行讨论

⊖　中国人民抗日军政大学，简称"抗大"，是在抗日战争时期，由中国共产党创办的培养军事和政治干部的学校。毛泽东任抗大教育委员会主席，他为抗大规定了"坚定正确的政治方向，艰苦朴素的工作作风，灵活机动的战略战术"的教育方针和"团结、紧张、严肃、活泼"的校风。

第十一章

HRSSC：共享中心

人力资源共享服务中心（HR Shared Service Center，HRSSC），是为了更好地节约人力成本，更有效地进行信息共享，提高人力资源管理的运作效率。企业把一些人力资源行政事务性工作集中起来建立一个中心，统一向企业内部组织提供专业化和标准化的人力资源服务。建立共享服务中心的前提是需要企业达到一定的规模，这是因为只有企业规模化，共享服务中心才能帮助组织实现经济规模化。

根据德勤发布的《2016 中国地区人力资源共享服务调研报告》显示，中国有 68% 的企业已经设立或在未来的 1 ～ 2 年内计划设立 HRSSC，而且，这些企业的人员规模多数都达到 3000 人以上，收入规模均在 5 亿元以上。这表明随着企业业务的不断扩展，人力资源共享服务已成为大企业提升管理的关注重点。

一、HRSSC 发展现状

虽然，HRSSC 看起来是一个相对简单的行政服务性质的组织机构，但在其建设过程中遭遇失败的可能性仍然非常大，因此对其挑战性要有充分的认知。

首先是面临传统观念的挑战。全球知名人力资源管理咨询专家戴维·尤里奇（David Ulrich）在《共享服务：从时尚到价值》一文中说："共享服务中心来源于企业内部资源共享整合的组织变革过程。"共享服务中心的实质是通过对人员、技术和流程的有效整合，实现组织内公共流程的标准化和精简化的一种创新手段。这虽然算不上是一个很大的组织变革，但传统金字塔式的人力资源管理角色由管理者转向服务和支持者时，一些人会难于接受，担心权力和奶酪的丧失。因此，在共享服务管理流程的梳理和再造过程中，企业可能会有意无意地保留某些权力要素。

其次，要实现高效的共享服务，企业必须改变员工的传统思维方式和工作方法，而这些传统习惯往往是由企业的文化积累和长期沉淀所形成的。思维方式和工作方法如果不能及时做出调整，工作效率反而可能下降。

再次，HRSSC 需要有成熟的管理系统和 IT 技术的支持，这是实现数据集成、提高共享服务效率和跨地域远程服务与支持的必要保证。同时，HRSSC 流程建设，将牵涉到企业各层组织的协调与配合。现有流程和规定的一些制约，会给 HRSSC 建设带来意想不到的困难。

最后，对于跨国企业的 HRSSC 来说，相关人员需要对其所服务国家的法律、法规及人力资源政策有一定的了解和掌握，这就对语言能力、知识结构和跨文化的交流提出了较高的要求。

德勤《2016 中国地区人力资源共享服务调研报告》的数据显示，中国企业 HRSSC 建设的结果并不十分理想，大家所期望的降低运营成本、缩减 HR 人员编制、提高 HR 服务质量和提升员工满意度并没有得到很好地实现。在缩减人员编制方面，只有 1/4 的企业达成了目标，从人员实际缩减的比例来看，均在 20% 以内，有 29% 的企业表示基本没有实现人员缩减；在运营成本降低方面，只有 1/5 的企业达成了预期目标；工作效率提升程度均在 20% 以内，其中效率提升在 6% ~ 10% 之间的占大多数。

德勤报告认为，HRSSC 建设效果之所以不理想，主要表现为 HRSSC 定位不清、信息系统支持不力、既有人员能力不足及对业务造成冲击等四大原因。

二、HRSSC 的角色与使命

HRSSC 的使命，是帮助 HR 服务目标群体，包括员工和管理者，提供高效率、高质量和低成本的 HR 共享服务。建立 HRSSC 主要可以达到三个目的：

（1）适当降低成本。建立 HRSSC 可以一定程度上实现规模经济，减少相同角色和重复工作。

（2）提高效率。事务集中处理，可以提高员工的办事效率；同时通过流程和标准的统一，更大程度地提高 HR 的运行效率。

（3）解放战略性资源。通过人力资源事务性工作的集中处理，HRBP 和 HRCOE 可以从中解脱出来，专注于战略性的人力资源管理。

HRSSC 主要扮演以下三个角色：

（1）员工呼叫中心，支持员工和管理者发起的服务需求，在线解答员工提出的各种 HR 问题。

（2）HR 事务处理中心，相当于政府事务办事大厅，集中办理员工入离职、薪酬、考勤、社保、户籍、档案证件等事务，将面对面办理和自助平台相结合。

（3）HR 运营管理中心，提供流程、质量、内控、数据、IT 实现等支持，以及对相关供应商进行管理。

HRSSC 需要一个逐步的建设过程，不是一开始就适合把所有的事务性工作都纳入其中。如果企业 IT 能力足够强，首先纳入进去的是容易标准化、能够清晰定义并文档化、要求高合规性、可自动化处理、可批量化处理的事务性工作，并尽量通过 IT 自助平台，配合一定的人工来实现；再逐步提升 SSC 事务性流程的精益化运作水平；关注支撑业务结果的实现，以及 HR 的价值增值，为业务提升提供支持，最终帮助人力资源体系实现战略聚焦和运营效率的平衡。HRSSC 不排除外包的可能。

从任正非的讲话中，对华为 HRSSC 的建设思路和发展方向可略知一二，"人事服务变革要把所有涉及人事服务的业务都统筹起来，一起变革。人事服务首先向在职员工提供基础服务，公司根据提供的基础服务，划拨预算或内部结算作为基本费用；对于为离职员工和在职员工家属提供的服务，可以参考外面的人事服务公司收费标准执行。人事服务变革要给员工提供指导书，通过宣传让员工了解公司提供的相关保障如何使用，充分发挥积极支持作用。

在变革过程中，也要控制成本，要具体审视现有的业务运行是否满足需要，做有针对性的变革，不能盲目、僵化，不搞花架子，不能在非战略机会点上消耗战略力量。人事服务也不能包揽太多，不能把本应是社会提供的服务变成公司要提供的服务，支持减少编制、增加服务，反对增加编制、增加服务。

人事服务变革成熟一块，剥离一块。人事服务划出来后，我们还要考虑管公司的劳务。海外签证服务中心运行成熟后划到慧通，慧通也要像发展机票业务一样去发展签证业务，同时要研究如何把海外当地的优质供应商纳入正规途径；签证共享平台要建在公有云上，借鉴业界先进签证平台模式，充分整合内外部资源，快速、高效解决炮弹输送的问题。管理持续改进也可从相对数考核走向绝对数考核。剥离之后，未来的人力资源管理

部就是政策法规部，不管具体业务操作。"[○]

"跟慧通一起共同设计服务大厅供应方案，充分利用周边市场化资源，从服务环境、方式等方面不断改进，要贴近员工，把办证员工当客户，从细节处体现人性化的服务，更活跃，而不是冷冰冰的柜台服务。办理签证的员工如同将走上战场的战士，送行的温暖是给士兵的勇气。我们的员工拿到签证后，一走就是千万里，不能一想到'娘家'都是怨恨，要让他们感到公司的温暖。例如，大厅里可以放鲜花，有咖啡厅服务员亲切服务，在适时的时候送上咖啡、茶点，在饭点的时候供应简餐……摆桌椅在柜台外和员工一起作业，或秋天到院子里作业，让大家感觉更亲切。费用可以加进去，价格可根据成本变化调整，因公向部门或因私向员工收取费用，费用中一部分可以在签证厅核销。对于签证业务，我们公司过去没有做好，要持续改进，还要考虑驻点服务的公务人员生活补贴，要礼貌化。"[○]

三、华为实践

华为从 2011 年开始建设 HRSSC，已先后在全球设置了四个 HRSSC 中心，即中国 HRSSC、亚太 HRSSC、中东欧洲及非洲 HRSSC、美洲 HRSSC。

中国 HRSSC 的建设大体经历了三期：一期为初创期，于 2011 年 10 月正式上线，建设内容包括 ESS/MSS[⊜]、呼叫中心、入离职管理等；二期为发展期，于 2012 年 5 月上线，建设内容包括其他 HR 事务流程和数据分析等；三期实现全业务建设，于 2013 年 1 月上线，建设内容包括外派

○ 《任正非在员工关系变革工作进展汇报上的讲话》，2018 年 2 月 9 日。

○ 《任正非在健康指导与应急保障业务整合及签证变革进展汇报会上的讲话》，2017 年 5 月 27 日。

⊜ ESS，员工自助服务；MSS，经理自助服务。

福利、学习发展、绩效管理、员工关系等。

华为正在通过电脑、手机、机器人、在线客服、电话热线（60169）、邮件等多种渠道提供人力资源服务，例如：在 W3 下的"HR 服务"栏，就包含个人信息、考勤、薪酬福利、户籍、个人绩效、任职资格、学习与发展、证明开具、签证、卡证、离职、我的健康等 12 个服务模块。

华为于 2016 年 11 月上线文档机器人，员工合同签署由原来的 8 分钟降到现在的 2 分钟，证明开具由 3 分钟降到 25 秒，实现了更为高效的人力资源服务。

从 2017 年 1 月开始，华为 HRSSC 又着手组织变革，致力于成为集团运营中心，让管理者可以随时看到业务量表。

后 记

首先，衷心感谢华为创始人、CEO任正非，感谢华为的开放，让我们有机会近距离地感知任正非深刻的商业思想和华为已走向未来的管理方法，这是华为巨大的社会贡献。

感谢华为公共及政府事务部的大力支持，其不仅提供了珍贵的图片资料，还出谋划策提出加载视频的创新建议，让本书以独特的方式展现众多视频材料。相信这是第一本带视频的华为管理书籍。

感谢书中提及的众多华为人和前华为人，包括：黄卫伟（华为首席管理科学家）、田涛（华为国际咨询委员会顾问）、李杰、殷志峰、丁伟、彭博、李山林、胡赛雄、费敏、刘平、唐继跃、蒋小燕、汪瀛、卞志汉、曲艳雯、葛明磊……在此不一一列明。

同时，承蒙华章公司的副总经理王磊女士和石美华老师的厚爱和邀请，两人专程到厦门协商出书一事，才坚定笔者写作本书的决心和勇气。也非常感谢华章图书的技术团队，让视频展示得如此完美。

最后，感谢我的夫人、女儿及家人，是他们的理解和付出，才让我能充分利用周末和夜晚的时间，端坐于咖啡馆，一字一句，将愿望落于字里行间。

限于能力，书中难免有疏漏和错误，敬请各位读者批评指正！

杨爱国（咔嚓院长）

2019 年于厦门

华章经典·管理

ISBN	书名	价格	作者
978-7-111-59411-6	论领导力	50.00	（美）詹姆斯 G. 马奇 蒂里·韦尔
978-7-111-59308-9	自由竞争的未来	65.00	（美）C.K.普拉哈拉德 文卡特·拉马斯瓦米
978-7-111-41732-3	科学管理原理（珍藏版）	30.00	（美）弗雷德里克·泰勒
978-7-111-41814-6	权力与影响力（珍藏版）	39.00	（美）约翰 P. 科特
978-7-111-41878-8	管理行为（珍藏版）	59.00	（美）赫伯特 A. 西蒙
978-7-111-41900-6	彼得原理（珍藏版）	35.00	（美）劳伦斯·彼得 雷蒙德·赫尔
978-7-111-42280-8	工业管理与一般管理 （珍藏版）	35.00	（法）亨利·法约尔
978-7-111-42276-1	经理人员的职能（珍藏版）	49.00	（美）切斯特 I.巴纳德
978-7-111-53046-6	转危为安	69.00	（美）W.爱德华·戴明
978-7-111-42247-1	马斯洛论管理（珍藏版）	50.00	（美）亚伯拉罕·马斯洛 德博拉 C. 斯蒂芬斯 加里·海尔
978-7-111-42275-4	Z理论（珍藏版）	40.00	（美）威廉 大内
978-7-111-45355-0	戴明的新经济观	39.00	（美）W. 爱德华·戴明
978-7-111-42277-8	决策是如何产生的 （珍藏版）	40.00	（美）詹姆斯 G.马奇
978-7-111-52690-2	组织与管理	40.00	（美）切斯特·巴纳德
978-7-111-53285-9	工业文明的社会问题	40.00	（美）乔治·埃尔顿·梅奥
978-7-111-42263-1	组织（珍藏版）	45.00	（美）詹姆斯·马奇 赫伯特·西蒙

包子堂系列丛书

十年磨一剑，颠覆科特勒营销思想

从大量销售方式，到深度分销方式，未来属于社区商务方式……

书 号	书 名	定价	作 者
978-7-111-59485-7	企业的本质	59.00	包政
978-7-111-59495-6	管理的本质	59.00	包政
978-7-111-50032-2	营销的本质	49.00	包政
978-7-111-50235-7	社区商务方式：小米全景案例	49.00	张兴旺
978-7-111-50160-2	社区商务方式：B2B企业案例	49.00	李序蒙
978-7-111-50603-4	深度分销方式	49.00	王霆 张文锋
978-7-111-50604-1	社区商务方式：传统企业互联网转型案例	49.00	张林先 张兴旺
978-7-111-50045-2	大量销售方式	49.00	张林先
978-7-111-50479-5	社区商务方式：丰田全景案例	49.00	郭威